印象·八仙桥

上海市黄浦区档案局（馆）编

同济大学出版社

图书在版编目(CIP)数据
印象·八仙桥/上海市黄浦区档案局(馆)编.
上海：同济大学出版社，2016.1
ISBN 978-7-5608-6139-5
Ⅰ.①印… Ⅱ.①上… Ⅲ.①黄浦区－地方史
Ⅳ.①K295.13
中国版本图书馆CIP数据核字(2016)第004017号

印象·八仙桥

著　　作　上海市黄浦区档案局(馆)编
出版策划　萧霏霏(xff66@aliyun.com)
责任编辑　陈立群(clq8384@126.com)
视觉策划　育德文传
封面设计　陈益平
内页设计　昭　阳
电脑制作　宋　玲　唐　斌
责任校对　徐春莲

出　　版　同济大学出版社　www.tongjipress.com.cn
发　　行　上海市四平路1239号　邮编　200092　电话021-65985622
经　　销　全国各地新华书店
印　　刷　上海南朝印刷有限公司
成品规格　170mm×213mm　288面
字　　数　316000
版　　次　2016年1月第1版　2016年1月第1次印刷
书　　号　ISBN　978-7-5608-6139-5
定　　价　58.00元

序 言

在上海众多地名中，“八仙桥”无疑是颇具传奇色彩的地名，而八仙桥区片的历史演变同其名称一样，更富有传奇色彩。

150多年前，当“八仙桥”这一地名刚开始出现时，这里是辟设不久的法租界西部和华界的交界处。在这个紧靠租界的地方，华洋杂居，中西文化碰撞交流，各路人物、各种业态，如同八仙过海，各显神通，使其有别于后来的十里洋场——南京路商街，成为适合中下层市民生活居住的独特社区。外国侨民开办的菜场，是这里最早出现的业态。它给周边的居民带来生活上的方便，也使其成为这一区片的传统行业而闻名于世，并带动了其他业态的发展。所以说，“以菜兴市”是八仙桥区片历史发展的一大特征。

实际上八仙桥区片出名的不光是菜场，还有娱乐业、餐饮业和商业。

1917年，黄楚九创办大世界游乐场，拉开了八仙桥区片娱乐业发展的序幕，“大世界”以其贴近平民的经营方式，开综合娱乐场之新风。当年这个远东最大的游乐场，集各种娱乐于一体，面向社会大众，平民百姓花几毛钱，可以消遣大半天，尽情欣赏各种戏剧、曲艺、杂技等，由此成为老上海家喻户晓的著名游乐场所。八仙桥区片娱乐业出名，是因为这里不仅有一个“大世界”，还有数量众多的戏院剧场，使之成为上海城区文化消费场所最多的区片。南京大戏院、恩派亚戏院、黄金大戏院，当年都是上海滩一流的影剧院，在这里曾经演绎了许多感人的故事。特别是20个世纪30年代的抗战时期，话剧《怒吼吧！中国》在黄金大戏院的公演，抗战文化团体孩子剧团在恩派亚大戏院所作的首场演出，都是当年给抗日民众带来极大振奋、轰动整个上海的大事。另外，许多江浙沪地方戏剧的剧团和演员，曾经在八仙桥区片的戏院剧场频繁演出并由此成名，所以说，“八仙桥”是这些地方戏剧成长的沃土，绝不为过。

因为娱乐业兴旺，满足市民饮食需要的各种餐饮业也应运而生。细数下来，八仙桥区片各种小吃、餐饮的品种和特色绝不亚于城隍庙，在市民中享有盛誉。经过多年的变化，这一传统被完全地存续下来，云南南路美食街是这一美食传统的缩影。

在长期的城市区域发展演变过程中，八仙桥区片的商业找到一条适合周边居民需要的发展之路，与城市居民生活密切相关的衣食起居用品，在这里形成了颇具特色的经营规模。众多特色商店的分布，使八仙桥区片成为上海市民购物最为方便的地区之一。

历史上，八仙桥区片还曾是黄金荣、杜月笙等上海帮会大亨的居住地，其经营的烟、赌、娼在这里留下深刻痕迹。然而，上海解放后黄金荣自写的悔过书和他在大世界门前扫地接受劳动改造的照片，见证了历史的巨变——曾经呼风唤雨的帮会大亨在新社会照样脱胎换骨。

与此同时，不少文化名人和社团组织也在八仙桥区片留下足迹。伟大的文化战士鲁迅曾在这里同青年木刻家进行交流，留下其生前最后的影像；著名书画家吴湖帆在这里生活了几十年，留下许多动人的画坛故事；基督教青年会在这里建起大楼，并组织开展了一系列爱国活动……所有这一切，构成了八仙桥区片深厚的文化底蕴。

八仙桥区片作为城市中心的一个区域，历史上一直处于自然发展状态。新中国成立后，这里是几个行政区管辖的交叉地。上海解放初期，它归嵩山区管辖，后划入邑庙区。

20世纪60年代至90年代，其地跨黄浦、卢湾、南市三个区。黄浦区和南市区撤二建一后归属黄浦、卢湾两个区管辖。一个区片归属几个行政区管辖，在一定程度上对该区片的综合规划和发展，包括历史地情的了解和研究都有影响。2011年，原黄浦区、卢湾区建制撤销，建立新的黄浦区，这一问题已不复存在，昔日八仙桥区片完全属于新黄浦区的区域范围，这将有助于对八仙桥区片的深入研究。

多年来，随着城市的发展，如今的八仙桥区片发生了天翻地覆的变化。原有的一些影剧院被拆除，部分里弄住宅消失，随之而起的是绿化休闲地带和众多高楼，在八仙桥中心区域，以商务区为主要业态的格局正在形成。在此之时，如何保持和发扬八仙桥区片传统文化中的精华，探求新黄浦区的创新发展之路，是我们不得不思考的一个重要课题，这也是我们之所以深入挖掘和整理各种资料，展示有关八仙桥区片历史记忆的初衷。

我们相信，对八仙桥区片丰富历史记忆的挖掘，将有助于我们深入了解和传承这一区片的历史文脉，从而把新黄浦区建设得更有特色、更充满生气和活力！

马长林

二〇一五年七月

目 录

第一章 八仙桥的源起

第一节 “八仙桥”地名的由来

多年来，人们关于“八仙桥”地名的由来说法不一。有说来自路，有说源于桥，也有说曾经有八位神仙从这里腾空而起……但更多的人倾向于将其与一段能够体现上海人民族情怀的历史相联系。

第二次鸦片战争期间，咸丰十年(1860)9月21日，英法联军向通州以西的八里桥发动军事进攻，直逼北京。八里桥，是京城东郊通州城西八里处横跨通惠河的一座桥梁，是东入北京的要道。八里桥之役也是英法联军攻入北京前的最后一战。据史料记载，当时清政府统帅僧格林沁挥师抵抗，联军炮队突发火箭数百枚，清军“马匹惊骇，回头奔驰，冲动步队”，阵势顿时混乱，战马与步兵自相践踏。副都统胜保中弹受伤，僧格林沁也随之溃逃，大学士瑞麟所部“于未阵之前，先已溃散”，最终八里桥失守。次日，咸丰帝仓皇逃往热河，行前令其弟恭亲王奕䜣留守北京，与英法联军周旋议和。不久，清政府被迫与侵略者签订了《中英北京条约》和《中法北京条约》。英法联军“胜利的喜讯”传至上海，为了纪念这次战役的胜利，同治四年(1865)，法租界当局将离周泾(今西藏南路，原是连接肇家浜与洋泾浜的河流)东边不远的一条新辟马路命名为“八里桥街”(今云南南路)。而当时的上海人不愿看到和听到这个深蒙耻辱的地名，面对充满侵略性的纪念命名，民族情感急剧升温，按谐音将此路称为“八仙桥街”，“侬叫侬格八里桥，我叫我格八仙桥，偏偏不买侬格账”。在印制的地图上也是各标各的路名，法租界印制的地图上标着“八里桥街”，中国人绘制的地图上标着“八仙桥街”。后来，在周泾、洋泾浜上修筑的桥梁，因地近“八里桥街”，法国人取名为“八里桥”，上海人仍以之为耻，按自己的习惯叫做“八仙桥”。各人各表，“八仙桥”之名却由此产生。

清同治《上海县志》卷三“水道 · 南长浜”条曰：“南长浜亦从周泾分流西至王家浜，北通东芦浦。一支西过八仙桥，通西芦浦。”这里记载了周泾一条支流的流向，其中提到“八仙桥”之名，这也是关于“八仙桥”的最早文字记载。根据同治《上海县志》的编纂年份(始纂于1866年，1867年成稿，1871年初问世)，可以推定此处所提到的“八仙桥”就是以后人们口口相传的“八仙桥”，“八仙桥”之名在当时已得到了中国官方文献的确认。

旧时的上海，湖荡成群，江河如织，各种各样的桥梁星罗棋布。清同治年间，上海

上海开埠之初城外乡野

20世纪初周泾被填没前

民国初年的八仙桥一带

老城厢有30余座桥梁，在一次次填浜筑路后，如今一座也找不到了，八仙桥亦是如此。然而，随着八仙桥周边的发展与繁荣，“八仙桥”之名早已被人们约定俗成地用作区片名保留下来，相传至今。

1. 周 泾

据《松江府续志》上海水道图(清光绪九年版)记载，周泾为南北向河，北起洋泾浜，南至肇嘉浜。清末，泾身蜿蜒长1200余米、宽约40米，泾旁多为田野旷地，偶有简屋。道光二十九年(1849)法国在上海辟设租界，向西扩展至此，将周泾两岸辟为码头，东岸称西码头(因在旧法租界西端)，西岸称为扩充码头。后来，为了便利行人往来，泾上陆续建有木制或石料桥梁。水陆交通的便利，带动了周边市面的繁荣，小商小贩多来此处设店摆摊。光绪二十六年(1900)，随着法租界向西进一步扩张，法租界当局在泾西先后辟筑多条马路，泾上桥梁已不能适应交通发展的需要，桥面狭窄，行人拥塞，且桥下停满装运垃圾、粪便的船只，浜水污浊，有碍卫生。于是，法租界当局于光绪二十八年(1902)拆除桥梁，填泾筑路，于光绪三十四年(1908)初步建成，以法国驻沪总领事之名将填筑后的路命名为敏体尼荫路，1945年12月更名为西藏南路。

填没中的洋泾浜

正在埋排水管填浜时的洋泾浜

洋泾浜填没后筑成的爱多亚路

2. 洋泾浜

该浜原通洋泾港。明永乐初年，黄浦江水系形成后，浜分东西两段，浦东段叫东洋泾浜，浦西段称为西洋泾浜。清乾隆后，因沿浦筑土塘，浦东段不再通浦水并逐渐淤塞，浦西段的西洋泾浜就不再冠以“西”字。该浜长约1600米、宽40～60米。英、法租界相继开辟后，该浜正处于两租界之间。沿浜两岸道路，北部属于英租界，称松江路；南部属于法租界，称孔子路。为了便于行人来往，浜上陆续架起外洋泾桥(近外滩)、二洋泾桥(四川路口)、三洋泾桥(江西路口)等桥梁。随着交通的发达，两岸住房陆续兴建，商业随之繁荣。1914年，英、法租界当局鉴于河道阻隔交通，光靠桥梁已不能满足交通需求，且浜水污染，决定填浜筑路。1915年底道路筑成，以英王爱德华七世之名命名为爱多亚路。1950年5月更名为延安东路。

第二节 “八仙桥”地域范围的形成

《上海掌故辞典》有关“八仙桥”条目注明：“旧桥梁名，跨周泾(今西藏南路)。”清末，周泾旁偶有村落，多结茅作舍，搭盖简屋。道光二十九年(1849)，法国在上海开辟租界后，周泾以东划入法租界范围。法国人在此开辟道路，发展市政，城市化进程逐步展开。

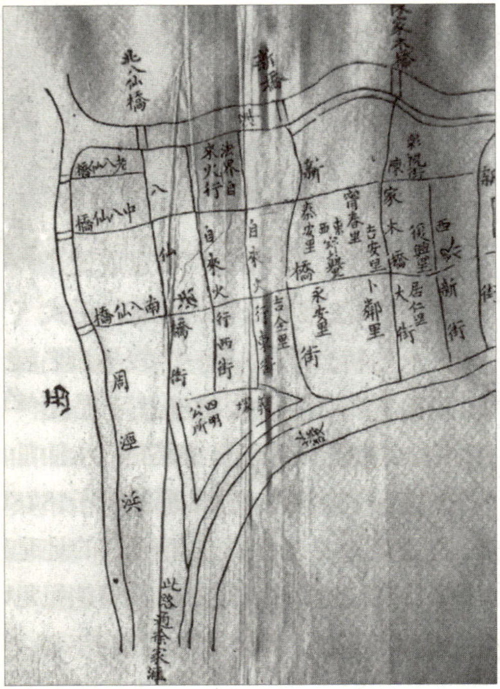

《沪游杂记》中八仙桥地区手绘图

19世纪中叶，周泾两岸交通往来频繁，故桥梁甚多，陆续筑有老八仙桥、中八仙桥、南八仙桥、褚家桥、南阳桥等。桥梁的搭建沟通了周泾两岸，促进了周边的繁荣，一些住房先后建筑，小商小贩开始在此开店设摊。咸丰十一年(1861)前后，一位叫葛元煦的杭州人为避兵灾，来到上海。光绪二年(1876)，他将居住于租界15年来的见闻，写成《沪游杂记》。该书卷首有3幅其手绘的地图，在《法租界图》中，不仅标有“八仙桥街”，还标有环周4座八仙桥的具体位置。根据《沪游杂记》手绘地图的标注，这4座八仙桥分别是：今云南南路、云南中路间，跨洋泾浜，连接英美租界与法租界的“北八仙桥”；今“大世界”门口偏南，跨周泾的“老八仙桥”；今宁海东路与原宁海西路即今上海音乐厅东侧广场公园间，跨周泾的“中八仙桥”；今金陵东路与金陵中路间，跨周泾的“南八仙桥”。此外，在20世纪80年代编纂《上海地名志》的过程中，专家们还调查获悉了另两座八仙桥的情况，即跨北长浜支流的“石八仙桥”和“木八仙桥”，前者位于后来的龙门路邮局(原龙门路124号，今金钟广场西北侧)与八仙桥菜场(今26路西行龙门路站处)之间，后者位于今大上海时代广场北侧正对龙门路口处。根据《沪游杂记》的完成时间及史料记载的这6座八仙桥所处位置，可以推断八仙桥区片在19世纪70年代左右已露雏形，其最初范围应北起洋泾浜(今延安东路)，南至今淮海中路，东起八仙桥街(今云南南路)，西至坟山路(今龙门路)附近。而中心地带应位于北起洋泾浜、南至公馆马路(今金陵东路)间的周泾东岸至八仙桥街之间，这一区域是当时八仙桥区片人口及商业较集中地带。

19世纪后期，在巨籁达路东段(今金陵中路)、坟山路附近，出现了一批简易小屋，出售蔬菜及副食品，形成了有名的菜场即华洋菜场，上海人称之为“八仙桥菜场”。它和虹口

小菜场外的商贩

的“三角地菜场”一起，并列为当时上海最大的两个集市。因品种众多，货源充沛，附近居民及在沪洋人纷至沓来，营业鼎盛。有人在附近荒地上搭建帐篷，围以竹篱，邀来江湖戏班演出，市面更加兴旺，米店、烟行、烛号、锡箔庄等也陆续沿街开设。八仙桥菜场及周边的兴盛，使八仙桥区片的重心逐渐向周泾以西扩展。

另外，据史料记载，当时在法租界范围内还有一条“八仙桥街”，它不是葛元煦地图内所标识的八仙桥街，而是辟筑于光绪十五年(1889)，在北褚家桥附近的今桃源路东段。这条八仙桥街的命名为八仙桥区片的范围向南扩展至今桃源路提供了佐证。

光绪二十六年(1900)，法租界第二次扩张后，周泾以西大片区域被划入法租界，其中包括八仙桥公墓所在区域。这一公墓是英、法租界当局为了解决越来越多去世侨民的安葬问题，于19世纪60年代开始在老法租界以西(今龙门路至淮海公园一带)建造的，原来称之为

迁至八仙桥“外国坟山”中的法兵墓

1917年八仙桥区片地图

法兵墓前的祭奠活动

爱多亚路、虞洽卿路西北角

"新公墓"，后来正式称为"八仙桥公墓"(中国人称之为"外国坟山")。公墓的命名意味着租界当局已认可了"八仙桥"之名。八仙桥公墓所在区域向西近嵩山路，向南至吴淞江路(今太仓路东段)，这一范围为八仙桥区片西至嵩山路、南至吴淞江路提供了界定依据。后来，海上闻人杜月笙的寓所位于望亭路至嵩山路间的华格臬路(宁海西路216号)，紧临嵩山路，在其名片上的寓所名称前曾冠以"上海八仙桥"字样，亦可作为八仙桥区片西界至嵩山路的佐证。

随着租界发展，法租界当局加快填浜筑路的步伐，周泾、洋泾浜等河浜相继被填没，辟为马路。与此同时，横跨周泾及洋泾浜的几座八仙桥相继被拆除，但桥虽废，"八仙桥"之名却已广为人知，得以留存。

1917年，位于八仙桥区片东北部的"大世界"建成，它是当时远东最大的游乐场，拥有十几个剧场、舞台，娱乐活动门类繁多，每天接纳成千上万游客。大世界游乐场的开设促使其周围繁荣，附近各种小型剧场、书场、银行、钱庄、旅馆、烟馆、酒楼等竞相开业。但随着"大世界"的蒸蒸日上，名声愈盛，大世界区片亦逐渐形成，原八仙桥区片敏体尼荫路(今西藏南路)以东、宁兴街(今宁海东路)以北部分被"大世界"之名所取代，八仙桥区片的中心地带已逐渐转移至以八仙桥菜场为中心的环周一带。

从最初一路六桥的基本格局，到八仙桥菜场

20世纪30年代八仙桥区片航拍全景图

的兴起与繁荣，再到大世界区片的形成及影响，大致可以勾画出八仙桥区片地域范围的变化过程。结合八仙桥区片的历史演变及其对周边发展所产生的意义与深远影响，从广义上说，可以将八仙桥区片的范围界定为：北起今延安东路，南至今桃源路略南近今崇德路、太仓路东段，东起今云南南路，西达今嵩山路。整个区片东临东新桥区片，南连褚家桥区片，东南近大境阁，西临新城隍庙，北接跑马厅。

区片范围不同于行政区域，本无固定界线，只是约定俗成。但作为行政区的管辖范围，解放后，八仙桥区片曾是几个行政区管辖的交叉地。上海解放初期，该区片归嵩山区管辖。1956年，嵩山区建制撤销，八仙桥区片整体归属邑庙区管辖。1959年12月，邑庙区、蓬莱区合并成立南市区，同时各行政区区域范围调整，八仙桥区片开始地跨黄浦、卢湾、南市三区。2000年7月，黄浦区、南市区建制撤销，建立新的黄浦区，八仙桥区片地跨黄浦、卢湾两区。2011年6月，行政区划再次调整，撤销黄浦区、卢湾区建制，建立全新的黄浦区，以原黄浦区和原卢湾区的行政区域为新黄浦区的行政区域，至此八仙桥区片整体位于新的黄浦区境内。

第二章 雏形初具的近代市政

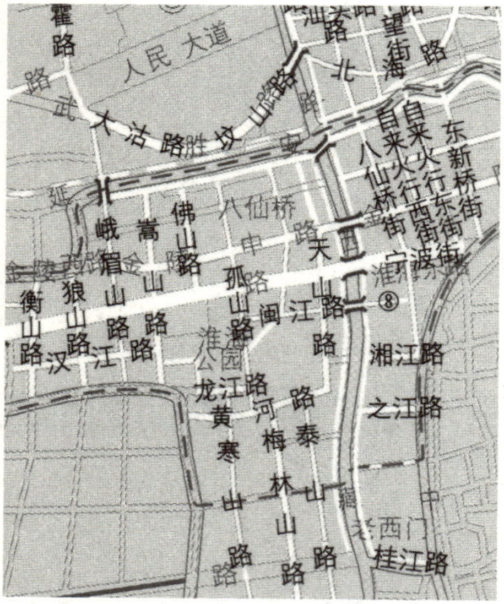

1904年八仙桥区片及周围越界筑路区道路图

上海开埠后，随着外侨的不断进入，西方生活习惯和生活环境逐渐在租界内移植。大量道路被辟筑，公共交通发展迅速，煤气、自来水等西方先进技术与设施被引进……近代市政在租界内渐具雏形。基础设施的不断健全、公用事业的持续发展促进了地处法租界内八仙桥区片的日益繁荣。

19世纪中叶，法租界内只有些小巷和官道。咸丰七年(1857)，租界内成立道路管理委员会，着手修筑道路。同治元年(1862)，法租界公董局组建工务部门，加快道路建设，在界内界外大量筑路。道路建设不仅成为促进区域城市化进程的重要因素之一，较大规模的越界筑路也成为法租界不断扩张的必要手段。开埠前水网密布、河流纵横的八仙桥区片逐渐形成四通八达的道路网络，使其成为连结四面八方的交通要冲。城区的拓宽，使传统的交通工具轿子、马车、人力车等不敷使用；道路的辟筑，为现代公共交通工具的迅猛发展提供了可能。有轨电车、无轨电车、公共汽车等先后出现在八仙桥区片。1927年起，法商电车多经过该区片，法商电灯电车公司所辟的1、2、4、5、7、10路电车，均设有“八仙桥站”。英商电车线路又在“大世界”附近交接。各种交通工具忙碌地穿梭于“八仙桥”，周边大小饭店、饮食摊、旅馆星罗棋布，服装、鞋帽、百货商店鳞次栉比，一派繁荣景象。

与之相匹配的，代表着近代大工业革命最新成果的路灯、煤气、自来水、邮政电信等近代公用事业以及救火会等基础设施和机构也不断出现在八仙桥区片。现代化的新科技、新能源、新产品，让这里很快从中世纪来到了近代。杨树浦和董家渡水厂的自来水通过水塔和管道，源源不断流向了八仙桥区片的千家万户，洋泾浜电气厂和法商电车电灯公司的交流电，亦开足马力输向这里。路边很快遍布整齐高耸的电线杆，煤气照明灯也渐次被电灯取代。光绪三十四年(1908)，法租界救火会成立，形成独立的消防机构，在八仙桥区片设立救火站，在一定程度上完善了八仙桥区片的公用事业建设。

1908年第一条有轨电车线路——2路电车开始运行。图为1917年2路电车乘务员

1946年，经过大世界的17路电车

第一节 道路与桥梁

上海开埠后，英法美竞相在各自租界范围内开辟道路，市区道路发展很快。咸丰十年(1860)，公馆马路筑成，它是法租界当局最早修筑的几条道路之一。法租界公董局(其前身即为专管筑路事宜的道路管理委员会)成立后，专门组建工务部门，加快道路建设，并向租界以外大肆越界筑路，大举西扩。八仙桥区片许多道路都辟筑于此期间。至光绪二十六年(1900)，八仙桥区片的道路系统已较为完整。除八仙桥街等少数道路外，八仙桥区片主要道路多以欧洲王公贵族、名流显要名字命名。如以英国国王爱德华七世的法文译名命名的爱多亚路、以法国驻沪总领事恺自尔名字命名的恺自尔路、以法租界公董局董事维尔蒙名字命名的维尔蒙路名字、以法租界公董局副总董格洛克名字命名的格洛克路、以法国第一任驻沪总领事敏体尼荫名字命名的敏体尼荫路、以法租界公董局总董宝昌名字命名的宝昌路(后为颂扬在马恩河会战中建有功勋的法国将军霞飞更名为霞飞路)、以法国驻沪总领事华格臬名字命名的华格臬路等。

上海法国旧租界分图(1917)

这些道路筑于不同年代，经历了从传统到采用近代筑路技术，逐步铺筑高级路面的过程。最初使用石子、碎石铺设路面，后来使用块石，之后发展为砂粒沥青混合材料、水泥混凝土。总体趋势是路面越来越平整，越发牢固耐用。同时，法租界当局重视道路辅助设施的建设，鉴于许多道路最初铺筑时没有人行道，于19世纪70年代，从公馆马路等主要马路开始建造人行道。同时专门拨款种植行道树，如西江路，至20世纪二三十年代，其道路两侧人行道已遍植悬铃木。

宝昌路原是泥石路面，后改铺块石和沥青面，图为1915年工人在铺浇沥青

1932年霞飞路的道路维修机械车间

尽管租界当局的越界筑路等行为侵犯了华界主权，但不可否认，有宽敞的马路相连，于车辆行人而言，十分便利。与之配套，现代的照明工具、交通工具、绿化设施、排水供电供气设施逐渐形成，最后构筑出市政功能齐全、工作生活便利、商业布局合理的近代都市雏形。

八仙桥区片主要道路一览表[①]

路名	辟路时间	初名	曾用名	特点
金陵东路	1860	公馆马路(Rue du Consulat)、法大马路	金陵路	法租界的政治、经济中心，骑楼建筑为沪上独有
宁海东路	1863	宁兴街(菜市街)	东宁海路	菜市、居民区
金陵中路	1865	公馆马路(Rue du Consulat)延伸段	巨籁达路(Route Ratad)、恺自尔路(Rue Kraetzer)、临安路	商业繁荣，旧时沿路多二、三层里弄住宅
云南南路	1865	八仙桥街或八里桥街	永平路、永寿街	旧时商店云集、现为美食街
龙门路	1865	坟山路	麦高包禄路(Rue Marco Polo)、定安路	商店林立的闹市街区
永善路	1882	孟神父路(Rue du Pere Meugniot)		为半弧形马路，今已湮没
桃源路	周泾以东：1889；周泾以西：1902	周泾以东：八仙桥街；周泾以西：闵江路	爱来格路(Route Soeur Allegre)、北褚家桥	旧时为黄赌毒集聚地，俗称“十间头”
宁海西路	1892	宁兴街	华格臬路(Rue Wagner)、宁海路	今普安路以东多商号，今普安路以西多居民区
淮海东路	1900	宁波路	(东)泰山路、林森东路	20世纪30年代路两侧多医院
淮海中路	1900	西江路(今老重庆中路向西延伸段称法华路)	宝昌路(Avenue Paul Brunat)、霞飞路(Auenue Joffre)、泰山路、林森中路	商业繁荣的主干道
柳林路	1900	天山路	格洛克路(Rue Brodie A.Clark)	沿路为居民区，解放前为藏污纳垢小街，20世纪八九十年代后曾形成服装贸易市场
普安路	1900	孤山路	维尔蒙路(Rue Vouillemont)	旧时沿路主要为民居和小商铺
嵩山路	1901	嵩山路	葛罗路(Rue Baron Gross)	沿路主要为民居
望亭路	1906	佛山路	李梅路	沿路主要为民居
西藏南路	1908	敏体尼荫路(Boulevard de Montigny)	蓝维霭路(Rue de Capitaine Rabier)、宁夏路(北段)、安徽路(南段)	旧时多新旧式里弄的南北向主干道
延安东路	1915	爱多亚路(Avenue Eduard)	大上海路、中正东路	旧时大机构林立的主干道

① 本书第二章之后的内容中出现此表已有的旧路名将不再标注现用路名名称，均以此表为准。

1. 淮海路

始筑于光绪二十六年(1900)。光绪二十五年(1899)5月法租界第二次扩张得逞，并于次年1月正式公告，其西界越过周泾，将今重庆路以东淮海中路两侧划入法租界范围。同年，法租界公董局即于周泾西侧率先辟筑与规划中的宁波路齐直的路段，即今淮海中路，当年筑至华山路(今老重庆中路)，名为西江路。同年12月，公董局总董宝昌与上海道余联沅就第二次四明公所血案的善后处理达成协议，宁波路亦辟通完成。光绪二十七年(1901)1月，法租界公董局又决定越界延伸西江路，年内辟抵英属徐家汇路(今华山路)，初称西江路延伸，后名法华路。光绪二十八年(1902)2月，宁波路与西江路之间构建跨周泾的木桥，今淮海东路与淮海中路贯通。1924年起，公共租界工部局以齐卢战争为借口，越界筑路，辟建了今淮海西路。

上海法租界扩张西江路、宝昌路辟筑示意图

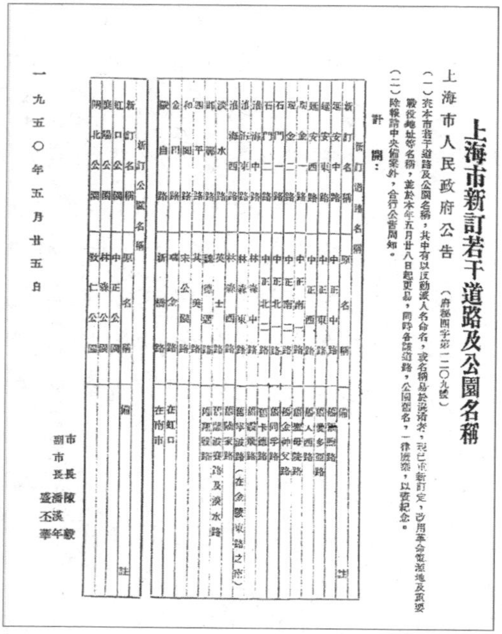

上海市新訂若干道路及公園名稱

上海市人民政府公告（府秘四字第一二〇九號）

（一）查本市若干道路及公園名稱，其中有以反動派人名命名，或名稱易於混淆者，現已重新訂定，改用革命聖地及重要戰役地址等名稱，並於本年五月廿八日起更易，同時各該道路，公園舊名，一律廢棄，以資紀念。

（二）除報請中央備案外，合行公告周知。

計開：

新訂道路名稱

新訂名稱	原名稱	備註
延安中路	中正中路	原福煦路
延安東路	中正東路	原愛多亞路
延安西路	中正西路	原大西路
瑞金一路	中正南一路	原聖母院路
瑞金二路	中正南二路	原金神父路
石門一路	中正北一路	原同孚路
石門二路	中正北二路	原卡德路
淮海中路	林森中路	原霞飛路
淮海東路	林森東路	舊寧波路（在金陵東路之西）
淮海西路	林森西路	原陸家路
淡水路	英士路	[illegible]路及淡水路
[illegible]路	[illegible]德[illegible]路	西[illegible]路
四平路	其美路	
和[illegible]路	宋公園路	
金門路	瑞金路	在虹口
[illegible]自路	新[illegible]路	在南市

新訂公園名稱

新訂名稱	原名稱	備註
虹口公園	中正公園	
襄陽公園	林森公園	
閘北公園	致仁公園	

一九五〇年五月廿五日

市長 陳毅
副市長 潘漢年
盛丕華

1950年5月25日，上海市人民政府发布第1209号公告，林森中路改名为淮海中路，以纪念解放战争中的淮海战役

淮海路在历史上曾数易其名。光绪三十二年(1906)，以当时法租界公董局总董之名，将法华路更名为勃利纳·宝昌路，简称宝昌路，早期文献中又称勃利纳路。1915年6月，为颂扬在马恩河会战建有功勋的法国将军霞飞，更名为霞飞路，并在1922年3月霞飞来沪访问时举行揭碑仪式。1943年10月，汪伪上海特别市政府改霞飞路为泰山路，宁波路为东泰山路。1945年10月，民国上海特别市政府将东泰山路、泰山路分别更名为林森东路和林森中路，以纪念两年前逝世的国民政府主席林森。1950年5月25日，上海市人民政府公告更名为淮海东路和淮海中路，纪念具有重大历史意义的淮海战役。在辟筑后的最初十年，因公馆马路及其延伸路段商业的影响，在八仙桥区片附近，即宝昌路东端，率先出现了一些小型洋货洋酒店，并呈向西发展的趋势。之后，该路逐渐发展为法租界第一商业街。

20世纪20年代初
霞飞路西段

20世纪30年代末霞飞路的繁荣景象

20世纪30年代末霞飞路嵩山路口

2. 金陵路

位于八仙桥区片中心位置的一条东西向主干道。此路由东向西分为三段，其中东段由外滩至西藏南路，今名金陵东路；中段由西藏南路至黄陂南路，今名金陵中路；西段由黄陂南路到延安路，今名金陵西路。金陵东路辟筑于咸丰十年(1860)，初名公馆马路，又称法大马路。当时公馆马路仅指法租界外滩(今中山东二路)至天主堂街(今四川南路)一段，碎石路面。同治四年(1865)建法租界公董局房屋(今上海市公安局黄浦分局处)，路向西筑至老北门大街(今河南南路)。同年，法自来火行建成，路随之再向西延伸，至今西藏南路。同治十三年(1874)，法公董局将此路加宽到13.3米。1943年10月，该路更名为金陵路，1945年12月改为金陵东路。公馆马路是法租界的政治和经济中心，东段有法领事馆、商务参赞办事处和新闻处，向西外商企业颇为集中。19世纪80年代后，这里先后开设的商店数量多、行业全。后因霞飞路的崛起，这里降为法租界第二商业街。20世纪初，沿路两侧店面房屋多建成骑楼式，成为沪上一大特色。

民国时期的公馆马路

解放前公馆马路

解放后金陵东路

金陵东路夜景

同治四年(1865)，法租界公董局填没周泾支流，越界辟筑公馆马路延伸段，即今金陵中路自西藏南路至龙门路一段。1907年，北长浜被填没筑路，与公馆马路延伸段相接，初名巨籁达路。1913年，改称恺自尔路。1943年10月，更名为临安路。1945年12月，改为金陵

1947年，金陵中路(龙门路口)东望

金陵中路(普安路口)东望

西藏南路(淮海路口)北望

中路，延用至今。20世纪初，因该路的北侧设有华洋菜场，在今永善路、龙门路一带较为热闹，其他路段两侧多为民居。20世纪20年代后，因相继开设了黄金大戏院、老人和馆等，法商电车大都驶经该路东段，全路两侧日渐繁荣。

公共汽车

3. 西藏南路

原为周泾。光绪二十八年(1902)开始周泾被填没筑路，于光绪三十四年(1908)初步建成，南起肇周路，北讫延安东路。最初被命名为敏体尼荫路，今方浜西路以南段名为蓝维蔼路，1943年南段改名安徽路，北段称为宁夏路，1945年全段改为现名。20世纪中期，逐渐发展成为一条综合性商业街，各业俱全，尤以供玩、吃、住、用的商店齐全著称。娱乐场所有大世界游乐场、黄金大戏院；餐馆和食品店有五味斋菜馆、史元隆点心店、老聚兴

菜馆、老野荸荠糖果店等；绸布鞋帽业有协大祥绸布庄、上海皮鞋店、鹤鸣鞋帽商店；另外，上海商业储蓄银行等银行均在此设分行。1995年，被列为市政府实事工程的西藏南路辟通工程于当年设计、当年动迁、当年施工、当年竣工，由南市区自筹资金组织实施，总投资3.6亿元。整个工程，北起复兴东路，南至陆家浜路，加上三门峡路、新肇周路同步拓宽，西藏南路一直延伸到高雄路。新辟通的西藏南路有效缓解了市中心南北向的交通拥堵状况。

1949年中正东路街景

4. 延安东路

东段原为洋泾浜，是英法租界的界河，西段的部分路段原为北长浜。1915年填浜筑路，初名为爱多亚路。1943年10月，改名为大上海路。抗战胜利后，改称中正东路。1950年5月，更为现名。建国前，今河南中路以东路段，银行、报馆、企业公司、交易所等多至近200家；今福建路以西路段，大都为小商号，以纱布、皮箱、五金、铁床、水果、烟号、车行居多。而位于八仙桥区片路段，周围有闻名的“大世界”、共舞台和各类饮食小吃店，同时戏院较集中，有南京大戏院、龙门大戏院等，娱乐业颇为发达。建国后，东段仍是市级企事业单位较为集中的地区。原八仙桥区片路段，以大世界游乐场为中心，成为上海著名的热闹地区，食品、纺织品、皮革等市级公司在此设有大型门市部，还有上海音乐厅、沪光电影院等。

5. 桥 梁

早期的八仙桥区片河浜密布。浜者，东西向之河流；泾者，南北向之河流。八仙桥区片浜泾皆有，最主要的是周泾、洋泾浜和北长浜。在周泾、洋泾浜和北长浜及其支流上曾建有6座八仙桥，依其建造时间先后、方向和建筑材料，被一一命名。其中跨越洋泾浜的一座叫北八仙桥，连接今云南南路和云南中路。跨越周泾的有3座：位于今大世界略南的叫老八仙桥；连接今宁海东路与原宁海西路的叫中八仙桥；连接今金陵东路与金陵中路的叫南八仙桥。此外，还有跨北长浜支流的石八仙桥和木八仙桥。后随着法租界的扩张和市政的建设，这些桥在填浜筑路时先后被拆除。

自然河流被填充，致使连接河道两岸的桥梁被拆除。但随着现代交通的发展，一种新型桥梁应运而生。20世纪80年代，上海市政府在延安东路和西藏南路口造起了一座人行天桥，俗称“大世界天桥”，至今仍在使用。

20世纪80年代，延安东路西藏南路(大世界天桥)

八仙桥区片及周边主要桥梁演变情况一览表

	桥名	跨越河流/道路	位置	建造年代	材质	拆除年代
八仙桥区片内	北八仙桥	洋泾浜	今云南南路、云南中路间	19世纪60年代	木桥	1915年
	老八仙桥	周泾	今“大世界”门口偏南一点	19世纪60年代	木桥	1902年
	中八仙桥	周泾	今宁海东路与上海音乐厅东侧广场公园间	19世纪60年代	木桥	1902年
	南八仙桥	周泾	今金陵东路、金陵中路间	19世纪60年代	石桥	1902年
	石八仙桥	北长浜支流	今金陵中路、龙门路处	19世纪60年代	石桥	1907年
	木八仙桥	北长浜支流	今大上海时代广场北侧正对龙门路口	19世纪60年代	木桥	1907年
	北褚家桥	周泾	今西藏路、桃源路间	不详	不详	1902年
	南褚家桥	周泾	今西藏路、寿宁路间	不详	不详	1902年
	大世界天桥	延安东路 西藏南路 西藏中路	今延安路、西藏路交叉路口	1985年	钢筋混凝土桥	仍在使用
八仙桥区片周边	南阳桥	周泾	今西藏路、自忠路间	不详	木桥	1902年
	西新桥	洋泾浜(西邻北八仙桥)	今广西南路、广西北路间	19世纪70年代	木桥	1915年
	东新桥	洋泾浜	今浙江南路、浙江中路间	19世纪70年代	木桥	1915年
	郑家木桥	洋泾浜	今福建南路、福建中路间	1856年	木制活络小桥	1915年

第二节 交通与邮政

1. 交通

当八仙桥区片还是河浜纵横时，先民们摇桨撑篙运货载人、出行游玩，各种舟船是此处常见的交通工具。租界时期，租界当局开始填浜筑路，八仙桥区片较大的河浜——周泾、洋泾浜及北长浜陆续被填没筑路。随着道路的不断辟筑，交通工具也从水路向陆路转移，由人力向机械转移，速度由慢向快变化。交通的发达推动了八仙桥区片人气不断高涨，这里逐渐人烟稠密，成为市区交通枢纽。今延安路、金陵路、淮海路及西藏南路构成的“王”字交通网，四通八达的公共交通工具，将这里伸向上海的各个角落。

上海自开埠以来所有的交通工具如轿子、马车、独轮小车、小轿车、有轨电车、无轨电车、双层巴士、铰接式电车(即巨龙车)、三轮摩托车(即小乌龟)等都曾在八仙桥区片出

有轨电车、电车、人力车、马车同行一路

现过。同治十二年(1873)6月，法国人梅纳尔把人力车这一新型运输工具引入上海租界，使之成为租界的一种主要交通工具，开启了人力车的时代。光绪三十四年(1908)，上海租界开始出现有轨电车。同年，在法租界享有电车电灯专营权的法商电车电灯公司(以下简称法电)开通了法租界内最早的2路有轨电车。该线贯通了八仙桥区片，将十六铺和徐家汇连在了一起。后来又有多条线路开出，构成以今淮海中路为东西向干线的营运网络。最初，公共租界与法租界电车道互不相通，跨界乘客需换车并另购车票，很不方便。1912年8月，经英商上海电车公司(以下简称英电)与法电协商，两界开始互相通车，如公共租界的5路有轨电车就途经法租界区域，在八仙桥区片设有八里(仙)桥街站。此时虽通车但不通票，乘客跨界仍需另外购票。1913年，两家公司签订合同，作出规定，使跨界乘客无需两次购票，方便了乘客，也使联接两界的八仙桥区片的交通更为便利。1926年，法电开通3条无轨电车线路，敏体尼荫路至福建路的无轨电车开始行经八仙桥区片。至1938年，法电共辟无轨电车线路5条，均与英电联营，其中行经八仙桥区片的14路从爱多

20世纪30年代，中法学堂门口人力车独轮小车等

公馆马路上的人力车

50年代的2路电车，这条线路直到1968年才停驶

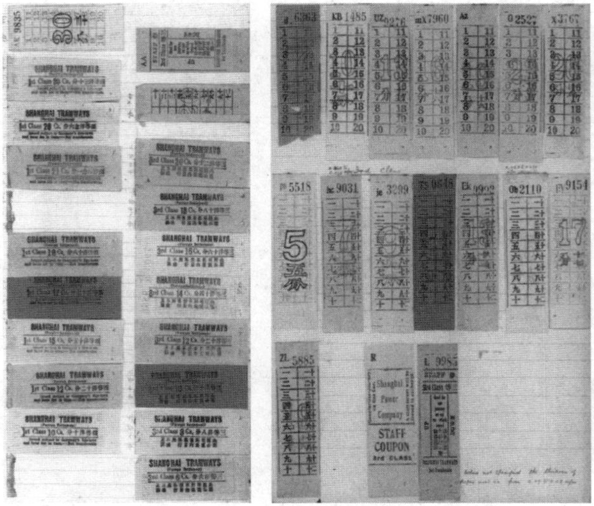

英商电车票

上海法商电车公司纸质车票代币券

亚路至民国路、16路从爱多亚路至吉祥路、17路从爱多亚路至打浦桥、18路从爱多亚路至斜桥。1927年，法电的公共汽车线路也开始营业，最初开辟的两条路线，终点站在爱多亚路。之后，又经历了由汽油公共汽车向柴油公共汽车的转变。另外，光绪三十四年(1908)，这里也已出现出租汽车公司，其中较大的是江南公司(林森中路54号)和沪南公司(林森中路64号)等。解放初，这些企业被接管、征用、代管。1958年成立的上海公共交通公司，虽然对全市实行统一经营，对八仙桥区片的公交布局和线路影响并不大。因需提高

祥生出租车行

出租 Johnson 汽車
HIRE CARS
祥生 40000
祥生第三分行
JOHNSON GARAG
No.3 BRAN
TEL. 祥生
40000
40000
4894
18559
10559

车速、减少噪声等原因，有轨电车线路逐步被更换，1960年淮海路上的有轨电车停驶，代之以新型的铰接式无轨电车线路。

八仙桥区片已停驶的公共交通线路一览表①

公交线路/所属公司	起点	终点	途经区片内主要道路	开通时间	停驶时间	说明
1路有轨电车/法电	十六铺	武康路常熟路	今淮海路、金陵路	1908.05	1949.10	后改为6路有轨电车
2路有轨电车/法电	十六铺	徐家汇	今淮海路、金陵路	1908.05	1968.05	初至今常熟路，当年7月延线至徐家汇
4路有轨电车/法电	常熟路	海门路	今淮海路、金陵路	1929.06	1950.12	后改为5路有轨电车
5路有轨电车/法电	卢家湾	铁路北站	今淮海路、金陵路	1950.12	1971.03	
6路有轨电车/法电	十六铺	卢家湾	今金陵路、云南南路	1908.06	1937.08	因抗战爆发停驶
6路有轨电车/法电	十六铺	武康路	今淮海路、金陵路	1949.10	1960.06	后改为26路无轨电车
7路有轨电车/法电	卢家湾	提篮桥	今淮海路、金陵	1946.01	1960.06	后改为22路无轨电车
10路有轨电车/法电	十六铺	卢家湾	今金陵路、云南南路、嵩山路、淮海路	1908.05	1971.03	1961年缩线终点至淮海路
22路公共汽车/法电	徐家汇	金陵路外滩	今淮海路、金陵路	1927.02	1957.07	
73路公共汽车/上海公交	高昌庙	虹口公园	今西藏南路	1954.07	1969.05	后改为18路无轨电车
隧道五线	普安路	梅园新村	今西藏南路、延安东路	1990.04	2003	1996年改为汽车

① 根据《卢湾区志》整理。

2. 邮政

作为法租界中部地区最早成立的邮局，巨籁达路邮局于光绪三十四年(1908)12月在巨籁达路71号建成。此后，邮票、电报、电话、路边的邮筒这些新奇东西，如同魔术杂耍般出现在八仙桥区片，它们便捷高效的信息传达方式，总是能让民众为之称奇叫好。

上海邮局的骑车邮差(1920)

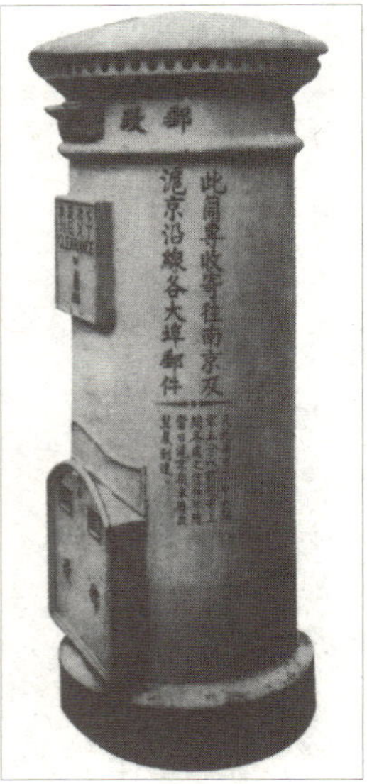

上海街头的专线邮筒

上海邮局的工作人员

龙门路邮局

搬迁至柳林路156号(近寿宁路)的龙门路邮局

1916年，巨籁达路邮局改名为恺自尔路支局。1926年3月，迁至麦高包禄路。1934年，国民政府交通部规定“邮、电合设”，此邮局由上海电报局派员设立收报处。1944年，改称临安路支局。1946年，改名为金陵中路支局。1961年，定名为龙门路邮电支局(今龙门路124号)，辖顺昌路、龙门路和青年会宾馆邮电所。其投递范围为连云路、马当路、复兴中路、黄陂南路、合肥路、肇周路、人民路、浙江南路、延安东路，经办业务从收寄信件、包裹逐步扩展到国内外汇兑、国内外特快专递、快件、邮政储蓄、报纸杂志发行等。20世纪90年代，因市政建设原因，邮局搬迁至柳林路156号(近寿宁路)。

第三节 其他市政设施

1. 煤气

煤气初作路灯燃气，俗称自来火。同治三年(1864)，法租界公董局在租界内建设几条主要马路时，向大英自来火行提出申请，要求解决法租界的路灯照明。大英自来火行以供气管不足予以拖延。公董局决定自行筹建自来火行。同治四年(1865)1月，法商自来火行正式宣告成立，选定洋泾浜南岸的一块土地作为厂址，敷设管线，采购制气设备。同治六年(1867)1月，建厂工程基本结束，3月6日开始供气。当时供气路灯共169盏，公馆马路、洋泾浜沿岸马路等主要道路都用上了煤气路灯。法商自来火行初期财务情况不太景气，业务范围限于法租界，无从发展。光绪八年(1882)英商上海电光公司成立后，公董局决定用

大英自来火房的煤气工厂，1865年投入使用

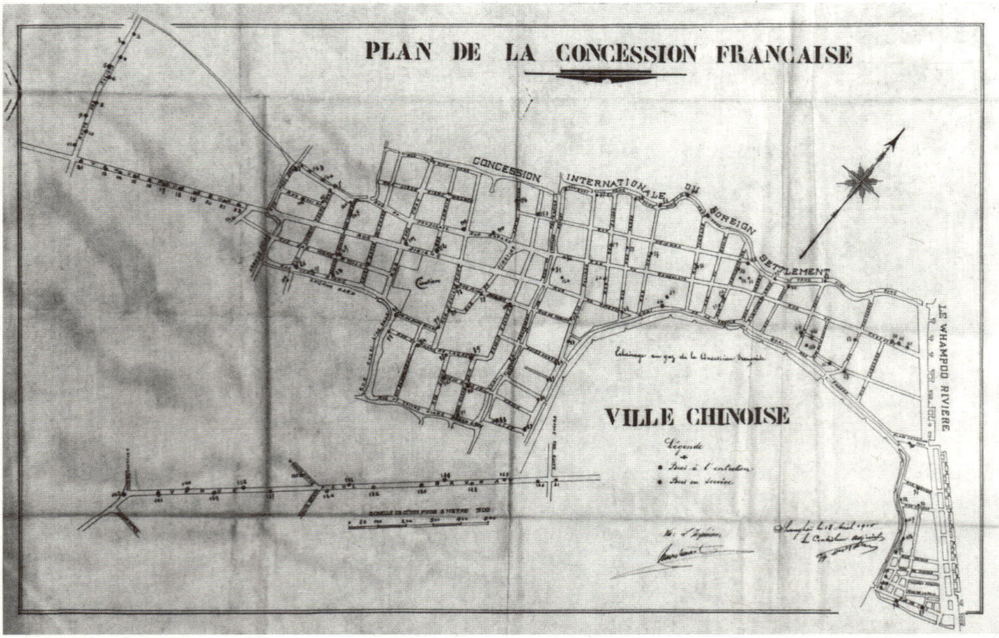

法租界煤气管道分布图

电灯替代煤气灯，允许电光公司在法租界内营业，引起法商自来火行的抗议。光绪十四年(1888)，法商自来火行在法租界的煤气路灯专营权期满，与公董局未能续约。光绪十七年(1891)4月，大英自来火行正式接管了法商自来火行，结束了其在法租界长达24年的专营。光绪二十三年(1897)7月，公董局自营电厂发电成功，法租界路灯照明改用电灯，大英自来火行的经营方向随之发生改变，开始向热源方向发展，家庭烹饪取暖、热水供应及工业生

产成为供气主要业务。1900年12月，大英自来火行改组成上海煤气公司。20世纪20年代，随着法租界越界筑路区域扩大，大批高级住宅出现，对家庭烹饪取暖、热水供应的煤气需求激增，促使公司进入了又一轮发展时期。1942年3月，该公司被中日合办大上海瓦斯株式会社接管。抗战胜利后，上海市政府接管大上海瓦斯株式会社的吴淞工场，上海煤气公司仍发还英商。解放前夕，全市的煤气业务由英商上海煤气公司和吴淞煤气厂两家经营。

2. 电力

19世纪末，法租界公董局决定自行建造电厂，光绪二十年(1894)成立电灯处。光绪二十三年(1897)，设在洋泾浜畔带钩桥南首的电厂正式落成。电厂所生产的直流电主要供法租界道路照明和公用机关用户，由此使法租界内电灯取代大英自来火房的煤气路灯。光绪二十九年(1903)6月，公董局增加投资，增设机组，扩充发电容量，并在法大马路、天主堂路等处敷设了一批低压电缆，八仙桥区片被纳入供电范围(供电范围东起黄浦江西岸，北临洋泾浜，西至八仙桥，南沿县城北城墙)。此后，随着法租界的扩大，供电范围西界由八仙桥区片延伸至顾家宅。光绪三十一年(1905)5月，比利时国际东方公司承包法租界的电车电灯企业，接手了洋泾浜电气厂的业务。后来，法商电车电灯公司继承了比利时国际东方公司的各项专营权，并在卢家湾建造了新电厂，供电范围进一步扩大。1943年，上海法租界“交还”汪伪政府

法租界卢家湾发电厂内景

后，法电与汪伪当局达成协议，确认了该公司在原区域内经营电灯、自来水、公共交通的专营权。1953年，法电被上海市人民政府代管。

3. 给 水

在给水(自来水)事业发展之前，上海居民用水多取自江河或水井。19世纪60年代开始，外侨在纳税人会议和报刊上力陈用水不便，要求租界当局举办给水事业。19世纪70年代，上海先后出现由水船供水的沙滤水行和设厂在杨树浦的供水公司，均因水价昂贵等原因，无法持续生产。光绪九年(1883)，英商上海自来水公司在杨树浦的水厂建成，八仙桥区片属法租界范围部分被纳入供水范围。光绪二十年(1894)，法租界公董局决定自办水厂，选定厂址为华界董家渡。因是越界建厂，遭清政府反对。后法国人先强占基地再行交涉，迫使上海道台让步，于光绪二十三年(1897)发给法方执业田契。光绪二十四年(1898)，董家渡水厂开始动工，敷设水管穿越华界到达法租界。光绪二十八年(1902)1月，水厂建成。2月1日，公董局正式切断杨树浦水厂来水，由董家渡水厂向法租界供水，八仙桥区片自然被纳入该用水范围。该厂因汲水口位于市区黄浦江上游，水质优于处于黄浦江下游附近的杨树浦水厂。光绪三十四年(1908)，由法商电车电灯公司接手经营，直至1953年法电被上海市人民政府代管。

4 消 防

由于租界的开辟，外国资本大量涌入，外国的银行、洋行、公司等纷至沓来，在上海设立分支机构，中外巨商豪门竞相购地造房。洋楼耸立，中式的砖木结构楼房相杂其间，鳞次栉比，火灾事故频频发生。上海租界的消防事业应运而生。最初，八仙桥区片所在法租界并无消防机构，遇火警由巡捕临时召集苦力帮助救火。19世纪60年代，法租界成立志愿消防队，加入公共租界火政处，由火政处负责公共租界、法租界消防队伍的管理及两租界内消防事务。八仙桥区片属法租界范围部分被纳入火政处的第三火政区。光绪三十四(1908)5月，法租界公董局成立其独立的消防机构——法租界救火会，下设中央站、车站、公馆站、西站、顾家宅站等5个救火站。法租界主要道路如维尔蒙路、霞飞路等两旁均设有消防栓，一般直径100毫米。宣统三年(1911)，宝昌路新建一消防站，瞭望台

1911年设立的西区消防站，后称霞飞路消防站

1927年霞飞路消防站外貌

民国时期，冲进八仙桥商店的肇事消防车

上安装报警钟。该站先后更名为霞飞路和嵩山路消防站(队)，备有消防车3辆，救护车1辆，电动泵浦高压水枪1枝，备用放带机1部。日伪政权接收租界后，嵩山路消防队隶属伪市警察局消防处。抗战胜利后，归属市警察局消防处，并改称嵩山路消防区队。解放后纳入武警系列，称嵩山路消防中队(今淮海中路197号)。

5. 环境卫生

租界时期，八仙桥区片日常环境卫生由法租界公董局公共工务处和卫生处管理。居民将垃圾倒入木质(后为铁皮质)活动垃圾箱桶内，每天早晨由清洁工用木轮羊角车或马车运至指定地方填埋。狭窄小弄里，用独轮车收集，部分垃圾由私商签约承包，每日雇车运出租界。区片内公共厕所始建于宣统三年(1911)，位于嵩山路101弄北侧人行道上，外墙笨重矮小，用法国式圆底瓷砖建便槽1排，分隔7只蹲位和2个立位小便池，无女厕所，无管理室，无洗手处，不代售便纸，不收费用。1937年，因人流增多，加搭木棚1间作女厕所和管理室。道路清扫工作由公董局公共工务处清洁队承担，道路科监督。抗战胜利后，市政府建立道路清洁委员会，推

道路清扫队

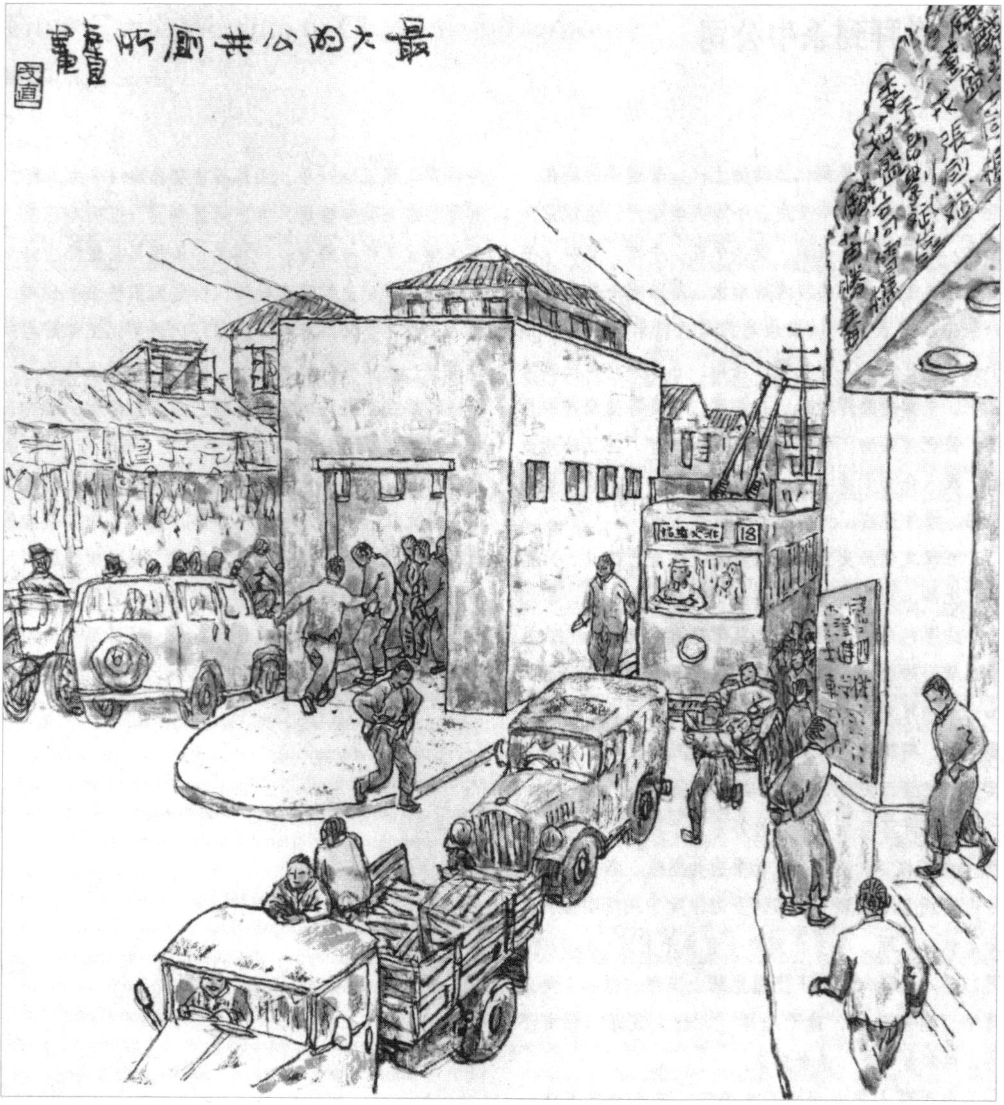

贺友直所绘西藏南路公共厕所

行清洁区制，每区配置清洁中队，由区公所监管。解放后，环卫管理经历了由市卫生局环境卫生处下设清洁总队到最终设立环境卫生管理局等专门环卫管理部门进行管理的转变。

第三章 中西合璧的建筑之美

旧时八仙桥区片周边民宅

上海开埠前，八仙桥区片在傍官路、沿泾浜之处建有一些店铺建筑，民居则散布于田野河渠间，多为江南传统建筑，平房茅屋居多。开埠后，西方的房屋建造方式、舶来的建筑材料及建造技术等渗入传统建筑业，逐渐形成区片内多元的建筑风格，呈现了西风东渐的态势。

八仙桥区片居住建筑的发展，经历了从木板房到新式里弄房的变迁过程。19世纪五六十年代，小刀会起义、太平军三次进攻上海，使得县城内外、江浙两省的地主富绅及平民大批迁居租界，租界人口骤增。外国房地产商乘机兴建大批简陋、拥挤的木板房以出租牟利，由此形成一批旧里，成为上海里弄住宅的雏形。19世纪70年代，因木板房容易酿成火灾，具有安全隐患，渐被拆除，代之以仿欧洲联排式、砖木立帖结构的石库门里弄住宅，并被大量兴建。20世纪初，占地更小、布局紧凑的新式石库门住宅应运而生。石库门住宅逐渐成为当时租界包括八仙桥区片的主要民居类型。20世纪二三十年代，上海出现新式里弄住宅、花园住宅、公寓住宅等。而这些新式住宅类型未在八仙桥区片兴起，八仙桥区片居民住宅大多仍为旧式里弄，其中又以石库门房屋为主。

20世纪初至30年代，八仙桥区片兴建了一批文化娱乐场所，如中法学堂、大世界游乐场、恩派亚大戏院、八仙桥青年会大楼、南京大戏院等。这些由邬达克、李锦沛、赵深等中外设计师参与设计，江裕记营造所等知名建筑施工单位参与营建的优秀建筑先后竣工，并投入使用。西方新的建筑工艺、材料和设计理念被实施于这些公共建筑上。同时，现代主义设计风格也被用于商业建筑上，如1929年翻建的八仙桥菜场。

传统与现代、东方与西洋的建筑创作智慧在这里碰撞。于是，在八仙桥区片，既可以看到哥特式的尖顶、古希腊式的穹窿、巴洛克式的廊柱、西班牙式的阳台以及各种模仿西方新古典主义或文艺复兴式的华美雕塑，也可以看到中国式的坡型屋顶、宝蓝色琉璃瓦、斗拱飞檐和各式精美石雕。它们或雄浑，或轻灵，恣意刻画着建筑的形式之美，多元结合、中西合璧成为八仙桥区片建筑的特点。它们是中西方文化在此交融的固化表现，也是上海近代化进程的重要标志，是一定时期社会、经济、文化背景的产物。

历史保护建筑“大世界”、八仙桥青年会大楼、上海音乐厅

第一节 中西结合式建筑

1. 石库门

咸丰三年(1853)的小刀会起义，再加上太平军在江浙一带的军事行动，使得老城厢内外及江浙一带的地主、乡绅、富商、官僚等纷纷携眷涌入上海租界，租界内人口骤增，住房顿显紧张，外国房地产商快速简便地建造大批木板结构房屋租给华人居住，形成以里为名的木板式里弄住宅。但这种简易木板房屋易燃，极不安全。同治八年(1869)后，租界当局取缔木板房，房地产商开始建造砖木立帖结构的石库门里弄住宅。其总体布局和细部装饰源于欧洲联排式住宅，而各单元则脱胎于江南传统的两层楼三合院或四合院形式，成为中西建筑风格相结合的早期形式。石库门住宅以花岗岩或宁波红石(红色砂岩)作门框，两扇黑漆厚大门，一副铜或铁门环，与官府仓库大门相似，故称“石库门”。此类房屋高墙厚，适合独户居住，发展迅速，很快纵横成片。随着道路的辟筑，石库门房屋自八仙桥区

石库门全景照

20世纪初期宝昌路上的新式石库门

片由东往西推进建造，并成为八仙桥区片内的主要民居类型。

石库门住宅依据其建筑年代、式样、材料可分为老式石库门住宅和新式石库门住宅，其中老式的又分早期、后期两种。早期的老式石库门住宅，里弄规模不大，一般在10个或20个单元之间，砖木结构，立帖式，总平面布置采用横向或纵向联列组合；后期的老式石库门住宅总体排列比较整齐，狭窄的弄堂适当放宽，单体设计由原来的三开间二厢房变为单开间或双开间一厢房，建筑装饰上开始采用西方建筑细部处理方法。新式石库门住宅在外观与平面布置上，保留了老式的石库门房屋的形式，结构上大多用砖墙承重代替传统的立帖木构架承重，出现晒台、阳台，并逐渐采用西方的装修设备和新颖建筑材料。层高降低，楼梯坡度较前平坦，围墙高度大为降低，注意了房屋的朝向、通风和采光，开始出现卫生设备。新式石库门里弄弄道一般比老式石库门弄道宽，里弄规模也较以前扩大，更能适应社会上大家庭的解体和不同经济水平阶层的需求。

八仙桥区片的石库门里弄住宅在20世纪初已颇具规模。据1909年《上海指南》记载，在今兰生大厦处有吉祥里、芝和里、鼎新里，金钟广场处有慈荫里，上海广场处有长兴里、长福里、荣昌里、鼎吉里，大上海时代广场有文庆里、平安里、树德里、鼎康里，上海音乐厅东有太平里、首安里，西有敦厚里。其中，敦厚里建于光绪二十一年(1895)，首安里(即后来的恒茂里)也建于同期。

石库门房屋的主要功能是居住，但因八仙桥区片商业、文化娱乐业等都较为发达，沿街房屋不敷应用，许多钱庄、商行、戏院、照相馆、小杂货店、小食品店、学校等就开设在石库门房屋内。恒茂里就开设了50余家旅馆、银行、参行、地产公司、律师事务所、医师诊所等，其中较有名的有八仙旅馆、恒雅戏院、祥生汽车公司、汪怡记茶庄、宝大祥绸布庄、德大参行，还有恒茂中学、恒茂小学等。石库门房屋功能的拓展造就了八仙桥区片商居交融等典型特点，但旧社会里形形色色的阴暗现象也会混匿其间。

(1)八仙坊

原址为潮州坟山的一部分，在八仙桥菜场西侧，是八仙桥区片规模较大的一处里弄。建于1927年，有连体式砖木结构两层楼房71幢，建筑面积约4830平方米，由1条南北向的总弄、2条分弄和4条横弄组成。总弄称大八仙坊，位于宁海西路109弄，直通金陵中路，

延中绿地三期原址的石库门住宅（左侧为金陵中路）及石库门住宅近景

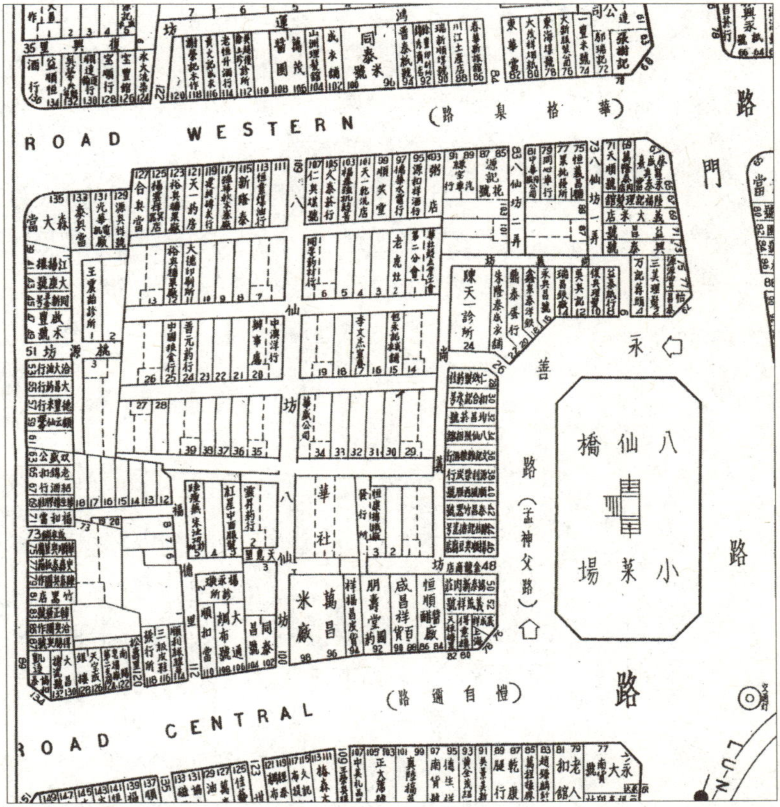

八仙坊平面图

有4条横弄，39幢房屋；分弄称小八仙坊，分别为宁海西路73弄、83弄，各有房屋2幢；弄外沿街商店房屋28幢。解放前，这里多小商小贩，以及唱戏、表演魔术和口技的艺人，大都生活贫困。其北部多妓女暗娼和流氓恶霸，该处一度被人称为“臭八仙”。解放后，居民状况发生了很大变化，房屋经过大修，大多由原来两层加到三层或四层。20世纪80年代末，这里有居民约339户，1026人。2000年该处动迁，2001年建成延中绿地二期。

(2)恒茂里

19世纪末初建时为砖木结构的两层楼房，名为首安里(一说库安里)。1932年，意大利商银公司买进，翻造成94幢三层楼房。房屋格式较整齐，第一排、第三排俗称东洋房子，第二、第四排是石库门房屋。后由孙某承租，委托恒余丰地产公司经租。从地产公司和业主名字中取“恒”、“茂”两字，更名为恒茂里。占地约12 000平方米，建筑面积约14945平方米，里内有3条东西向大弄(均从西藏南路通向龙门路)、2条横弄(北通宁海西路)和3条不直通马路的小弄组成。主弄位于今西藏南路68弄，长116米，宽4米。20世纪20年代前后，由于“大世界”、黄金大戏院的影响，弄内出现一些商店。1937年“八一三”事变后，由于别处居民和商号迁入租界，弄内日趋兴盛，商号云集。居民原以艺人为主，后黄金荣、杜月笙的徒子徒孙盘踞于弄内，逐渐成为地痞、流氓、盗贼等的集聚地，居民成分日渐复杂。1949年后，随着社会改造，居民成分发生很大变化，环境为之一新。20世纪80年代末，这里有居民约1 045户，3 278人。2002年该处动迁，后建成广场公园。

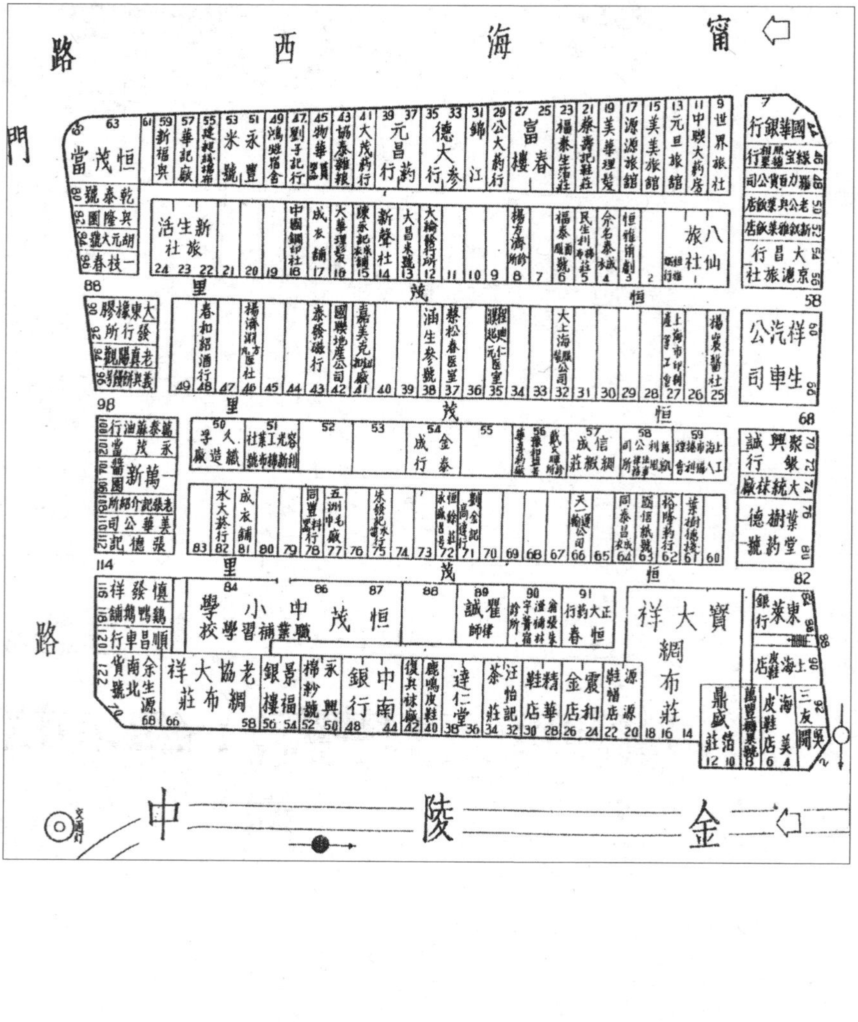

恒茂里平面图

(3)吉祥坊

位于今望亭路32弄，又名新生里。建于清末，1932年前有续建。占地约1 585平方米，建筑面积2 770平方米。主通道长90米，宽2～4米。房屋为砖木结构，有平房，也有两层、三层房。1号为独立住宅，共四层。该坊紧临海上闻人杜月笙的寓所——杜公馆(华格臬路216号)。20世纪80年代末，这里有居民约131户，438人。2000年该处动迁，2001年建成延中绿地二期。

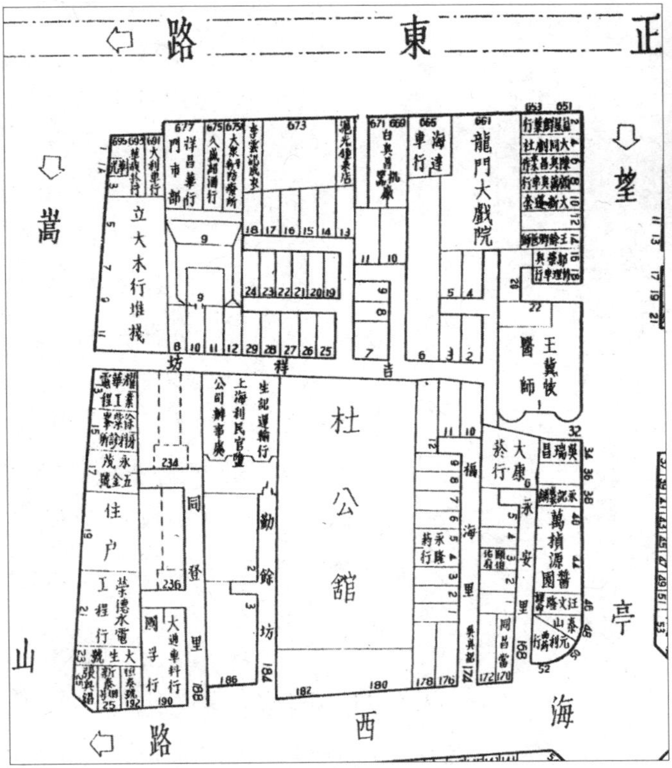

吉祥坊平面图

原宁海西路嵩山路口东北转角(图上半部分)可见宁海西路180～182号杜公馆

(4)振平里

位于今金陵中路241弄。建于1927年，新旧式混合里弄，有砖木混合结构两层、三层楼房44幢，占地约4 527平方米，建筑面积8 777平方米。1945年，黄金荣在弄内1号成立荣社(后迁至10号)。20世纪80年代末，这里有居民287户，955人。1999年，此处建成力

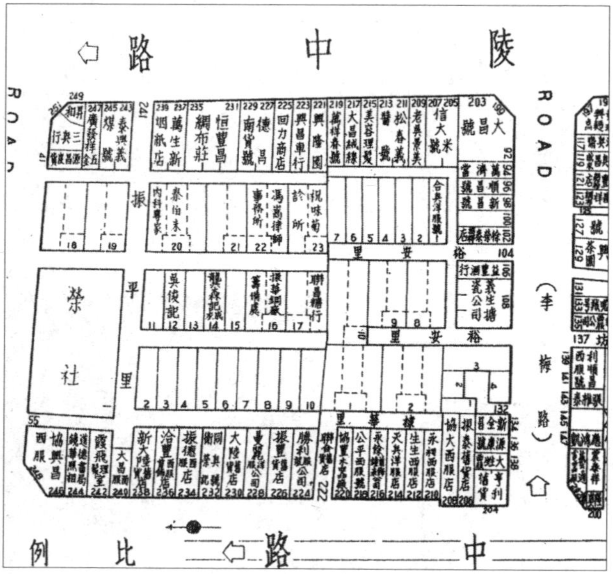

振平里平面图

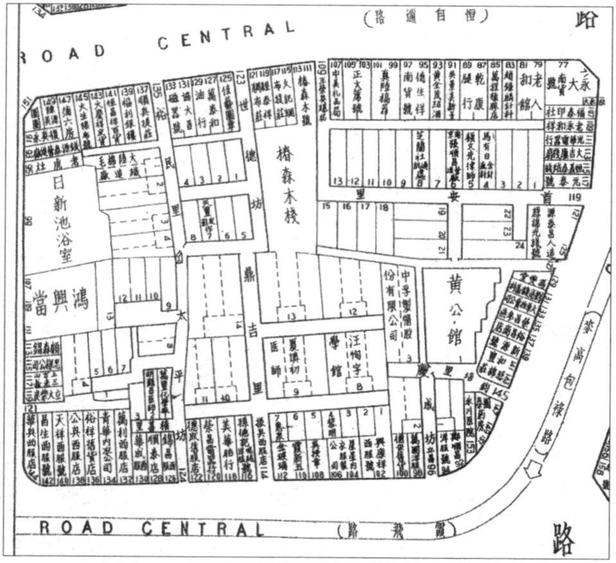

均培里平面图

宝广场。

(5)钧培里

位于今龙门路145弄，赫赫有名的黄金荣寓所——黄公馆所在地。建于1916年，旧式里弄。有砖木结构2～4层楼房9幢，占地约1033平方米，建筑面积1703平方米。解放后，曾被改造成龙门路地段医院。20世纪80年代末，这里有居民29户，85人。1997年，此处及周边被改建成上海广场。

(6)荫余里

位于今柳林路10弄。建于1930年，旧式里弄，有砖木结构三层楼房62幢，占地约5800平方米，建筑面积12929平方米。曾设有中国银行八仙桥办事处。20世纪80年代末，这里有居民106户，347人。1999年，此处建成金钟广场。

(7)尚德里

位于今普安路133、141弄。以业主宋莲青家族尚德堂命名。建于1930年，旧式里弄，有砖木结构三层楼房36幢，占地约2447平方米，建筑面积5 654平方米。20世纪80年代末，这里有居民169户，622人。1999年，此处及周边

荫余里平面图

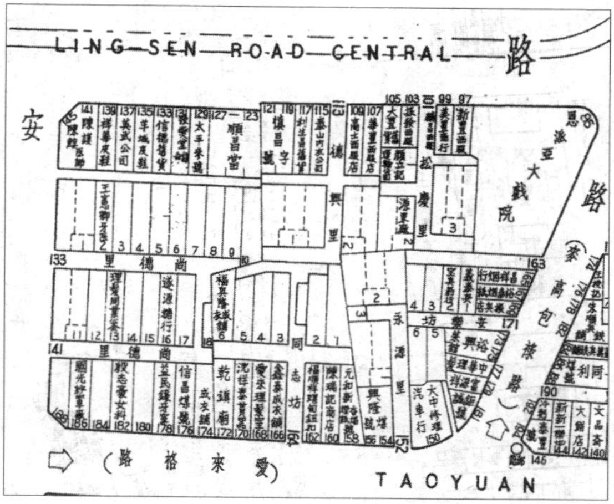

尚德里平面图

被改建成大上海时代广场。

(8)厚德里

位于今寿宁路94弄。建于1912～1935年，旧式里弄，有混合结构三层、四层楼房24幢，占地约1 534平方米，建筑面积4076平方米。20世纪80年代末，这里有居民143户，471人。2002年，此处建成永银大厦。

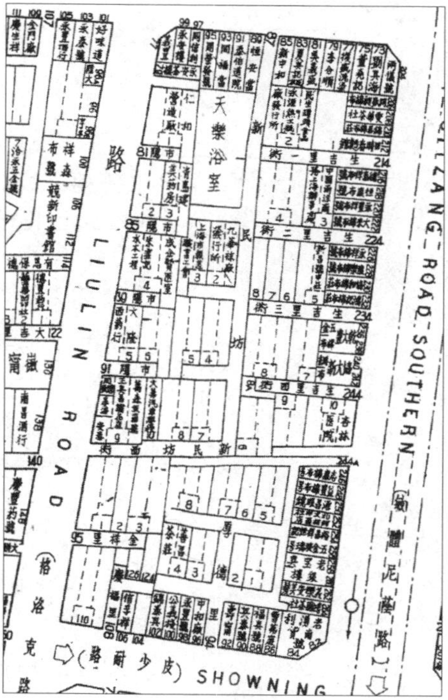

厚德里平面图

2.八仙桥青年会大楼

该大楼位于今西藏南路123号，1929年10月动工，1931年建成。设计人员是中国著名的建筑设计师李锦沛、范文照、赵深，施工方是老牌营造厂——江裕记。20世纪20年代以前，上海的建筑设计大都是仿照西方古典主义形式，中国建筑师不满足于此，开始探索西洋建筑与中国传统建筑结合之路。这种探索的实践者必须具备西洋建

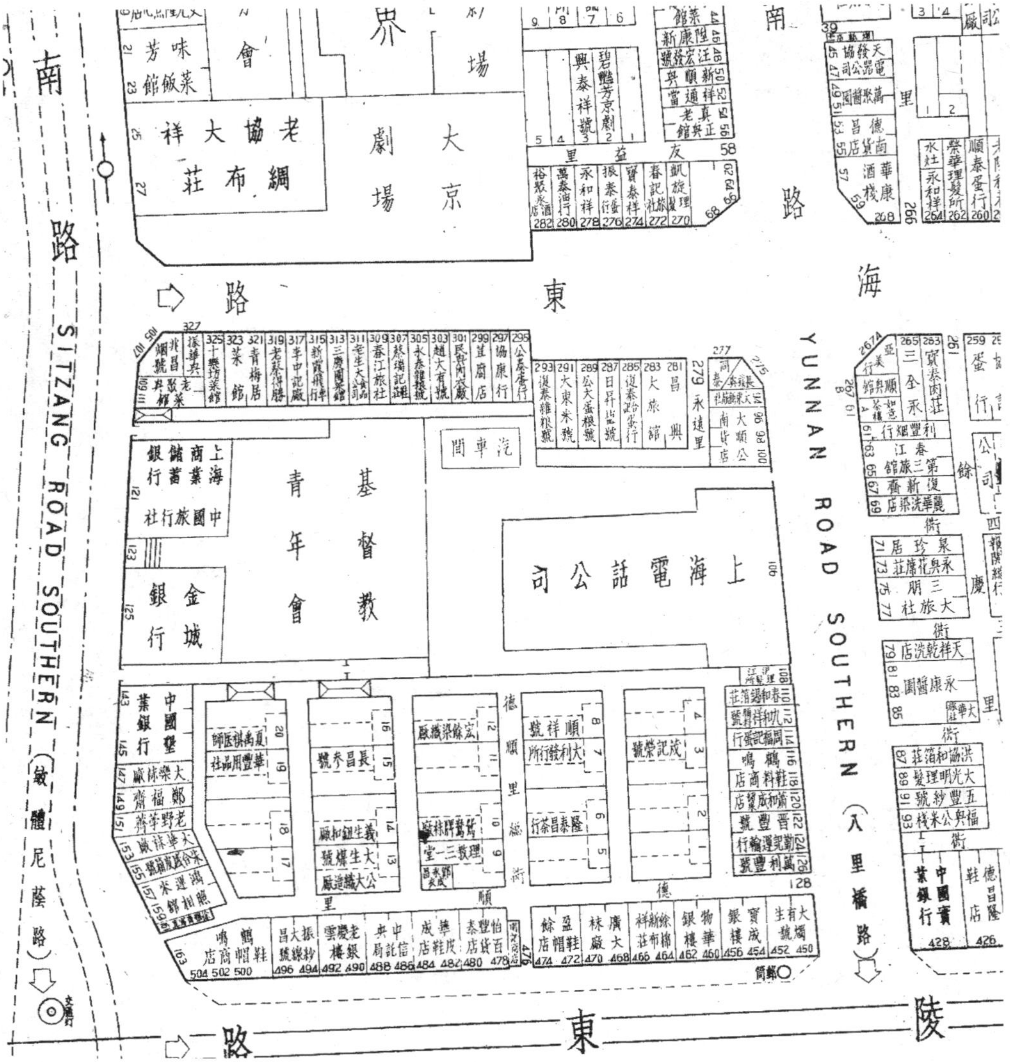

八仙桥青年会大楼及周边地区平面图

筑的理念和传统中国文化的深厚底蕴，而李、范、赵三人正具有这样学贯中西的素养。当时这类设计作品被称作“简朴实用式略带中国色彩”，它是“中国固有式建筑思想的新形式，体现了近代中国建筑师具有西洋古典建筑文化、中国传统建筑文化以及现代建筑文化三重建筑文化观念的特点”。八仙桥青年会大楼的设计正体现了这种设计的精髓：以现代样式为主，局部带有民族形式尤其是装修部分采用中国传统风格。

八仙桥青年会大楼占地2211平方米，建筑面积10422平方米，高十层，为钢筋混凝土框架结构。大楼平面呈凹字形，凹处朝南，分成三块，外观好像北京前门城楼，蓝色琉璃瓦屋面。沿西藏南路部分为正立面，顶部有双檐，两檐间有一层房屋，飞檐翘翼，檐下饰斗拱。北面部分较高，与东面的屋面一样，也铺蓝色琉璃瓦，但不起翘。建筑中部采用泰山面砖，底部采用平整花岗石砌筑，拱券入口和腰线用石料花纹装饰。朝西的正门是仿宫殿的槅扇，菱花格心，门框(青石门罩)饰古典雕刻图案如云纹等。二楼的大礼堂门窗也仿古而制，顶上天花有和玺彩绘。大楼里曾设有礼堂、餐厅、图书馆、宿舍、淋浴房等。1989年9月，八仙桥青年会大楼由上海市人民政府公布为上海市文物保护单位优秀近代建筑。

李锦沛

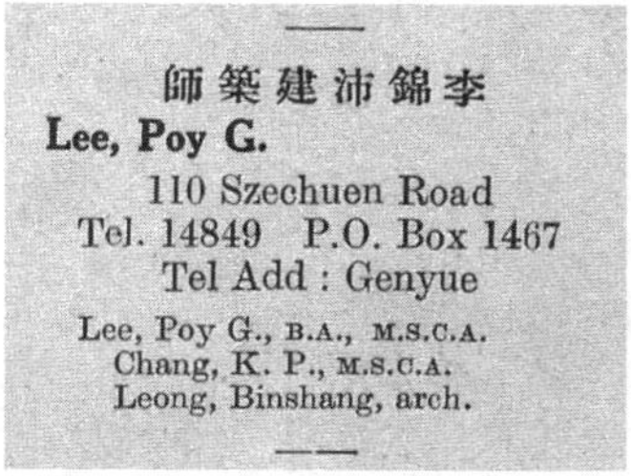

李錦沛建築師

Lee, Poy G.

110 Szechuen Road

Tel. 14849 P.O. Box 1467

Tel Add : Genyue

Lee, Poy G., B.A., M.S.C.A.

Chang, K. P., M.S.C.A.

Leong, Binshang, arch.

1935年，李锦沛刊登的执业广告

设计八仙桥青年会大楼的**李锦沛**(1900～1968)，字世楼，广东台山人，1900年生于美国纽约。1920年毕业于普赖特学院建筑科。1921－1922年在美国麻省理工学院、哥伦比亚大学进修建筑，获纽约州立大学注册建筑师证书。曾任职于芝加哥和纽约的建筑事务所，参与设计新泽西城基督教青年会、纽约时报馆等大楼。1923年，李锦沛作为基督教青年会的建筑师来到上海，参加青年会大楼的设计。设计的主要建筑工程有：长沙、保定、宁波、济南、厦门、南昌、武昌等地的青年会会堂。1927年4月独立开业，同年12月加入中国建筑师学会。1929年吕彦直建筑师病逝后，李锦沛受孙中山葬事筹备委员会之聘，以彦沛记建筑事务所名义，负责南京中山陵、广州中山纪念堂等工程的设计工作。八仙桥青年会大楼是李锦沛早期作品的典型即为简化的西方复古式样，将中国传统建筑式样巧妙融于西式建筑之中。

第二节 仿西式建筑

1. 中法学堂

中法学堂(今光明中学)创建于光绪十二年(1886)，初名“法文书馆”，是法租界公董局为教授中国人法语而设立的学校。学校最初位于公馆马路63号。宣统三年(1911)，因校舍有限且原处要建电站，迁至宝昌路，并改名“中法学堂”。1913年5月15日又落户敏体尼荫路，原学校正门设在敏体尼荫路，后大门设在今淮海东路。学校占地6 000平方米，建筑面积6725平方米，场地开阔。校舍呈“山”字形内廊式平面布局，中部及西翼建于1913年，1923年因增设小学部，建造东翼，外观相同。由今淮海东路进入校门，便是大操场，操场北边矗立着教学楼，是用泰山砖砌成的三层建筑，清水砖墙，白石灰勾缝，砌工横竖挺直，缝道整齐。立面以竖向线条为主，分层装饰白色腰线，线条简洁清新。平屋顶，屋檐一圈有花纹雕饰。两层、三层设长形大窗，窗拱有白色几何图案。三层两边门采用白色半弧拱。其建筑风格具有罗马风、新古典主义，又有新艺术运动形式，总体来讲属

中法学堂

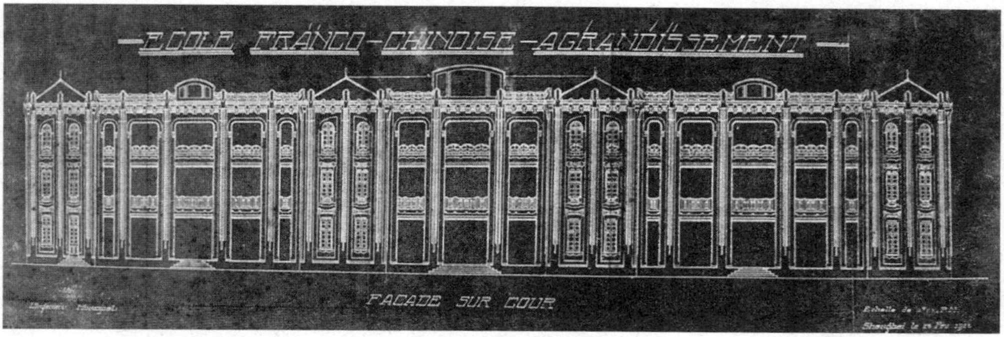

中法学堂建筑图纸

于折中主义。该校设施中最有特点的是在总务室用法国母钟控制每一教室的子钟，堪称一绝。1994年，被列为上海市第二批优秀历史建筑。

2. 嵩山路巡捕房

位于今淮海中路235号。宣统三年(1911), 法租界公董局建造，时名法租界西区捕房，后随路名更名为宝昌路捕房、霞飞路捕房，20世纪20年代扩建后改名为嵩山路捕房。捕房

嵩山路巡捕房

由两幢不同风格的楼房组成，一幢为带有法国文艺复兴风格的殖民地外廓式建筑，共三层，砖木结构。立面左右对称，清水红砖外墙，各层均有立柱走廊，第三层廊柱上有盾形花饰。另一幢为法国古典式建筑，沿今淮海中路和嵩山路转角作直角布局，外立面分为5段构图，其中北立面的中间其东、西两端三楼房顶处，各有仿古城堡式和杯状栏杆式的修饰。两楼连同后来增建的少量房屋，建筑面积达6715平方米。1999年6月，被列为上海市优秀历史建筑。

3. 大世界游乐场

早期的大世界游乐场是一座两层砖木结构建筑，始建于1917年，沿爱多亚路、敏体尼荫路转角而立。1927年，因扩大营业的需要，拆除了一些民房，翻建了新的“大世界”。新屋由建筑师周惠南设计，森茂营造厂承建，1928年建成，是中国建筑师设计西洋式建筑的早期作品。翻建后的大世界游乐场占地14700平方米，高55.3米。整个建筑平面呈“L”形，由3幢四层钢筋混凝土楼房相连成扇形，2幢坐东朝西，1幢坐南朝北。主楼大门上方建有四层高的塔形建筑，敞开型，四角为圆柱，最上端为古钟式尖顶，气势磅礴。正门入内是六角形大厅，底层有娱乐室、茶室及休息室等，中央场地被四周建筑环围，形成一露天剧场，舞台前按弧形排列着600多个座位，以演出杂技魔术为主，兼演折子戏和曲艺，是全游乐场最热闹的场地。2~4层为各种娱乐厅，内侧是一条宽阔的走廊。屋顶为平台，夏季可作为露天剧场。1989年，大世界游乐场被列为上海市首批优秀历史建筑。

20世纪20年代的大世界游乐场

20世纪50年代初的大世界游乐场

4. 恩派亚大戏院

创建于1921年，是淮海路最早的影院。业主是上海“电影大王”、西班牙人雷玛斯。戏院建筑面积910平方米，内设800个座位。整幢建筑属古典主义兼折中主义风格。转角处为圆形，中段有贯穿两层的爱奥尼克柱，屋顶为蓝白相间的穹窿形，使建筑上下部分有所呼应，更为协调。20世纪80年代，戏院曾经历一次大修，拆除观众厅两根柱子，舞台部分翻建成钢筋混凝土结构。该戏院曾一度是八仙桥区片的标志性建筑。1994年被拆除，原址及周边被改建成大上海时代广场。

恩派亚大戏院

5. 南京大戏院

现在具有“音乐殿堂”美誉的上海音乐厅，旧时名南京大戏院，也曾叫北京电影院，建于1930年。它由中国第一代留美的华人建筑设计师范文照、赵深设计，是仿西方古典建筑形式成功的典型实例之一，也是中国人设计建造的第一座戏院。建成时，它一流的建筑水平和设备压倒了雄踞沪上多年的卡尔登戏院(今长江剧院)和奥迪安戏院(位于今四川路)，《纽约日报 · 上海通讯》曾把南京大戏院比作当时美国设备最好的戏院“洛克赛”，称其为“亚洲的洛克赛”。

南京大戏院占地面积约1382平方米，建筑面积约3800平方米，正面门楼为四层，其余为两层，采用钢筋混凝土框架结构，是纯粹的西方复古主义样式建筑。外墙下部材料为汏石子，上部为红釉褐砖。入口处有大雨篷，自台阶上，一个平台，正面6扇木框玻璃大门，内为华丽的门厅。两层和三层在外立面上用3个巨大的半圆拱窗、4根爱奥尼克柱形成浅柱廊，具有文艺复兴建筑的风格。柱头的上面为横梁，再上面是高达3米的巨型横幅浮雕，宽占3间。浮雕特别邀请留法新诗人、雕塑家李金发设计，由音乐、舞蹈、戏剧的情节组成，人物造型取材于西欧神话故事，特别强调抒情和诗意。浮雕的上部有水平檐部，檐部之上又一层，作为顶部的收头，上设6个小窗，使立面形象虚实得体。上、中、下形

南京大戏院

成古典主义的三段式构图。柱廊的两端为实墙，墙下左右各设圆拱窗，也是实中有虚的建筑艺术效果。墙的上部各设一个圆形浮雕图案，起到装饰作用。观众厅平面为钟形，四周墙壁用拉毛粉刷，一墙一柱的建筑造型有助于音响传播。厅场中的地板采用一种混合物质制成，视之似坚，踏之则软，步履无声。舞台设计有自动上下的银幕及备用自动吊杆，装置丝绒台幕。有冷暖气机房，具有空调和风洞设备，场中冬暖夏凉。整个建筑装饰多变化，充满韵律感，富含艺术魅力，曾被人比喻为“凝固的音乐”。1989年，被列为上海市首批优秀历史建筑。

第三节 其他特色建筑

骑楼是西方古代建筑与中国南方传统文化相结合演变而成的建筑形式，是将建筑物一楼临街部分打通为行人走廊，上方的二楼楼层状如“骑”在一楼之上，故称之为骑楼。骑楼的由来，有说中国古已有之，系传统的不见天街的变形；有说是洋人东来，不适应热带气候，为求凉爽，在洋楼前加盖了一层廊房，后来随着洋势力的扩张，便在南亚、东南亚、华南等地遍地开花，处处见骑楼了，如在中国的广州、厦门最为常见。

光绪三十四年(1908)，公馆马路通行有轨电车，道路瓶颈处进行了拓宽。20世纪20年代，公馆马路车水马龙，日益拥挤，路幅显窄，但若再拓宽就需拆除两侧房屋，要使拥有土地房产之业主让出绝非易事。1923年，法租界公董局决定将公馆马路人行道纳入车行道，宽度不得少于12米，沿街房屋改建为拱廊式骑楼，底层辟出宽3米、高7.5米的通道供行人通行。次年3月，公董局公布《公馆马路拱廊条例》。此后，公馆马路两侧新建的房屋均为骑楼。至1934年，公馆马路南侧有骑楼841米，北侧有532米。

公馆马路两侧骑楼，成为沪上道路独特的风景线

公馆马路上的骑楼

现金陵东路上的骑楼

骑楼有宽宽的走廊，高大且方正敦实，既交融着中国岭南和法兰西建筑的特征，更显出别具风格的洋气实用。对行人来说，它既能挡雨又能遮阳；对店家来说，其开面宽敞大气，非常适合开设商铺。许多老字号都曾在这里开设分店，如老介福呢绒绸缎分店、培罗蒙西服分店、吴良材眼镜分店、三阳南货分店等。位于八仙桥区片，较有名的即为开设于公馆马路口的鹤鸣鞋帽商店。2003年，今金陵东路口近西藏南路段的50米骑楼被拆除，曾引起社会上对这一历史建筑风貌进行保护的热议。2006年竣工的亚龙国际广场在这一路段恢复了骑楼的建筑形式。2015年，金陵东路(西藏南路至四川南路段)被列入市级历史风貌保护道路(街巷)推荐名单。

第四章 以莱兴市的商业发展

八仙桥区片拥挤的小菜场

上海开埠前，八仙桥区片地处县城北郊，副食品供应以附近农民肩挑手提叫卖为主。开埠后，随着租界的扩展，八仙桥区片地跨华、法两界，又介于英租界与老城厢之间，商业渐起。清咸丰年间，小刀会起义和太平军压境，使得租界内人口剧增，蔬菜、鱼肉等副食品需求随之大增，过去由进城农民流动叫卖式的兜售已难以满足居民所需，集中式菜场的形成成为必然。独特的地理位置，使八仙桥区片出现了上海第一个公共菜场即中央菜场。该菜场位于洋泾浜以南、中八仙桥以东宁兴街一带，虽因种种原因开办不久就被取消，但它的诞生标志着现代菜场雏形的形成。19世纪后期，在南八仙桥西侧(恺自尔路和坟山路交汇处)又形成了一大菜场，这便是后来老上海人熟知的八仙桥菜场。该菜场因摊位较多、供应品种丰富，受到包括大量外侨在内的居民青睐。随后，菜场周边陆续开设米店、烟行、烛号、锡箔店等。繁荣的契机因菜市而兴起，八仙桥区片的中心也逐渐转移至此。

八仙桥菜场旁的露天食摊

菜市集聚了人气，人气带动了百业。至20世纪30年代末，八仙桥区片仅银行网点就有上海商业储蓄、金城、中国垦业、国华等10多家。所设商店中，包括了众多大店名店，如恺自尔路上的宝大祥、协大祥、汪怡记、京都达仁堂等都曾名噪一时。区片内还集中了不少西服店，从今西藏南路至普安路的林森中路东段汇集了约70余家西服店(包括49家旧西服店)。商业发达、人口密集，也推动了饮食业的发展，各帮菜肴在八仙桥区片都有一席之地。知名的锦江川菜馆更是推动了其周边地块的发展，当时为了竞抢因锦江川菜馆满座而退出来的食客，其所处的华格臬路(后改名宁海西路，近敏体尼荫路)曾一下开张了11家档次颇高的餐馆，仅川菜馆就有成都、重庆楼、蜀渝、川味、长江、陶乐春6家，还有扬帮富春楼、闽帮闽东园、绍帮章东明、本帮三和楼等。华格臬路东段一度成为“菜馆街”。

1938年，普安路-龙门路段间的集市，近爱多亚路

1937年八一三战役后，大批南市、闸北等处居民涌入租界避难，八仙桥区片出现畸形发展。这里有绸布庄、饭馆、旅馆，也有烟馆、赌台、妓院、舞厅，流氓、恶霸、扒手成群，灯红酒绿下掩盖着一派乌烟瘴气。

第一节 菜市场

1. 八仙桥菜场

同治十年(1871)，在南八仙桥西侧(恺自尔路和坟山路交汇处)出现了集市。当时此处还不属于法租界范围。由于在租界外不用捐执照，菜贩们都乐意来此设摊，出售的副食品中包括外国人喜食的牛肉、卷心菜等。因摊位众多，供应充足，远近华人和洋人都喜欢到这里来购买，曾得名“华洋菜场”。19世纪80年代，这里建造起简易木屋，菜场收市后有艺人来此借地表演各种戏曲、曲艺和杂耍，观者如堵，热闹非凡。菜场周边还陆续开设米店、烟行、烛号、锡箔店等。光绪二十六年(1900)，法租界第二次扩张，八仙桥菜场被划入租界。1929年，八仙桥区片已成为居民稠密地区。随着人口的增长、摊贩的密集、设备的不敷供应，对菜场的改扩建十分必要。为满足需求，经法租界公董局批准，由地产商将八仙桥菜场改建成钢筋水泥结构、两层楼、面积3 200平方米的室内菜场，里边足足有400多个摊位。八仙桥菜场改扩建工程完成后尚未开幕，就因各方利益的冲突，引发了一起不小的风波，曾轰动一时。1930年12月30日，《申报》登载了法租界公董局发布的“八仙桥菜场标租摊基”公告，旨以投标方式决定菜场摊位的租赁，为法租界当局谋取更多利益。次日，摊贩们就成立八仙桥摊贩联合会，发动请愿，抵制法租界当局采用摊基投标的方法租赁摊位，最终使得1931年1月28日举行的菜场摊基投标会“无一人接应”。1月28日当天，傅才兴等25名摊贩代表还在八仙桥区片一家茶楼集议罢市，并采取了呼吁同行援

开张不久的八仙桥菜场

金陵中路龙门路口航拍街景。路口西北角即为八仙桥菜场，其对角为龙门路邮政局(图右侧三角形建筑)

助、向法租界纳税华人会请愿、与公董局交涉等多项举措。因为摊贩们的强烈反对，虽然经过法租界公董局董事会议通过，摊基投标办法却一时难以实施，只能变通办法。后在法租界纳税华人会华董杜月笙、华委程祝荪等的牵线下，摊贩代表与公董局几经谈判，最终决定以抽签定位方式取代投标法，摊位租金也比公告

◉法租界八仙橋菜場昨日開幕
▲各菜販遷入
▲放鞭砲慶祝

法租界八仙橋菜場、業已改建完竣、前次因小販爲投標問題、發生糾紛、由法租界納稅華人會・暨華董杜月笙・華委程祝蓀等、調解解決、以抽籤定位、該菜場已於昨日上午七時、舉行開幕、各菜販於前晚「已完全遷入」、因定於開幕、特備黨國旗・及法國旗・軍樂隊等、於開幕時、大放鞭砲不已、異爲熱鬧、並由公董局督辦魏志仁・總辦傅勒斯・暨華人各團體代表・前往參觀、各小販代表嚴茂泰・陳震卿・魏阿華・張傳巖・俞阿椿・朱裕興等、均招待致賓甚早、特備中西名點、及香賓酒等、以餉各代表、至十二時始各盡歡而散、此等舉動、爲上海各菜場開辦以來所未聞云、

◉彭福興尚無暗殺花會大王實據

花會巨子劉良洪、前年五月十八夜、被人暗殺於雲南路老德興酒店門首、[illegible]

《申报》刊登“八仙桥菜场重新开幕”的新闻

中所规定的租金有所降低。摊贩们的要求基本得到满足。在经过连日抽签定位后，八仙桥菜场于2月7日上午开业，各摊贩由中法学堂门前的临时菜场迁入新菜场营业，并燃放鞭炮以示庆祝。一场冲突最终以法租界公董局的让步得以平息。重新开业后的八仙桥菜场一直以“副食品大世界”著称，不仅是因为菜场位于著名的大世界游乐场不远的地方，更因为它给人们购买食物提供了多样化的选择。据统计，这个菜场共有2700多种不同的食物可供挑选。1941年底太平洋战争爆发后，菜场曾一度萧条。抗战胜利后，又呈现繁荣景象。20世纪90年代初，八仙桥菜场被改造成八仙桥副食品商场，深受中外顾客青睐，多位国家领导人曾来此视察。

2. 宁海东路菜场

今宁海东路原名宁兴街，辟筑于同治二年(1863)，东起今山东南路，西至今西藏南路，全长757米，是一条狭长的小街。同治三年(1864)，外商拉波尔德里和汉壁礼向法租界公董局呈文，建议改善市政，仿效欧洲大城市专设菜场，并提出每年向公董局缴付税银500两，且10年后将菜场交给公董局。得到批准后，两人便出资在宁兴街河边空地上搭大棚建造室内菜场，定名中央菜场，并制订摊贩缴付租金进场营业的办法。公董局也发出通告：从1865年元旦起，租界菜贩都得集中进场营业。但不到1年，菜场因摊贩不愿交费进场营业等原因而关闭。菜场虽关闭了，但一些菜贩仍习惯性地在附近设摊，并越聚越多。同治五年(1866)后，沿街纷纷开设肉庄、蛋行、鸡鸭行、豆腐公司等，并一直向东延伸至今盛泽路。中央菜场是上海最早的菜场，人们对其印象深刻，且此处菜贩云集，因此宁兴街就被人们叫作菜市街。到20世纪30年代，整条街两侧有30余个行业170余户商店，其中有肉庄8户，蛋行

1942年，宁海东路西藏路口。宁海东路筑于1863年，1865年沿街出现上海最早的大型菜场

宁海东路菜场

宁海东路菜场

宁海东路菜场水产柜台

14户，鸡鸭行7户，成为鸡鸭蛋行的集聚点。另外，还有荤素菜摊近千户，经营25个大类700余种副食品。1945年12月宁兴街更名为宁海东路，此处的菜场也被称作宁海东路菜场。至1949年，宁海东路菜场有坐商300余户，荤素地摊1000余户。

建国后，菜场被改造调整。1956年组织联购联销合作小组。1958年合作小组被归并成宁海东路合作菜场，隶属黄浦区副食品公司。1979年后，宁海东路浙江南路以西段，新辟农副产品贸易市场，专供个体商贩及近郊农民入场销售农副产品。该菜场以品种齐、规格细、价格廉、见新早、落令迟、专柜多、服务好、购买便而著称。

3. 南阳桥宰牲场

上海开埠时，无专业宰作。光绪十四年(1888)，法租界公董局在南褚家桥至南阳桥间建造了一所简易宰猪场，光绪二十八年(1902)进行改建。1928年再次改扩建，成为一座规模较大的杀牛公司——南阳桥宰牲场(位于今西藏南路300号)，俗称“南阳桥杀牛公司”，也有称“褚家桥杀牛公司”。上海沦陷后，牛皮资源由日伪统制，南阳桥宰牲场开剥少量猪皮，供制革厂生产底革、带革等。抗日战争胜利后，南阳桥宰牲场改名“市立第二宰牲场”，主要宰猪，兼宰羊。1948年6月，第二宰牲场雇工为增加工资待遇，曾进行罢工斗争。1949年，市卫生局接管第二宰牲场。1951年6月，第一、第二宰牲场统一行政管理，统称“上海市营宰牲场”，接受华东区土产公司猪业运销部的委托，代宰出口猪和支前制罐用肉等。1953年1月，市营宰牲场改名“上海宰牲厂”，分南北两厂。原第二宰牲场为南厂，1956年

贺友直所绘南阳桥宰牲场图

公私合营后成为“上海肉类食品总厂二分厂”。1957年，停宰牛、猪、羊，改为熟肉加工，生产中西式肉制品，改名为“上海食品公司肉食品加工厂”。1963年，改名为“上海市食品公司熟肉经营部”。1978年，改名为“上海市食品公司肉类食品厂”。

第二节 饮食业

1. 老人和馆

原址位于老城厢小东门内馆驿西弄(今三牌楼路旁)，约嘉庆五年(1800)由上海几位本地老板开设，初名“人和馆”，是沪上历史最悠久的一家本帮菜馆。《上海县续志》曾记载：“饮馔品，本帮而外，若京、苏、徽、宁各帮皆较奢靡，今则无帮不备。月异日新，即盛馔器往往舍簋(音轨，古代食器)用碟，步武欧风……本帮见存者仅邑庙南‘人和馆’一家，开设垂百年，至今犹略存古朴云。”租界开辟后，南市一带商业逐渐衰退。约1938年秋，人和馆搬迁至商市日盛的八仙桥区片，定址于恺自尔路79～81号。但时隔不久，在公共租界二马路“甬江状元楼”隔壁(今九江路521号)也开出了一家“人和馆”。两家为“人和馆”招牌权曾对簿公堂。后法院采取两面摆平的做法，裁定历史更久的八仙桥区片

解放后的老人和饭店及以崭新面貌重现于淮海中路的百年老店老人和(右，2014)

的“人和馆”叫“老人和馆”，另一家称为“新记人和馆”。此后，“老人和馆”的名称沿用至今。在菜肴上，老人和馆一直以擅于烹制本帮菜、河鲜菜肴见长，主要名菜有红烧黄鱼、红烧头尾、红烧肚档、下巴甩水、炒秃卷(青鱼鱼肠)、青鱼秃肺(鱼肝)等，其中红烧黄鱼是老人和馆早期最出名的一道菜。糟卤菜也是该店一大特色。该店厨师将民间制作糟菜的方法不断发展、改进，形成具有“老人和”特色的槽卤法，再加来自绍兴的陈年绍酒酒糟做原料，使老人和馆的糟卤菜成为名扬沪上的特色名菜。

1949年后，老人和馆在坚持发扬本帮传统特色的同时，不断创制各种新的特色菜肴，受到顾客称赞。糟醉卤菜曾荣获1991年国内贸易部优质产品“金鼎奖”。1993年，老人和馆因所在地块批租被拆除而停业。1997年秋，在瑞金二路416–418号重新开业。2005年底，因市政改造再次关门歇业。2013年，“老人和”打浦店(打浦路455号)和黄金世界店(淮海中路988号)相继开张。2014年，淮海店(淮海中路558号)开张，百年老店“老人和”的特色得以延续。

2. 青梅居

清末民国初开设在八仙桥区片的宁兴街321–323号，近敏体尼荫路口。最初经营京帮菜肴，后改营清真菜点。该店的牛肉锅贴，质量上乘、价格便宜，很受顾客欢迎。民国元老吴稚晖经常前往该店品尝牛肉锅贴。1949年后，青梅居由于业务清淡而紧缩了经营规模，与它相隔不远的“十乐坊”(今宁海东路325号)、“三庆元”(今宁海东路313号)和“同和园”(今云南南路38号)等三家京帮菜馆(均为20世纪30年代开设)，也因经营不善而相继歇

宁兴街上的青梅居菜馆

21世纪初的清真回风楼

业。1952年，四家菜馆的清真、京帮厨师联合，在河南南路89号(近人民路口)开设了“清真回风楼”，专营清真风味的点心、小吃和清真特色菜，兼营京帮菜肴。起初是一家仅200平方米的小店，后来扩大为500多平方米的中型菜馆。2002年2月底，清真回风楼因市政建设需要而被拆除，同年11月迁至河南南路353号(方浜中路口)新址营业。2006年12月，因河南南路拓宽工程，清真回风楼再次被拆除。2008年10月，该店在陆家浜路1088号恢复营业。

3. 云南南路美食街

位于今云南南路的金陵东路以北、延安东路以南段。清末这一带店铺不多，光绪三十二年(1906)仅有商店6家。1917年大世界游乐场开业后，带动了周边商业的发展，该路段两边店铺渐次增加。1928年后，随着附近里弄内陆续开设赌台、燕子窝等，且周边商市日趋兴旺，云南南路饮食摊点骤增，肩挑、手提的小贩聚集。1932年一·二八事变后，大批难民进入租界，人口骤增，此处饮食摊点发展更为兴旺。1938年，云南南路有商家70余户，其中菜馆17家。至1946年，有41个饮食摊，经营31个大类品种，包括大饼、油条、粢饭、豆浆等传统食品；白斩鸡、白切羊肉、各式卤味、鸡鸭血汤、牛肉汤、生泡牛百叶等风味小吃；鸡汁面、鸡汁粥、羊肉面、荤素浇头面、北方

20世纪30年代初八仙桥街

大世界美食街

上海美食街

云南南路美食街端午灯会(2009)

拉面、牛肉面、各式馄饨等特色面点；还有广式炒饭、菜饭等。早、中、晚、夜宵都有供应，尤以夜宵兴旺。

1949年后，该处饮食摊继续增加。1956年开始，各饮食摊组成统一经营、共负盈亏的合作食堂，马路摊点逐渐被撤销。1959年，云南南路合作食堂形成，饮食店逐年减少。“文化大革命”时期，小吃街特色消失。1987年，黄浦区恢复和发扬云南南路风味小吃特色，众多饮食店开始云集于此，知名的有小绍兴鸡粥店、小金陵盐水鸭店、大世界酒酿圆子店、长安饺子楼等，还有以经营广式挂炉烤鹅为主的美食娱乐总汇、以供应河海鲜菜肴为特色的水乡酒家以及小天津包子铺、云南米线屋、味美轩馒头店、绿杨馄饨店、金云银丝面馆等特色饮食店。1991年9月，第一届黄浦旅游节筹办之际，该路段被命名为“大世界美食街”。1992年，更名为“上海美食街”。1998年，改为现名“云南南路美食街”。2008年12月19日，经过6个多月调整改造后的云南南路美食街新妆开街。改造后的美食街瞄准老字号，专心打“上海牌”，短短250米的美食街上聚集了洪长兴、五芳斋、燕云楼、小绍兴、鲜得来、小金陵、德大西餐、大壶春、成昌9家老字号餐饮店，成为具有独特定位的专业特色街。

(1)小绍兴鸡粥店

小绍兴鸡粥店创建于1943年，原名小绍兴鸡粥摊，摊主为章元定父子。章元定1939年从绍兴来到上海，自东方饭店(今上海市工人文化宫)、远东饭店(今别名为“上海警备区第二招待所”)批些鸭头、鸭膀和杂碎等熟食，在八仙桥街一带串街走巷或到旅馆叫卖兜售。1940年，其妻携子章润牛等人也来到上海。当时章润牛年仅16岁，长得矮小，跟随其父提篮叫卖，人们称其为“小绍兴”。1941年底，日军侵占租界，马路摊增多，章氏父子开始在八仙桥街菜市街口大东新旅社门口马路边，用两只长高凳、三块长板，搭起固定摊位，经营低档卤味熟食，后来又加工制作白斩鸡，在摊上挂起了“小绍兴鸡粥摊”招牌。“小绍兴”选用崇明优质鸡，活杀现烧现卖，并用上乘白粳，煮成原汁鸡粥。后又改进质量，选购浦东九斤黄鸡，活杀现烧再冷却，鸡皮脆、肉嫩、味鲜。1945年摊位迁移至云南南路61号门口，增加1只八仙桌、4只长凳，扩大座位就餐，生意更旺。

1949年后，云南路小吃街日趋热闹，小绍兴鸡粥摊生意更兴隆。除了一般市民外，附

扩建前后的小绍兴鸡粥店

小绍兴招牌鸡

近戏院散场后，著名话剧、滑稽、越剧演员也常来夜宵。1959年1月，云南南路及龙门路、宁海西路一带的饮食摊贩组织合作，成立云南南路合作食堂，小绍兴鸡粥摊成为合作食堂第二分销处的一个供应点。三年自然灾害时期，活鸡货源供应中断，白斩鸡、鸡粥停止供应，特色消失。改革开放后，1979年在云南南路75号恢复供应白斩鸡、鸡粥、全色血汤，选用优质鸡种，坚持和发展活杀、现烧、现卖的传统操作规程，不仅保持原有风味特色，肉质更为鲜嫩，深受新老顾客的欢迎，就餐人次不断增多。1982年，云南南路合作食堂划分为3个核算企业，“小绍兴鸡粥店”之名得以恢复，专营白斩鸡、鸡粥、全色血汤。1984年和1987年该店两次改扩建，经营面积增加近500平方米，底层为大众化餐厅，二楼为小吃雅座、宴席厅。1988年进一步扩大经营面积，并经市旅游局核准为涉外旅游餐馆。1993年，云南南路总店再次翻建。与此同时，十集电视连续剧《小绍兴传奇》拍摄完成，“小绍兴”在市民中的影响更盛。

(2)鲜得来排骨年糕店

原址在敏体尼荫路老德行里(今西藏南路177弄)弄口、中法学堂隔壁，1921年由何世德开设。起初只是一个小食摊，仅几个平方米，置三张半小台子，经营面包、吐司、牛奶、咖啡等，本小利微，顾客多数是中法学堂师生、附近企业职工及居民。1937年，为更适应上海人传统口味的需求，改营五香排骨年糕、烘鱿鱼和其他面食点心。何世德烹制的排骨年糕与众不同，将排骨拍碎、大骨拍扁后，先加黄酒、精盐等调味腌渍入味，然后将面粉、鸡蛋等拌和的浆浸裹在排骨表面，再入热油锅内氽一下就取出，配上已煮好的小年糕即成。排骨外香里嫩，年糕软糯细腻，滋味鲜美，而且价格便宜，加上就餐方便，顾客越来越多，没有座位，就站在马路边上吃。顾客们都说：“这里的排骨鲜得来！”于是，何世德就用“鲜得来”作为招牌。

鲜得来排骨年糕不仅制法独特，而且原料讲究。排骨，选用江苏、浙江、四川、湖南

鲜得来排骨年糕店店面

等地的圈养猪，这种猪一般圈养8个月，毛重约100公斤，取下的排骨香、鲜、嫩；年糕，选用江南优质大米，经过浸、蒸、炆等各道工序，做出的年糕洁白细腻，吃口滑糯，再配以特殊的调味，别有风味。因而，鲜得来排骨年糕一直盛名不衰。上世纪40年代，“鲜得来”被称为“排骨大王”，闻名全市。

1949年后，该店经营业务不断发展。1951年，店主申请由摊商转为座商，取名为“鲜德来面食店”(店名中既有顾客赞语“鲜得来”的谐音，又有店主“何世德”的“德”字)。1958年实行大合作后，店堂扩大，经营业务又有新的发展。1959年1月1日，正式挂牌为“云南南路合作食堂第三分销处鲜德来门市部”。三年自然灾害时期，由于原料紧缺，该店停止供应排骨年糕，改营其他面食点心。1964年，又改为“淮东合作食堂鲜得来门市部”，恢复供应排骨年糕。1976年，因光明中学建造人防工事，迁至云南南路、淮海东路口。1978年，迁入光

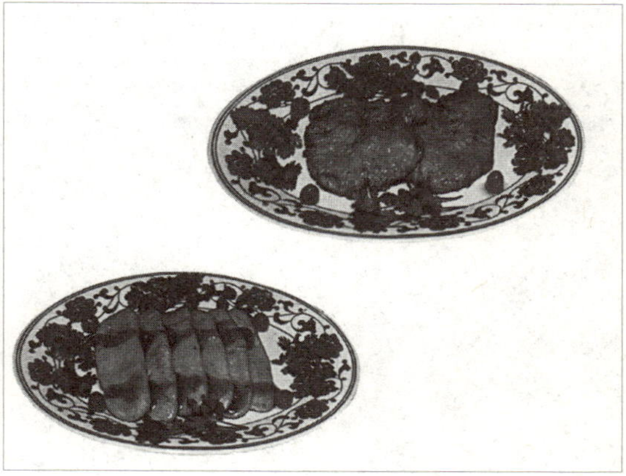

鲜得来排骨年糕

明中学地下餐厅，改名“人防餐厅”。1979年3月，正式复名为“鲜得来排骨年糕店”，由书法家任政题写店名。1988年4月，黄浦区人民政府在招待英、美等13个国家驻沪领事和商务官员时，有100多位外宾品尝了该店的排骨年糕，纷纷予以高度评价。该店的“春笋”牌排骨年糕曾先后成为上海市、商业部的优质产品和“中华名小吃”。20世纪90年代初，该店日接待顾客五六千人次，日供应排骨400公斤、年糕250公斤，排骨年糕销售量为全国第一。为扩大营业，鲜得来排骨年糕店迁至云南南路20号，并改名为“鲜得来大酒店”，底层大堂继续经营排骨年糕等大众快餐，两楼及三楼经营中式快餐、炒菜，承办喜庆筵席、商务宴会等。2000年5月，该店又迁至云南南路98号营业。至此，鲜得来大酒店拥有一个配货中心和五家分店，成为全国最大、最著名的排骨年糕店。2008年3月，鲜得来大酒店再迁至云南南路36～46号营业。营业面积有所缩小，但环境大有改善，凸显老上海风情。

(3)洪长兴羊肉馆

初名“马家班伙房”，光绪十七年(1891)由回民马春桥创设，原址在吕宋路(今连云路)6号，近爱多亚路。原是京剧名角马连良的叔父马赐立、姑妈马秀英领衔的马家戏班为了解决来沪演出的北方演员吃饭问题，由马连良的二伯马春桥开办的戏班伙房，最初仅制作羊肉面点、馅饼等，后来逐步扩大营业，增加了羊肉、牛肉菜肴。1918年，由回族人洪海泉接手经营。洪海泉用其刚出生儿子的名字“洪长兴”作为店名，改名为“洪长兴羊肉馆”。1920年左右，洪长兴羊肉馆最早在沪上经营涮羊肉，起初不为本地人所接受，只有少数京

连云路上的洪长兴羊肉馆

洪长兴羊肉宴

20世纪80年代连云路上的洪长兴

洪长兴餐饮招牌

剧艺人和回民光顾，其中包括京剧大师梅兰芳。1929年后，北方来沪客商日益增加，涮羊肉名气渐响。洪长兴羊肉馆专门从北京聘请了一批厨师，全部按照北京的制法和配料制作“涮羊肉”，并选用浙江湖州、嘉兴等地出产的重30斤左右的胡羊做原料，羊龄一般在三四岁左右，分不同部位制作不同规格的品种。考究的制作、精良的原材料，使得洪长兴羊肉馆的涮羊肉吃起来又香又嫩，别有风味，也吸引了大批食客，包括一些达官贵人、社会名流。

1949年后，洪长兴羊肉馆继续保持和发展原有经营特色，又增加了黄焖羊肉、炖牛尾等宫廷名菜以及各式鱼类菜肴。1985年，该店翻修成半月形三层楼房，扩大了营业面积，店址改为延安东路803号。1991年，再次翻建，成为一幢四开间门面、四层楼，具有浓厚伊斯兰风貌的建筑，有“远东清真第一店”之称。1996年，

清真洪长兴羊肉馆紫铜火锅

云南南路上的洪长兴今貌

因原地建设高架道路，迁至广西北路288号继续营业。2008年12月19日，云南南路美食街调整改造后开街，洪长兴云南路店同日开业，其伊斯兰异域风情设计成为云南南路美食街上的标记。

4. 味芳菜饭店

原址位于敏体尼荫路23号，创办人奚颖魁，1930年开设。当时大世界游乐场游客众多，周边饮食店生意火爆，奚颖魁便出资30根金条在“大世界”楼下、协大祥绸布庄隔壁购买了两开间、两层楼，开设了这家菜饭馆。该店可同时容纳130人就餐，专门经营猪油菜饭和四喜肉、红烧大排、酱猪爪、美味辣酱、面筋百叶汤等大众菜肴，同时供应白斩鸡、油爆虾、卤猪肝、盐水鸭等冷盆菜品及冰啤酒等。该店制作的猪油菜饭均采用苏南的优质大米为原料，重油、重调味，肥糯鲜美，且价格适中。因而，味芳菜饭馆开业后生意红火，顾客大多是附近商店、商行的职员和“大世界”的游客。后来，为了满足顾客需要，又增加了各式小锅炒菜，有炒虾仁、炒肉丝、炒猪肝、素什锦、炒辣酱、炒鸡丁等，现炒现吃；冬令期间增加各式小砂锅，每只砂锅有汤有菜，汤菜相融，汤烫味鲜，配上三四两一碗菜饭，刚好满足一般顾客中午就餐的需要，经济实惠，颇受欢迎。当时“大世界”主持经理丁永昌等一些有名的“白相人”都成为该店常客，有时黄金荣也来捧场。菜饭店生意越做越大，每天菜饭供应量达六七百斤。到1937年抗日战争前，味芳菜饭店已经成为该地区最有名的菜饭馆。日伪时期，该店由于地处法租界，未受战火影响，营业仍然繁忙。1945年抗日战争胜利后，生意更加兴旺。1956年公私合营后，该店又增加了各式炒菜和白米饭。1995年，因“大世界”商业网点布局调整，味芳菜饭店并入王宝和实业公司所属酒店，不久歇业。

5. 觉林蔬食处

原址位于公共租界望平街(今山东中路)，1933年由佛门居士贾东初等人合伙开办，后迁至八仙桥区片的霞飞路、嵩山路口(今淮海中路254号)。开办初期，觉林蔬食处生意并不好。为招徕顾客，贾东初潜心钻研素菜烹制技术，并从著名素菜馆“功德林”学到一些制作菜点的经验。后来，该店制作的素鸭、素火腿和一些以荤菜命名的净素菜如茄汁凤腿、发菜鱼肚、净素肉松等受到顾客好评，许多佛门居士慕名前往品尝，生意日益兴旺。1937年9月，弘一大师抵沪后，就与夏丏尊、丰子恺、钱君匋等人在觉林蔬食处会晤，共进午餐。此外，该店还在沪上首创“出门承办净素筵席”的经营方式，别具一格。1949年，贾东初出走，该店由职工代表负责维持经营。1952年7月，因经营不善，该店正式歇业。1987年，黄浦区第一饮食公司挖掘历史名店名菜，经与佛教界人士商定，在山西南路17号(福州路口)重新开设觉林蔬食处。1991年9月，觉林蔬食处迁至金陵东路250号，扩大营业。2005年底，因生意清淡再次停业。

6. 锦江川菜馆

1935年3月15日，后来被誉为“中国阿信”的奇女子——董竹君，在八仙桥区片的华格臬路31号开设川菜馆“锦江小餐”。该店以四川成都东门外的“锦江”为店名，以竹叶为店徽。所经营的川菜与众不同，既有重辣重麻，又有轻辣轻麻，甚至有无辣无麻的新型川菜。改良后的川菜，既保持了传统特色，又能适应杂处上海的各方客人的口味。而且其店面整洁、雅致，与众不同。因而，锦江小餐自开张后，就一直座无虚席，连海上闻人黄金荣、

董竹君(1913)

1940年，董竹君在锦江的办公室内

锦江川菜馆内景

杜月笙、张啸林以及南京国民政府官员来吃饭有时也要排队等候。杜月笙是锦江小餐的常客，几乎天天都来。在他的帮助下，董竹君又租赁了几幢房屋，扩大营业，使锦江小餐由一家只有一幢单开间一底三楼的小菜馆，成为一家拥有300个座位、10余个大小雅间的中型川帮菜馆，并改名为“锦江川菜馆”。

由于风味独特、服务上乘等特色，锦江川菜馆盛名在外，社会贤达和文艺界、工商界、军政界等知名人士纷纷慕名而来，美国大使馆商务参赞等外国人来上海也要到“锦江”品味菜肴。20世纪30年代后期，摄影大师郎静山、申报馆副总编辑卜少夫、“房地产大王”哈同的女婿周玉辅、《大公报》著名记者张蓬舟、“虎标万金油”上海永安堂大老板胡桂庚、梅龙镇酒家女经理吴湄、新雅粤菜馆经理蔡建卿等，每月都在锦江川菜馆聚餐一次。因为菜馆无论在房屋、用具、茶点等方面都非常清洁卫生，所以还得到法租界第一张餐饮业A字执照。该执照是租界当局向侨民保证该店清洁可靠的标志。上海中菜馆有A字执照的，当时只有公共租界“杏花楼”和“新雅”两家。锦江川菜馆的成功推动了所在地块的发展，其周边菜馆竞相而起，华格臬路东段一度成为菜馆街，地价也随之上涨。

董竹君(1900～1997)，江苏省海门市人，出生于贫苦家庭。早年曾入青楼卖唱，后结识革命党人夏之时，结成伉俪，侨居日本多年。董竹君思想进步、勇于奋斗，当夏之时消沉堕落、不思进取时，她毅然与之决裂，携子女返回上海。回沪后，她历经艰辛，创办实业，曾在闸北创办“群益纱管厂”。1932年一·二八事变中，纱管厂被日军炸毁。1935年，董竹君在他人资助下，选址华格臬路31号开设了“锦江小餐”，后改名“锦江川菜馆”。董竹君既熟悉上海人的生活习惯，也了解川帮菜肴的特点，并懂得改革与创新，

1935年，董竹君与她的锦江川菜馆

锦江药糖广告

《世纪人生》电视剧照

使得锦江小餐无论在菜肴口味、店堂布局还是服务质量上都体现出与众不同的风格，从开业第一天开始就轰动全城。董竹君不仅是一名优秀的企业家，也是一名思想进步人士，积极支持共产党人的革命行为。1936年1月，她在华龙路(今雁荡路)租赁了82号中华职业社的房屋，开办了有40多张台桌、工作人员60多人、可容纳顾客200多人的“锦江”分店，即锦江茶室。锦江茶室上、下午卖茶点，中午、晚上卖饭菜。很快，锦江茶室就成了当时上海革命人士、进步人士集会商讨国事的场所，也是上海各界聚会议事的地方。1949年后，董竹君将财产无偿捐给了政府，协助政府创办了新中国第一个国宾馆——锦江饭店，并出任董事长。1951年6月，锦江饭店正式挂牌成立。董竹君本人曾连任七届全国政协委员，堪称女权运动先驱。著有自传《我的一个世纪》，著名导演谢晋以其经历拍成电视剧《世纪人生》。

7. 大华潮州菜馆

原位于东新桥街(今浙江南路)114号，1935年由三位郑姓广东潮州籍厨师来沪合伙开设，初名“大华酒家”，是沪上最早的潮帮菜馆。早期仅有一开间门面，七八张桌子，六七个职工，设备简陋。所经营的鱼圆汤、炒鱼面、炒鱿鱼、鱼胶等近20种菜肴，价格便宜，颇为附近菜市街一些经营河鲜和海鲜的业主所青睐。每当上午菜市营业结束后，他们便在这里用餐。附近法大马路一些典当店的潮州老板和客栈内居住的潮州客商也常在该店就餐。20世纪40年代，上海的潮州菜馆不多，所以大华酒家就成为潮州人在沪就餐较为集中的地方。每逢元旦、春节，该店还专门制作大量潮州鱼圆批发给小贩出售。由于“大华”与当时开设在爱多亚路的一家“大沪饭店”沪语发音相近，故人称“小大华”。

1978年，大华酒家迁至延安东路403号扩大营业，并改名为“大华潮州菜馆”。经过全面装修，面貌焕然一新，二开间门面、两层楼面，设有100多个座位。该店被定为二级风味菜馆、接待外宾和华侨的定点户。一位香港同胞在该店品尝了潮州菜肴后，称赞“这里的潮州菜，虽没有香港那样豪华，但制作考究，滋味鲜美，具有浓厚的潮州风味色彩”。1996年后，大华潮州菜馆被并入香满楼酒家。

8. 岳阳楼

初名“九如食品公司”，1936年由湖南人张浩然开设，经营湘帮菜肴并出售湖南腊肉等。原址不详，1943年迁至劳合路(今六合路)14号营业，改名为“九如酒家”，一开间门面，设有七八张桌子。由湖南名厨宁庚长掌灶，经营湘帮炒菜。张爱玲的小说《色·戒》中几次提到“九如”之名。

1956年公私合营时，宁庚长任公方经理，并继续掌灶。1957年，该店迁至永安公司旁金华路上扩大营业，改名为“金华湘菜社”。1962年，迁至延安东路上海音乐厅旁边，改名为“京华湘菜社”。1978年，迁至西藏南路28号，又改名为“湖南饭店”。1979年，最终改名为“岳阳楼”，被定为一级风味菜馆，经营湘帮名菜，承办高级宴席，并被列为对外开放接待单位。1985年，该店进行了全面装修，面貌焕然一新。“岳阳楼”三字招牌，选用大块横匾，墨底金字，古色古香。店堂上下四层，共设有350个座位。底楼为普通餐厅，简单朴素，经营大众化菜肴；二楼“岳阳厅”，经营风味小吃，价格适中；三楼“洞庭厅”，主要承办各类宴会和喜庆筵席；四楼“湘厅”，为外宾专厅。岳阳楼烹制的各色湘帮菜肴，一直保持着香、鲜、麻、辣、酸、甜、咸等多种口味的特点。该店结合上海人的口味，进行大胆改革创新，使菜肴制作更加精细，充分注重色泽、形态和花色，且口味轻油，菜肴的色、香、味、形更为协调。该店经常挂牌供应的看家菜有东安子鸡、子龙脱袍、腊味合蒸、发丝牛百叶、火宫殿臭豆腐、龙须面等。每逢冬令季节还经营各式狗肉菜肴，如取用净狗肉、红干辣椒、当归，加入高粱酒等调味制成的特色名菜——狗肉火锅，被誉为“上海火锅之首”。该店还创制了锦绣龙虾、菊花青鱼、凤尾虾仁、绣球海参等数十个菜肴品种，深受中外顾客欢迎。1996年，岳阳楼因故歇业。

9. 汪怡记茶庄

汪怡记茶庄创建于光绪六年(1880)，原来开设于安徽等地。1921年，“汪怡记”在上海的第一家店开设于八仙桥区片的恺自尔路32–34号。该店以经销全国各地优质名茶著称，享誉日本、东南亚及港澳地区。百余年来，“汪怡记”历经沧桑，虽经几代店主交替，但传统经营特色始终如一。其经销的茶叶品种繁多，高中低档齐全。高档品种有龙井、碧螺春、太平猴魁、黄山毛峰、开化龙顶、庐山云雾等；中低档品种有屯绿等；花式茶有茉莉花茶、祁门红茶、普洱茶和陀茶等。“汪怡记”除门店零售外，还兼营批发业务。为保证

汪怡记茶庄店面及内景(金陵中路32号)

汪怡记茶庄今貌(延安东路西藏南路转角)

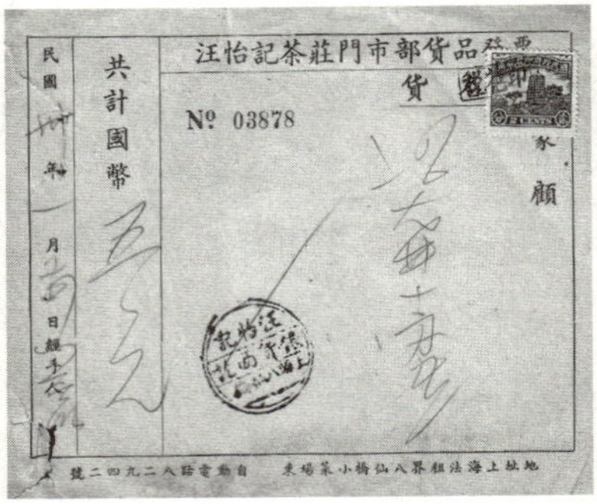

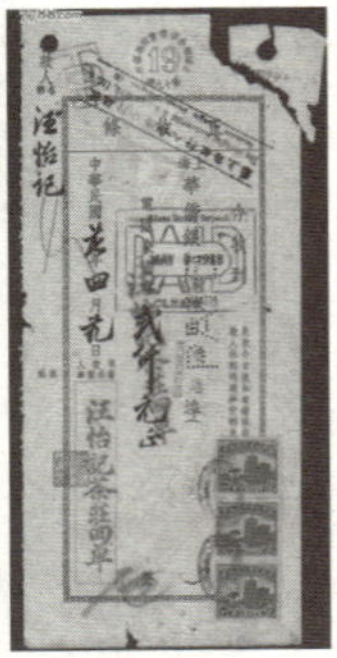

汪怡记茶庄发票及银行回单

茶叶质量，该店专门派有实践经验的专职人员，深入产区直接收购，严格把关。这样既保证了茶叶质量，又减少了中间环节，降低了成本。该店还有各类保健茶，以及造型各异、玲珑悦目的宜兴紫砂茶具、江西景德镇茶具等。随着“茶文化”的蓬勃兴起，1991年，茶庄扩建装修，更名为“汪怡记茶庄 · 茶艺馆”。二楼新设的茶艺馆，有近百个座位，格调高雅，民族气氛浓郁。21世纪初建造广场公园时茶庄被拆除，移至西藏南路延安东路转角处营业。

第三节 中药行

1. 童涵春堂国药号(北店)

原址位于小东门方浜旁，前身是竺涵春堂，乾隆四十八年(1783)由宁波药材商童善长盘入。1937年八一三战役爆发后，为避免战火迁入八仙桥区片，选址于爱多亚路493号，后称“童涵春堂北号”。童涵春的100多种传统药品，在海内外享有很高声誉，生产经营的“人参再造丸”用药地道，配料讲究，口味香、糯、甜，家喻户晓。传统炮制加工的各种饮片，素以技术高超的刀功见长，尤以“童薄片”与“两淡三制”最为有名。一粒蚕豆大小的半夏可切成100多片透明光亮、厚薄均匀犹如蝉翼的薄片，故有“半夏一百零八片，附子飞上天”之美称。所谓“两淡三制”是指“淡苁蓉、淡豆豉、制首乌、制胆星、制大黄”，用料讲究，加工精细，药香纯正，堪称饮片精品。

重新开设于延安东路近西藏南路的童涵春堂北号

童涵春堂国药号(北店)店面及内景

1949年后，童涵春堂(北店)几经翻修，扩大到14间门面，居全市中药店之首。20世纪60年代，该店在保持传统特色经营基础上，对服务质量又有新的发展和提高，以“顾客进门笑脸迎，对待顾客似亲人，病家痛苦比自身，病人未药愈三分”为待客要求。“文化大革命”期间，改名为“解放中药店”。1979年3月，恢复童涵春堂国药号(北店)店名。1985年，为体现“医药一体”，与上海中医学会、上海中医学院合作，设置中医专家门诊，拟定各类膏滋药处方，预约定制老年人服用的“参茸回春膏”、妇女服用的“凤凰大补膏”、冠心病患者服用的“齐心延寿膏”、高血压患者服用的“降压益寿膏”。为适应旅游事业需要，设外宾接待室，是国家指定的使用外汇兑换券单位。为了方便港澳同胞和国际旅游者购买，在华侨饭店、海鸥饭店、华亭宾馆、金沙江大酒店设中药供应专柜。1988年在美国纽约开设童涵春堂药店，1989年在南京东路开设童涵春堂分号。21世纪初建设延中绿地时，童涵春堂(北店)被拆除。现又重新开设于延安东路近西藏南路(“大世界”一楼)。

葆大参行店面及内景

2. 葆大参行

原址位于南市里咸瓜街50号，咸丰十年(1860)由陈再祺创建。原来是一家小规模参店，后经阜昌参店等联合投资并改组后，业务逐渐扩大，独占高丽参的进货权。在发展国内业务的同时，葆大参行还向外开拓国际市场，以高丽参为主带动国产人参、银耳、鹿茸等远销新加坡、马来西亚、泰国等地。1937年八一三战役中，参行房屋被毁，被迫迁至八仙桥区片的爱多亚路503号，继续保持经营特色，并不断扩大花色品种，以高丽参为主体，还经营野山人参、梅花鹿茸、东西洋参等。抗日战争胜利后，为了保持供应高丽参，在香港设“联义公司”，便于高丽参由香港转入参行。“文化大革命”期间，改名为求新参药店。1979年4月，恢复“葆大”之名。1986年迁至河南中路455号。

3. 京都达仁堂

原址位于南京东路抛球场西首，1913年3月由北京同仁堂乐氏家族乐达仁等集资创设。1933年8月，在八仙桥区片恺自尔路36–38号设分号。该店是一家经营京帮中成药的特色商店，设有饮片配方柜、丸散柜、蜜丸房、刀房、制酒房等10余个部门。生产的京帮成药从配料到制作，严格按照乐氏传统方法，有粉质细腻、蜜重柔软、服用方便等特点，以大蜜丸著称。经营品种以中成药为主，其中具有京帮特色的有牛黄清心丸、养阴清肺丸、乌鸡白凤丸、益肾丸、女金丹、小儿至宝锭、疏风定痛丸、虎骨酒、狗皮膏药等100余个品种。

1956年公私合营后，大蜜丸生产由手工改为半机械生产，同时为国营企业加工京帮特色的中成药。1959年，成药制作工场移交专业中药厂统一管理。20世纪60年代后期，曾改名为“北京成药店”。1980年，恢复“京都达仁堂”店名，同时恢复中断多年的北方药店“问病付药”的传统服务方式。改革开放后，该店打破中药行业传统的销售方式，在上海率先实行中成药开架式自选售货、商品电脑管理的经营模式。

位于南京路抛球场的达仁堂

4. 国泰药房

开设于1936年，位于麦高包禄路147～151号，黄金荣寓所“黄公馆”隔壁。当时楼上有一家永川医院，该药房由医院院长王振川等三人合伙开设的。

20世纪80年代国泰药房

由于经营不善，难以维持，1938年出盘给福州路上的中西药房经营，改称“国泰星记药房”。太平洋战争爆发后，因货源不足，药房被转盘给一位王姓医生经营。1948年，王医生出国时托殷某代表其管理商店，直至1956年公私合营。1966年改名为“群力医药商店”。1983年恢复“国泰药房”原名。该药房主要经营新药，兼营中成药、医疗器械、保健卫生用品等，共达3000多个品种。

第四节 绸布鞋帽业

1. 宝大祥绸布商店

1924年，原“协大祥”主要股东柴定怀、丁丕山等因股东矛盾，从“协大祥”退股后，集资24万两银子，在小东门“协大祥”东侧开设宝大祥洋货号，后开设南号、西号、新南号等4家分店。1937年10月，在八仙桥区片恺自尔路14～18号开设“宝大祥”新号，经销各种绫罗绸缎、中外呢绒、高低档棉布、厂布、土布、夏布等，还兼营床上用品及丝棉、驼毛、绣晶、花边、钮扣等等。因其布料花色繁多，备货充足，上海曾流传一首俚谣：“嫁囡要到宝大祥，备嫁妆，送新娘，床上身上都像样。”该店提供各式服装的定制服务，设成衣部、顾绣部、送货部、邮寄部等服务性机构。“宝大祥”进货优先、花色齐备、售价低廉、商品周转快(简称“先、齐、廉、快”)的经营特点，零剪“足尺加三”的规则以及选样定产、自搞加工印染等多种经营手法的运用，使其商品很适合消费者需求。

宝大祥呢绒洋布庄

此外，“宝大祥”还十分擅长抓住顾客心理进行宣传。“宝大祥”店名取自创业老板之一柴宝怀的“宝”字，其发票、商标、悬匾都围绕“宝”字做文章，分别题上了“斯宝大祥”、“宝藏兴焉”、“招财进宝”等字句。恺自尔路新号的天棚下，就悬挂了一个镜面大悬匾，上面刻有“招财进宝”图案，5个从大到小的元宝连成塔状，元宝顶端有两个小孩子手执彩旗跳跃舞蹈，旗上有“招财进宝”字句。发票上印有“斯宝大祥”图案，表示“宝大祥”的商品是个“宝”，来

公私合营后的宝大祥绸布商店

20世纪80年代位于金陵中路的宝大祥绸布商店

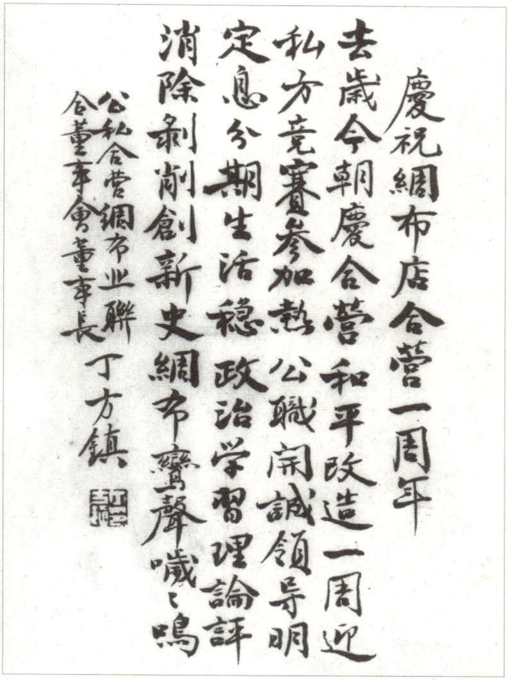

丁方镇为公私合营宝大祥一周年题诗

“宝大祥”购买衣料就是“大吉大祥”，所以办喜事的顾客乐于在此购物。

丁方镇(1894～1972)，字健行，浙江镇海人。幼年就读于私塾。光绪三十三年(1907)进协祥棉布号当学徒，后任总出纳。1911年就读于背景画传习所。1922年，在浙江路和乐坊合伙开设和丰棉布号，任经理。1924年，任宝大祥棉布号经理。解放后，“宝大祥”改组为股份有限公司，丁方镇任董事长兼总经理。

自“宝大祥”开业以后，丁方镇积极开展零售兼批发业务，将经营范围从原来单纯经营棉布逐步发展经销各种绫罗绸缎、呢绒、棉布、土布、夏布、床上用品、丝棉、驼毛、绣品、花边、钮扣等商品。为方便顾客，加工各式服装和手工刺绣各种用品。由于备货充足，花色繁多，服务周全，吸引了不少顾客。1955年，丁方镇为迎接公私合营，将3.8万元个人垫款归并入账，充实企业资金。陈毅市长闻讯后，亲临宝大祥，进行鼓励。丁方镇情绪激动，即兴吟诗：“布业公私庆合营，个人前途更光明。声声爆竹连天响，鼓舞欢欣惬众情。”陈毅听后，高兴地称赞他：“不仅是商人，还是诗人。”陈毅还问：“公私合营后，‘宝大祥’金字招牌还要不要？”丁方镇回答：“可以不要。”陈毅笑笑说：“你误会了，‘宝大祥’在上海人民心目中有很深的影响，这个招牌可以用下去，只要加上‘公私合营’四个字就行了。”公私合营后，丁方镇任上海市绸布零售商店联合董事会董事长，还被推选为上海市政协委员。

2. 协大祥绸布商店

清末，日新盛、日新增、协祥等商会日益成为上海经营洋布商号的巨擘。1912年，日新增职员丁丕山、柴宝怀和协祥营业员孙琢璋等合伙盘下小东门大街一处店面(今方浜东路102号)，开设协大祥洋货号，推孙琢璋为经理。

1922年末，“协大祥”盈余达16.6万两规银，为原始资本的23倍。1936年前后，“协大祥”累积资产净值合12磅细布22万匹(经过两次拆股改组时分派的公积金已经除外)。1937年9月，在公馆马路490号开临时支店；同年11月，在敏体尼荫路25号开设第二支店。1938年4月，临时支店迁至恺自尔路60号，定为第一支店。1949年7月，在南京东路开设第三支店。三家支店均为五六开间店面，深约20米。从历年账面盈余数字看，“协大祥”自开业至1949年37年中盈余总数合12磅细布50万匹，为原始资本的400多倍，由二开间小型商店发展到沪上实力雄厚、规模甚大的棉布店。解放前，“协大祥”之所以发展壮大，一靠大量销售洋布，二靠严格的管理制度。它具有一套完整的“店员规列”制度，对店员、学徒管理严格，“协大祥”所制订的“店员规例”是棉布业中最早用文字写成条款的店规。“协大祥”在进货、销货、经营方法方面，也自有一套方法与同业竞争，如提出“真不二价”的金字招牌、实行明码标价、采用敞开式陈列等。在“三大祥”竞争中，“协大祥”的营业地位始终占有优势。

西藏南路上的协大祥绸布商店

1955年底公私合营时，“协大祥”资产净值约合12磅细布54000余匹(已除历年分派股息红利等12467匹)，所有资金占上海同业第一位。

3. 鹤鸣鞋帽商店

位于公馆马路500号，1936年开业，由杨光月独资创办，因开张不久，杨光月双目失明，由其子杨抚生接手经营。“鹤鸣”源于《诗 · 小雅》中“鹤鸣于九皋，声闻于天”。“鹤鸣”的经营业务不断发展，1939年在今南京东路442号开设第一家分店，至1950年，先后在上海、香港、广州、南京、台湾、长沙等地开设13家分店和1家制造部。“鞋帽大王”鹤鸣鞋帽店在鞋帽服装业是后起之秀。它之所以能跻身于中华、凯福、蓝棠、盛锡福等名店之列，而且名声辐射到东南亚，与老板杨抚生注重广告宣传有很大关系。

杨抚生曾在国外留学，接触到国外商业经营管理模式。他拿出大量资金宣传“鹤鸣”。上海的各大报纸每天都有“鹤鸣”的大幅广告。1936～1949年，仅《申报》就陆

20世纪80年代的鹤鸣鞋帽商店

20世纪90年代的鹤鸣鞋帽商店

“鹤鸣”生产的鞋和帽子

鹤鸣鞋帽商店宣传图

续登载了160多幅“鹤鸣”的广告，而且内容新颖、耐人寻味。一幅“天下第一厚皮”的漫画广告，家喻户晓，老幼皆知。在上海市内广告牌集中的地方，沪宁、沪杭线路轨旁，都有“鹤鸣”的广告。杨抚生斥巨资在私营新声电台每天晚上7点到9点为鹤鸣鞋帽做宣传，宣扬“鹤鸣”品种齐全、货优价廉。他专门请人精心设计出许多别出心裁的广告语，如“有的货好不廉，有的货廉不好，而鹤鸣的又廉又好”，“材料一样的皮鞋，鹤鸣的做工最好；做工一样的皮鞋，鹤鸣的材料最好”，“别家买不到的鹤鸣一定有，别家买得到的鹤鸣特别多”，鹤鸣的皮鞋“皮掌之厚无以复加，利润之薄无以复减”等。

杨抚生善于研究顾客心理。为迎合顾客一要物美二要价廉的心理，“鹤鸣”用“九本一利”为题，刊出一幅广告：“陶朱公‘俟时转物，逐什一之利’，倒是我们的薄利祖师。”言简意赅，又引经据典，揭示了“鹤鸣”薄利多销的宗旨，很能吸引顾客。该店职工工作服上有“鹤鸣”标志，送货车上有醒目的“鹤鸣”标牌，整天在大街小巷穿行。根据“鹤鸣”店规，工作勤恳又有成绩者，每年春秋佳日，由店方出资旅游一次，以资奖励，这样的旅游活动也成了一种广告形式。旅游前，参

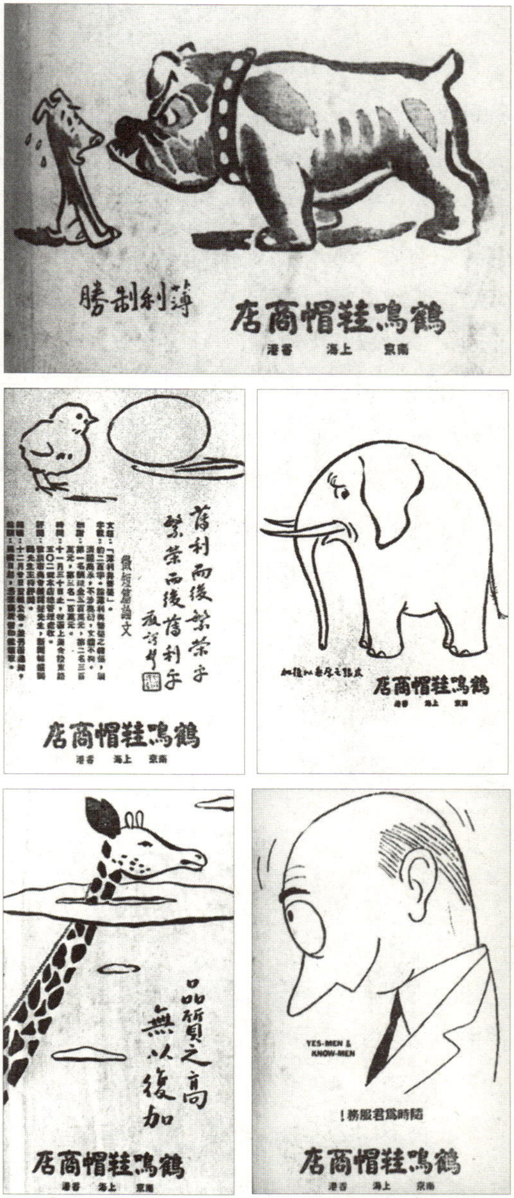

鹤鸣鞋帽商店的各种广告

与旅游者每人会发到西式制服一套，袋口绣有店名，领队手执书有“鹤鸣”字样的绿色三角队旗，十分引人注目。他们每到一处游览胜地，“鹤鸣”的大名就随之传播，成为独特的活动广告。1951年杨抚生离沪去香港。1956年公私合营时，“鹤鸣”被核定资产净额7.86万元，流动资金9.54万元，负债总额1.70万元。1958年设立了鹤鸣布鞋工场。1960年合并到飞达工场，改名为“劳动鞋帽店”。1971年兼并为大众第二鞋厂。1980年，恢复“鹤鸣鞋帽商店”原名。1986年和1990年，该店先后两次翻建，增辟二楼商场，营业面积增至500平方米。同时，又先后兼并了健步皮鞋店和舒美皮鞋店，成为鞋帽行业中规模最大的企业之一。1992年3月组建鹤鸣鞋业公司。1998年，由于金陵东路装潢一条街的建设，“鹤鸣”原址转让，搬迁至金陵东路445号及西藏南路74号，有两个门面120平方米。21世纪初城区改造中，原址建造了亚龙国际广场。

鹤鸣鞋帽商店是一家综合性的鞋帽专业商店。经营各式男女皮鞋、童鞋、布鞋、旅游鞋、拖鞋、各类帽子以及鞋油、鞋带、鞋刷等小商品，还有特殊规格的男女皮鞋。为了满足市场需要，还开辟了生产基地，先后与江苏丹阳奔月皮鞋厂、江阴美华皮鞋厂等开展定牌监制业务，生产“鹤鸣”牌、“克类”牌男女皮鞋、童皮鞋和保暖鞋。在全国旅游总局、《旅游报》、《上海商报》举办的1988年度全国旅游商品评比中，“鹤鸣”牌女皮鞋荣获金奖、男皮鞋获银奖。同年8月5日在上海《劳动服务信息报》上，“鹤鸣”被誉为“全国皮鞋大王”。

第五节 西服业

1. 新西服销售

上海开埠后，大批外商、侨民来沪，他们不仅带来了外国的生活方式，也带来了外国的服装形式。最初，上海都是手工业作坊式的成衣铺，只做中装，不做西服。洋人自行开设洋服店，销售西服。19世纪90年代后，梁启超所倡导的维新运动和孙中山所领导的资产阶级民主革命不仅在政治、思想领域对人们产生巨大影响，也推动了人们服装穿着的洋化。同时，洋人开设的西服店在客观上也起到了传播、推广西式服装的作用。一些聪明的中国裁缝逐渐掌握了西服的制作工艺，形成专做西服的“红帮裁缝”，并开始开设中国人自

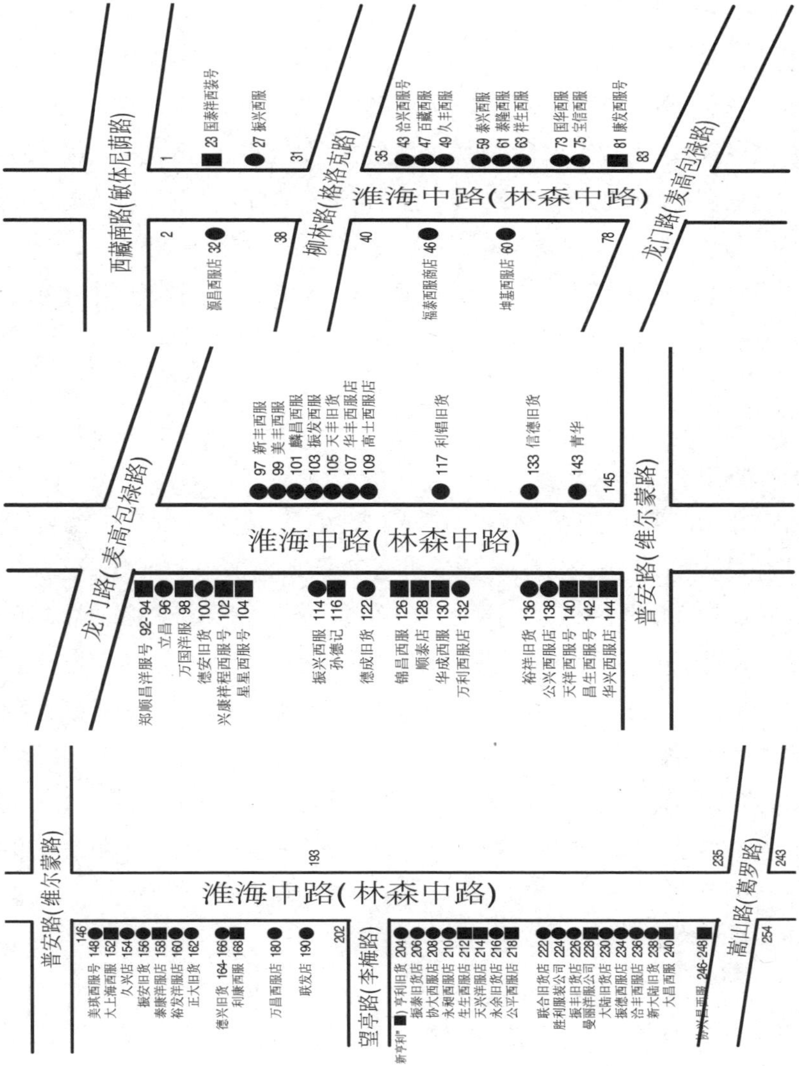

八仙桥区片林森中路(西藏南路至嵩山路段)西服店分布图①

---

① 依据《上海市西服商业同业工会会员名册》(1949)、《上海市旧西服商业同业工会名单》(1948)及《老上海百业指南》绘制，其中：■代表新西服店 ●代表旧西服店。

已的西服店。光绪二十二年(1896)，宁波奉化人江良通在北四川路(今四川北路)699号开设了和昌西服店，在沪西服业的兴起由此开启。八仙桥区片因地处租界，受西方文化影响深远，且在此工作或生活的侨民相对较多，对西服的大量需求促使了该区片西服店的接踵开设，其中林森中路东段更成为沪上四大定制或成品西服店集聚地段之一。根据1949年修订的《上海市西服商业同业工会会员名册》，当时位于八仙桥区片制作新西服的西服店有33家，其中位于林森中路(西藏南路至嵩山路段)的有24家，且分布特别集中，呈现了一家紧挨一家的分布状况。这24家西服店基本为普通的来料缝制、成衣销售的经营模式，在认定的等级上以乙等店为主，高档程度仅次于南京路。八仙桥区片的其他西服店则零星分布于嵩山路(4家)、望亭路(3家)和龙门路(2家)。

2. 旧西服销售

20世纪30年代，西服逐渐成为上海新派人物的象征，成为一种时尚或需要。除了中上层人士通常穿戴西服、皮鞋、呢帽等西式装束外，穷职员们往往也不得不置备一套西服，为了求职或体面。旧时的上海只要不是体力劳动者，很多人都要穿西服混世界，于是出现了“洋装瘪三，自家烧饭”的俗语。由于消费群体的差别，不同档次的西服产品开始并存于西服业，除了高级定制、来料缝制、成衣销售的新西服经营模式，一种更适合于社会低层人士消费能力的西服经营模式——旧西服销售应运而生。这些销售旧西服的店铺主要集中在八仙桥区片的林森中路(西藏南路至嵩山路段)和吴淞路，林森中路上的旧西服店与后者相比较，档次略高一点。1948年《上海市旧西服商业同业公会名单》中，有49家旧西服店位于八仙桥区片，占总登记商号的50%。但至民国末期，旧西服生意逐渐清淡，很多旧西服商店由主营旧西服转为主营各类旧货次营旧西服。

第六节 中资银行及其分支机构

19世纪70年代后，上海已是全国最大的商埠和港口，凡输入洋货与输出土产，大都在这里集散。洋务运动后，一批近代工业企业也陆续在上海创设。经济的发展，加大了对资金的需求量，原有金融机构——钱庄和票号已难以适应需求，新式银行应运而生。

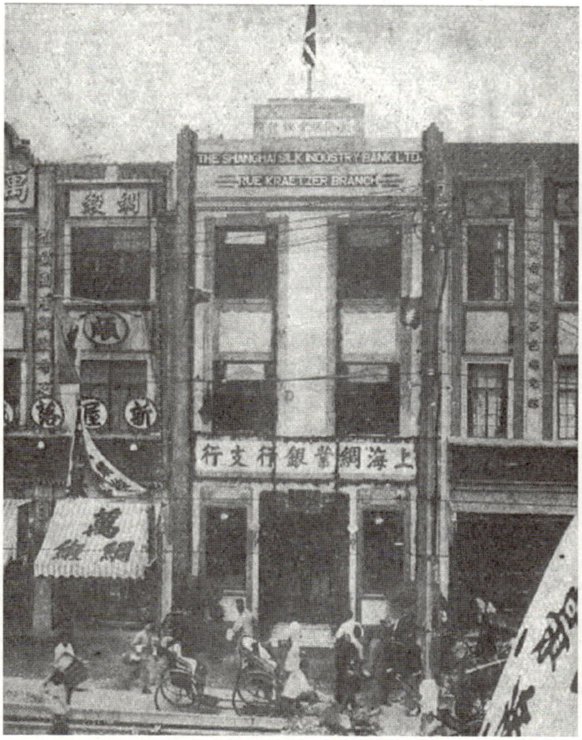

上海绸业银行八仙桥支行

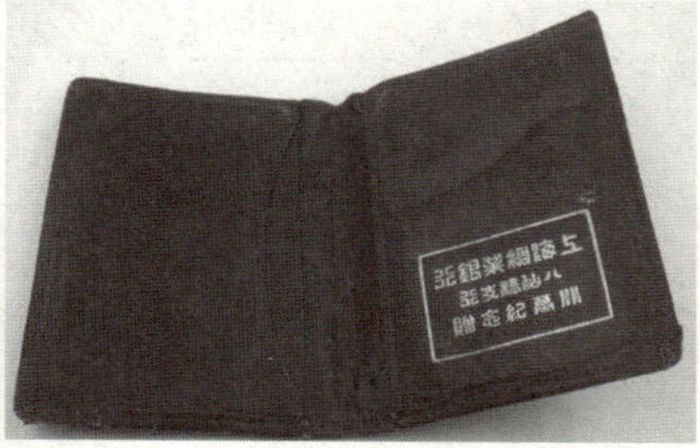

上海绸业银行八仙桥支行开幕纪念包

银行里的职员

光绪二十三年(1897)5月，中国第一家中资银行——中国通商银行在上海诞生。虽然它比第一家外资银行在上海设立的时间整整落后了50年。随着民族工商业的发展、反帝运动的兴起，中资银行在此后的发展过程中虽经历风雨，仍生机勃勃。在这期间，随着商业的发展和人口分布的改变，以及银行本身为推广业务及便利顾客的需要，中资银行除成立总行(总管理处)或分设分行以外，在本埠还设有其他分支行(设总行的则称分行)或办事处等分支机构。此时的八仙桥区片，以菜市聚集了人气，人气带动了百业，商业的繁荣、人口的聚集使其成为中资银行分支机构聚集较多的区域之一，其中又以敏体尼荫路两侧居多，这与其周边商业、娱乐业的发达不无关系。而且，八仙桥区片因其联结三界的特殊地理位置、常居人口华人居多等因素影响，区片内金融机构除传统的钱庄、票号外，新式银行也主要是中资银行分支机构。

解放前八仙桥区片中资银行分支机构分布一览表

分支机构名称	分支机构开设地址
上海商业储蓄银行分行	敏体尼荫路121号
金城银行办事处	敏体尼荫路125号
中国垦业银行支行	敏体尼荫路143－145号
聚兴诚银行办事处	敏体尼荫路70－72号
东莱银行支行	敏体尼荫路84～88号
国华银行分行	敏体尼荫路1～7号
中国银行八仙桥办事处	麦高包禄路130～136号
浙江建业银行	麦高包禄路126－128号
中国实业银行办事处	法大马路428号
中南银行办事处	恺自尔路44～48号
上海绸业商业储蓄银行支行	恺自尔路54号
中国通商银行分行	中正东路445号
上海市银行第三办事处	中正东路501号
新华银行办事处	华格臬路4号

1. 日夜银行

1921年8月10日开业，位于今西藏南路、宁海东路转角处，为三开间门面。总理黄楚九，协理叶山涛，经理孙慎钦。资本总额50万元。黄楚九在上海大小报纸上做广告，宣称利息从优，营业时间从上午9时至晚上7时。客户接踵而来，除高级职员、小本商人外，上层富户和底层贫民都来存款。作为大世界游乐场的老板，黄楚九还动员麾下职工到日夜银行存钱，在“大世界”里唱戏的艺人、一些过夜生活的人都成了银行的客户。日夜银行对内称“大世界游览储蓄部”，实行会员制。“凡入会者可以按月先期领取游券……储蓄期满仍可享受优厚利息。”每月存5元，即赠3张游券；活期一次存100元，每月赠2张游券。当时“大世界”附近还有好几家赌台，赢钱的人一时花不掉，便存到日夜银行里。黄楚九将所吸收的存款用于“大世界”的扩建，并增加房地产投资。“大世界”重建过程中，日夜银行于1928年翻造新屋，当年11月3日落成。1930年，在浙江路、宁波路转角和北四川路、虬江路转角开设两家分行。20世纪30年代初，上海经济萧条，地价暴跌，黄楚九再度挪动日夜银行的资本，终而债台高筑，资金周转失灵。1931年黄楚九逝世，银行也宣告倒闭。

2. 中国银行

中国银行是在原大清银行基础上设立的，1912年2月5日于汉口路3号大清银行上海分行旧址开幕营业。8月1日北京总行正式成立，上海中国银行改为分行，简称沪行。建行初期，沪行的业务以代理金库为主，发行为辅，存放款主要针对政府机关等。1916年，沪行在成功应对政府停兑令事件后声誉大大提高，业务也有长足进展。业务对象由政府逐渐转向工商业，并积极开拓外汇业务。1928年，中国银行改组为国民政府特许的国际汇兑银行(后又改为发展国际贸易的专业银行)，总管理处由北京迁至上海。1929年起，中国银行开始在上海商业繁华和居民稠密地区设立办事处，至1936年底共设9个办事处或办事分处，设立于麦高包禄路130～136号的八仙桥办事处就是其中一家。抗日战争爆发后，中国银行将在战区内的虹口、界路、南市办事处及豆市街办事分处全部移入八仙桥办事处内营业。总管理处移至香港。1941年12月上海租界沦陷后，中国银行在沪所有办事处都被日军接管，

中国银行活期储蓄存折、中国银行发行的纸币样票

上海商业储蓄银行八仙桥分行全体同仁合影

并被迫脱离驻重庆的国民政府而“复业”，成为日伪统治的工具。抗战胜利后，包括八仙桥办事处在内的中国银行在沪所有办事机构被国民政府接收。1946年1月，中国银行在外滩23号正式复业，同时复业的还有八仙桥及南京西路两个办事处。上海解放后，中国银行被中国人民解放军军管会接管，1949年6月6日开始以新面貌营业，被指定为执行外汇管理任务及经营外汇业务的机构。同年12月，总管理处迁往北京。

3. “南三行”

“南三行”是上海商业储蓄银行、浙江兴业银行、浙江实业银行的合称。三家银行都由江浙籍银行家投资创办和主持管理，并都以上海为基地，在经营上互相支持。虽不像“北四行”那样具有联营的组织形式，但实际上收到联合经营的成效。解放后，三行均实现公私合营。三家银行中在八仙桥区片设立了分支机构的是上海商业储蓄银行。该行由庄得之、陈光甫等创办于1915年6月。创设初期，其资本额仅为10万元，办事人员六七人，是一家规模很小的银行，被人称为“小小银行”。该行在业务上强调“服务社会”，并采取许多革新措施，如开办以1元为起储点的小额储蓄、推行抵押放款、开拓国外汇兑等，还首创旅行部(后改为中国旅行社)；在内部管理上，制度健全，办事讲求效率，注意服务质量及人才培养。至20世纪30年代初，该行已在全国各地设立100个分支机构，员工总数达2700多人，存款总额近2亿元，成为国内华资银行中的翘楚。该行在八仙桥区片设立的分行位于敏体尼荫路121号，八仙桥青年会大楼底楼，中国旅行社与分行一处办公。

1931年7月，上海商业储蓄银行曾发生挤兑风波。当时长江中下游发生特大水灾。上海商业储蓄银行(又称上海银行)的对手发出风声，称上海银行因为这次水灾亏了几千万元。上海银行的储户听了，惊惶失措，连续三天在银行门口排长队提取现金。银行眼看支撑不住了，董事长陈光甫只得请杜月笙帮忙。陈光甫原本最看不起杜月笙这样的黑道人

1932年，上海银行八仙桥分行

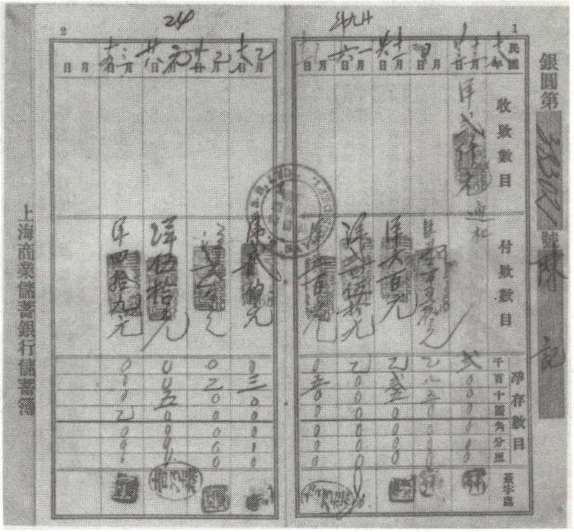

储蓄簿

陈光甫在其办公室内

物，但银行面临危机，只能低头求救。青帮三大亨中杜月笙是最会做人的，底层出身的他在竞争激烈的社会中更加懂得处理好人际关系的重要性。因而，陈光甫请求帮忙，杜月笙二话没说，亲自出马，令助手提着两箱子银元到上海银行存钱，并在门口大呼："杜先生存100万银元！"同时，他还命令烟土商也存入100万银元。储户们看到杜月笙来存钱，都放心了，提现的人群即刻散了。上海银行渡过了一次难关，陈光甫自然对杜万分感激。在杜月笙后来开展的工商金融业务中，陈光甫也投桃报李帮了不少忙。

4. "北四行"

"北四行"是盐业、金城、大陆、中南四家银行的合称。20世纪20年代初，四行成立联合营业事务所，这是旧中国银行业中第一个也是唯一一个联营组织，目的是厚集资本、互通声气，借以提高信誉、扩展业务。解放后，均实现公私合营。四家银行中在八仙桥区片设立分支机构的是金城银行和中南银行。其中金城银行，成立于1917年5月，总行设于天津，上海分行成立于1918年8月。该行在敏体尼荫路125号设立办事处，位于上海商业储蓄银行八仙桥分行隔壁。金城银行发展迅速，至抗战爆发前，其经营成绩已与上海商业储蓄银行不相上下。1934年、1936年两年的存款总额均超过上海商业储蓄银行，成为全国商业银行之冠，并以对工业放款和投资多而闻名。1936年1月，金城银行将总行迁至上海。

金城银行八仙桥办事处、储蓄处

金城银行办公室

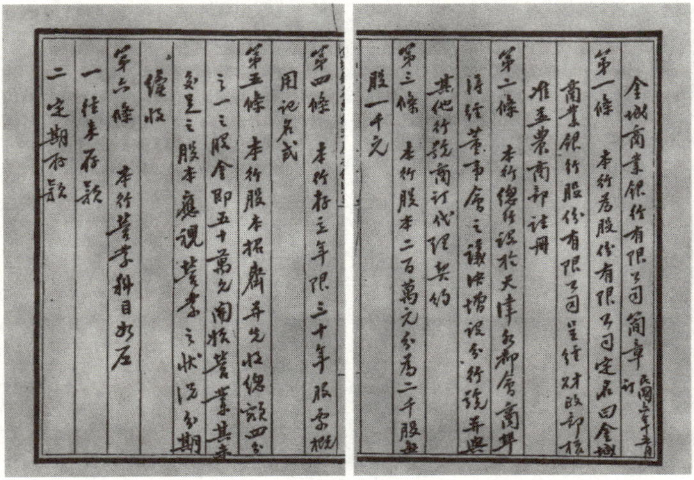

金城商業銀行有限公司简章 民國六年五月訂
第一條 本行為股份有限公司定名曰金城商業銀行股份有限公司呈經財政部核准呈農商部註冊
第二條 本行總行設於天津分部會商埠得經董事會之議決增設分行并與其他行號商訂代理契約
第三條 本行股本二百萬元分為二千股每股一千元
第四條 本行存立年限三十年股票概用記名式
第五條 本行股本招齊后先收總額四分之一之股金即五十萬元開始營業其未交足之股本應視營業之狀況分期續收
第六條 本行營業科目如左
一 往來存款
二 定期存款

四行储蓄会章程

金城银行活期存折

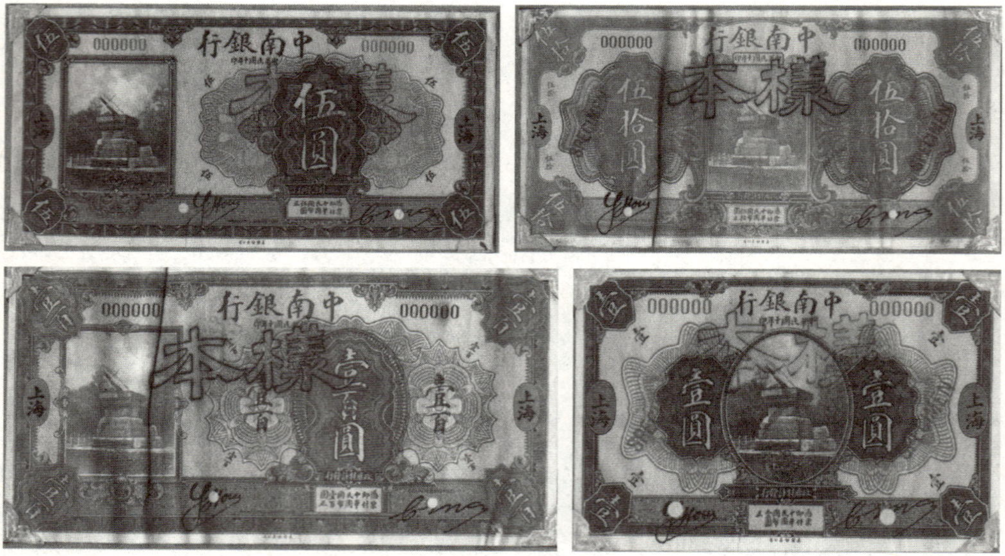

中南银行纸币样票

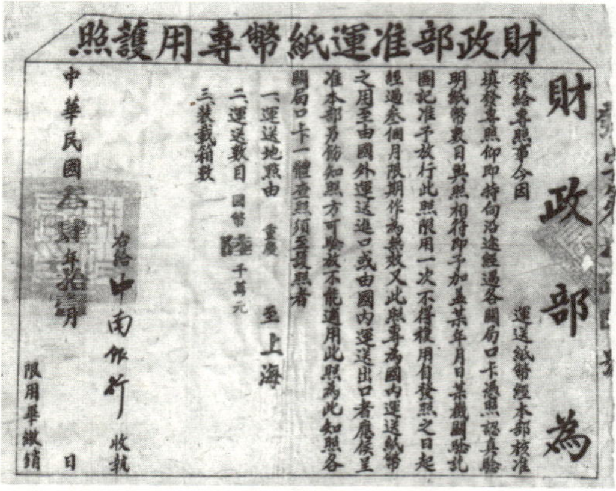

財政部准運紙幣專用護照

財政部為

發給專照事今因　運送紙幣經本部核准填發專照仰即持向沿途經過各關局口卡憑照認真驗明紙幣數目與照相符即予加蓋某年月日某關驗訖圖記准予放行此照限用一次不得複用自發照之日起經過叁個月限期作為無效又此照專為國內運送紙幣之用至由國外運送進口或由國內運送出口者應候呈准本部另飭知照方可驗放不能適用此照為此知照各關局口卡一體查照須至護照者

一、運送地點由　重慶　至上海

二、運送數目　國幣 [illegible] 千萬元

三、裝載箱數

右給　中南銀行　收執

中華民國[illegible]年[illegible]月　日

限用單繳銷

国民政府财政部颁给中南银行的准运纸币专用护照

中南银行，1921年7月正式开业，创办人为南洋侨商黄奕住、史量才及胡笔江等，总行设在上海。该行资本较为雄厚，大部分来自华侨。“中南”寓意为中国与南洋华侨合作。其创办时因为以华侨投资为主，很快被北洋政府批准获得钞票发行权。其资金运用上常与金城银行合作，侧重于工业投资与放款，尤其对纺织工业投款较多。该行在八仙桥区片设立的办事处位于恺自尔路44～48号。

5. “小四行”

“小四行”是1936年以后对中国通商银行、四明商业储蓄银行、中国实业银行和中国国货银行的合称。它是相对于“大四行”即中央银行、中国银行、交通银行和中国农业银行而言。作为四家官商合办银行，业务上受“大四行”官僚资本银行所控制，是这个体系的附庸，因而人们习惯上称之为“小四行”。这四家银行中在八仙桥区片设立了分支机构的是中国通商银行和中国实业银行。其中中国通商银行，成立于光绪二十三年(1897)5月27日，是中国人自办的第一家银行，也是上海最早开设的华资银行。该行成立之初，国家即授予发行银元、银两两种钞票的权力，同时代收库银。全国各大行省均先后设立分行。光绪二十六年(1900)，八国联军攻占北京后，北京、天津等分行遭毁，业务受挫。民国初，成为纯粹的商业银行。1936年，改组为官商合办银行。抗日战争爆发后，总行移至重庆。上海解放前，通商银行除一些房地产以外，已是有名无实的空架子。解放后，成为公私合营银行。中国通商银行曾在八仙桥区片开设分行，位于中正东路445号。中国实业银行，由北洋政府财政部筹办，成立于1919年4月，总行设在天津。上海分行设于1920年5月。1932年4月，总行迁至上海。该行名为“实业银行”，实际上主要从事一般商业银行业务及储

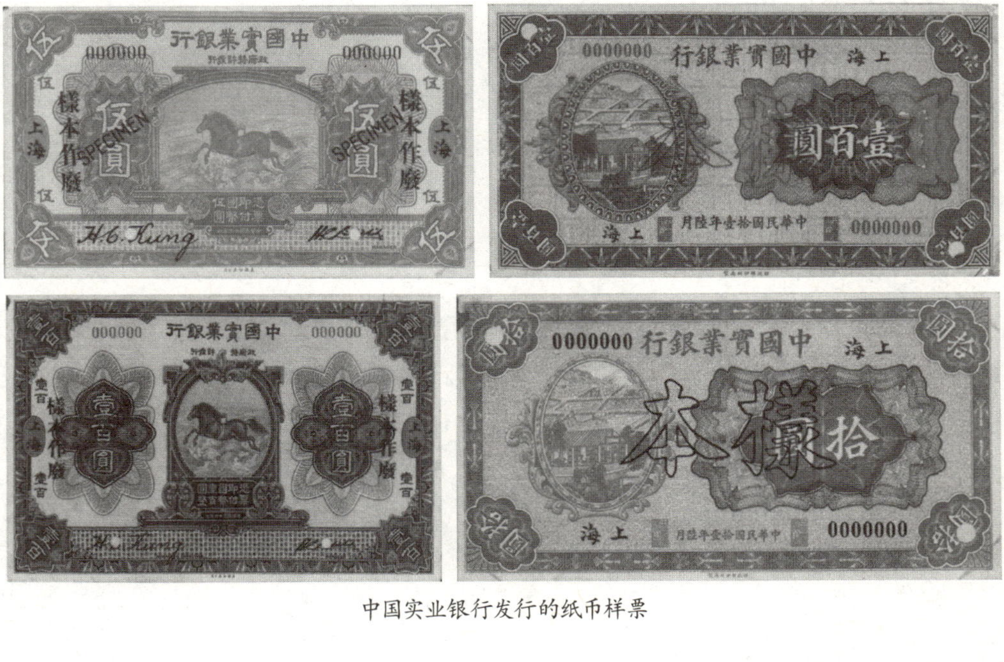

中国实业银行发行的纸币样票

蓄、信托、仓库等业务，并发行钞票。该行发行的钞票，曾在市面流通颇广，后因发行过滥，储备空虚，1935年上半年发生挤兑。不久，国民政府实行法币政策，取消了该行的钞票发行权。1937年3月被国民政府财政部改组为官商合办银行。该行曾在八仙桥区片的法大马路428号设立办事处。

6. 新华信托储蓄银行

原名新华储蓄银行，由中国、交通两行拨款设立，1914年10月开业，总行设在北京。1919年5月，在上海设立分行。该行原专营储蓄业务，后兼营商业银行业务，并于1926年起改称新华商业储蓄银行。1930年实行改组，总行迁至上海，增办信托业务，并于翌年改名为新华信托储蓄银行。在八仙桥区片的华格臬路4号设立过办事处。

7. 国华银行

成立于1928年1月，由邹敏初、唐寿民等人发起创办。总行设在上海。该行的粤商、华侨资本占相当比重，业务上与南洋华侨联系较多，在中小商业银行中属于佼佼者。曾在八仙桥区片设立上海八仙桥分行，选址于华资银行较集中的敏体尼荫路1～7号。

国华银行上海八仙桥分行

8. 上海市银行

成立于1930年2月7日，由民国时期上海市政府设立。主要经营市内工商业抵押贷款及贴现业务、买卖有价证券、代理市政府发行债券及还本付息等。1938年后因战事而停业。抗日战争胜利后复业。1946年，在八仙桥区片的中正东路501号设立第三办事处。上海解放后，上海市银行总行连同其所有的办事处均被上海市军管会接管并清理。

第五章 百艺杂陈的繁华娱乐

20世纪30年代的大世界游乐场

越剧十姐妹演出的《山河恋》海报

八仙桥区片是华洋交界地，也是中国不同区域文化艺术的集聚地和中外文化艺术的交汇地，百艺杂陈。1917年，商人黄楚九创建了上海最大的游乐场——大世界游乐场，为数十个民间职业班社提供了演出场所，也推动了周边地区娱乐业的欣欣向荣。南京大戏院、黄金大戏院、共舞台等专业戏(剧)院的应运而生，使演出场所不断得到革新，新颖的舞台灯光、机关布景等得到充分运用。同时，京剧、昆曲、越剧、评剧、甬剧、黄梅戏、杂耍等外来艺术形式抢滩沪上，又渐起嬗变，各地名角和高手竞相在此登台献艺，上海本土剧种沪剧、滑稽戏等也在此不断发展，“八仙桥”成为不少名演员的福地。八仙桥区片的社会包容性，还催生了化妆弹词、魔术新戏、苏剧等新剧种和新的曲艺形式，推动了舞台艺术的全面发展。

八仙桥区片是上海风云际会之地，许多文化娱乐活动又与社会政治的风云变化紧密相连。如，抗日战争中在恩派亚大戏院成立了宣传抗日救国的孩子剧团；京剧名角周信芳在黄金大戏院演出《明末遗恨》等新编京剧，激励人们的爱国热忱；“大世界”

的艺人积极投身救亡活动，在舞台上唱响《大家快快来爱国》；越剧十姐妹在黄金大戏院义演《山河恋》，不畏强权，坚持斗争，获得广泛同情和支持；滑稽戏中出现《包公审白川》、《打鼓骂东洋》等进步曲目。革命思潮在娱乐发展的长流中涌动。

然而，八仙桥区片也是三教九流混杂之地，嘉谷恶草共生。繁华娱乐中充满鲜明的商业气息，其背后藏污纳垢，不少轰动新闻、风流韵事如评剧皇后白玉霜“私奔”等事件屡有发生，这从不同层面反映了八仙桥区片社会的复杂性。

第一节 大世界游乐场

位于今西藏南路1号，由黄楚九创办。1917年破土动工，同年7月14日(法国国庆日)剪彩开幕，同时发行《大世界报》。“大世界”最初为曲尺形砖木结构两层楼，大门设在爱多亚路。楼上有杂耍台、评弹台，楼下开设剧场，屋顶平台可放映电影、演奏丝竹。除游园登高、看戏外，“大世界”还备有哈哈镜、西洋镜等新奇玩意儿和高空飞船、高空缆车及机器跑马等各种机械游艺项目。“大世界”刚开业时虽然整体建筑简陋，但因地理位置比较好，经营办法和游戏项目比较多，很快名声大噪，吸引了大量游客，游客数量迅速超过当时上海其他游乐场。“大京班”于1918年附设在“大世界”内的新大剧场，开始不另收费，观众拥挤不堪。黄楚九决定从同年4月16日起，新大剧场的楼座均另外售票，即便如此，仍每天客满。9月19日起，改名为“乾坤大剧场”，聘请小杨月楼、小杨菊笙、孙宝

1917年的大世界游乐场

被广告牌淹没的大世界游乐场

大世界游乐场哈哈镜

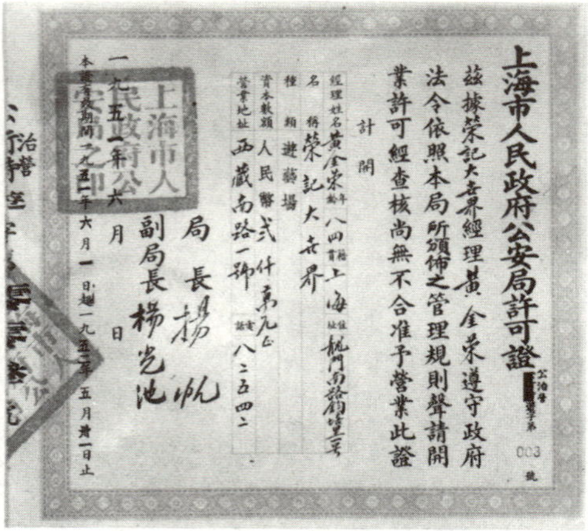

上海市人民政府公安局許可證

公海字第 [redacted] 003 號

茲據榮記大世界經理黃金榮遵守政府法令依照本局所頒佈之管理規則聲請開業許可經查核尚無不合准予營業此證

計開

經理姓名 黃金榮 年齡 八四 籍貫 上海

名稱 榮記大世界

種類 遊藝場

資本數額 人民幣弍仟萬元正

營業地址 西藏南路一號 電話 八二五四二

局長 楊帆

副局長 楊光池

一九五一年六月 日

本證有效期間一九五一年六月一日起一九五二年五月卅一日止

上海市人民政府公安局之印

荣记大世界营业许可证

“大世界”高峰舞厅

“大世界”二楼的西洋镜

珊、龙海云、粉菊花、祁彩芬等，加上原来大京班中的鲜灵芝、马金凤等演员合演，极受欢迎，剧场座无虚席。“大京班”里一批很有艺术前途的演员，在这里经受锻炼，扩大观众基础。

1927年，因扩大营业的需要，“大世界”被翻建成四层钢筋混凝土结构新屋，1928年建成，大门移至爱多亚路敏体尼荫路口，原大门处改建为齐天舞台，从游乐场划出独立经营。重建后的“大世界”营业面积扩大，分设共和亭、共和台、共和楼、共和阁及共和厅，加上原有的乾坤大剧场、文明新剧场、髦儿戏场等12个剧场，成为当时全国最大的综合性游乐场。入门即见12面从国外引进的哈哈镜，成为一大特色。每天中午12时开放(星期日上午9时开放)，游客买门票进场即可任意去各剧场和活动室观赏游玩，不受时间、场所限制，可一直玩至夜场结束。

1931年黄楚九病故后，先由顾无为等人接盘经营“大世界”，不久归黄金荣独资经营，加“荣记”(亦作“镛记”)二字以示区别。除“大京班”外，大世界游乐场还设有“小京班”，建立于1941年，班主陶崇林、沈宝珍。“小京班”以少年演员为主，以陶的女儿陶素娟、陶文娟等为骨干，上海戏剧学校“正”字辈和中华国剧学校“松”字辈学生都曾参加演出。演员边学习、边演出，人员流动性大，但常保持在40人左右，演出骨子老戏。名演员胡盛岩、郑吉祥、艾世菊等都曾半义务性地去教戏。1945年小演员们长大后，“小京班”亦随之结束。1952年7月2日，人民政府接管了乾坤大剧场，“大京班”的京剧艺人后来加入黄浦京剧团。1954年7月2日，市政府委托市文化局接管。1955年5月1日，更名为“上海人民游乐场”。是年7月，市文化局安排下属各剧团轮流进入人民游乐场演出，上海京剧团、红旗歌舞剧团、人民杂技团、上海交响乐团、上海民族乐团、人民艺术剧院、上影演员剧团先后在此登台亮相。1958年1月，恢复“大世界”原名。

1966年8月23日，“大世界”招牌被红卫兵摘下，同年11月6日改为“东方红剧场”，此后做外贸仓库之用。1974年10月1日，更名为“上海市青年宫”对外开放，由共青团上海市委管理，成为上海各界青年文化、娱乐、进修、社交的活动中心。1987年1月25日，再次恢复“大世界”原名，中共上海市委、上海市政府领导参加了复名仪式。此后“大世界”经常演出杂技、魔术和戏曲，放映电影、录像或举办音乐会，开展各种竞技性活动。2003年，“大世界”内部修缮，闭门谢客。

黄楚九与其子黄钟甫

1954年，大世界游乐场改名为“上海人民游乐场”

20世纪50年代，“大世界”中央露天剧场

1950年上海文艺界为抗美援朝捐献飞机大炮在“大世界”举行义演，天桥上观众拥挤情况

1983年，上海市青年宫

1. 大世界创办人黄楚九

黄楚九(1872～1931)又名黄承乾，字磋玖，浙江余姚人，明末清初思想家、史学家黄宗羲的后代。黄楚九早年随母学习家传中医眼科医术，曾入清心书院读书。光绪十三年(1887)来沪，在上海县城开设诊所，取名颐寿室。光绪十六年(1890)改营西药，在法大马路开办中法药房，销售艾罗补脑汁、“百龄机”片剂等，获利丰厚。至宣统二年(1910)，中法药房的规模居同业之首。光绪三十三年(1907)，黄楚九与夏粹芳合办五洲大药房。后来，还在麦高包禄路开设黄楚九医院，向贫民施诊舍药。宣统三年(1911)，他创设了我国第一家民族资本制药工厂——龙虎公司，用“诸葛行军散”古方，改制成国产龙虎牌人丹，与当时倾销我国城乡的日货“翘胡子”仁丹相抗衡。黄楚九以中法药房为基业，于1912年开设新新舞台，涉足娱乐业。1913年，创设“楼外楼”屋顶花园，同时合资成立新业公司，于1915年建成新世界游乐场，后拆股。1917年，创建大世界游乐场。1918年，独资创办中华电影公司。1920年冬，与叶山涛等开办上海日夜物券交易所，任理事长。1921年，在“大世界”旁开办日夜银行。1923年，在爱多亚路创设九福公司，4年后发展为股份有限公司。1927年，任上海新药业同业公会主席。

黄楚九是中国西药业的先驱，又是娱乐业巨擘，他一生创业横跨诸多领域，时人称为“百家经理”，是上世纪初上海实业界的风云人物。晚年由于投资失败，负债累累，又遭黄金荣、杜月笙等人打击，急恨交加，重病缠身。1931年病逝，年仅59岁。

2. 难民收容所

1937年8月13日，淞沪会战爆发。日军烧杀掠抢，上海及周边地区成千上万人流离失所。为避战火，难民纷纷涌入公共租界和法租界，难民最多时达70万。大批难民露宿街头，每日死亡逾300人。当时社会上一批慈善家和闻人虞洽卿、林康侯、闻兰亭等到钧培里与黄金荣商议，决定在“大世界”成立“难民救济委员会”，虞洽卿任会长，黄金荣任副会长；同时在“大世界”等公共场所设立难民收容所。黄金荣将“大世界”停业收容难民，筹集粮食、衣被，露天砌起两座大灶，分上、下午两次施发白粥。“大世界”内共收容难民1万余名。即便如此，仍有不少难民露宿街头，黄金荣又腾出共舞台、四明公所、寝会堂等房屋安顿部分难民。随着日军向内地进军，租界内难民逐渐被遣送回原籍，“大世

大世界难民收容所住满了难民

住在“大世界”里的难民们

界”难民收容所结束使命，恢复娱乐营业。

3. 飞机坠弹事件

1937年淞沪会战爆发后，中国空军对日本军舰队展开了猛烈轰炸。8月14日，空军指挥部得到情报，有敌航空母舰在钱塘江口大戢山海面行动，即派第二轻轰炸机大队的诺斯罗普飞机6架，各携带800磅炸弹1枚，前去轰炸。到达该海面时，日舰已逃无踪影，遂带弹返航。返航途中一架飞机发动机稍有故障，于是减速飞行。该机后座的轰炸员雷天眷曾在吴淞商船学校学习，1932年一·二八事变中学校被日军炸毁，乃转入空军军官学校第一期侦炸班。下午4时许，飞机经过跑马场附近，雷天眷痛恨跑马场这个赌博和剥削的场地，一时情绪失控，在控制投弹的拉杆上一拉，一颗巨大的炸弹落在公共租界与法租界交

"大世界"前飞机坠弹后的惨状

界的"大世界"十字路口，随后就是一阵惊天动地的爆炸。当时正是交通繁忙时段，且"大世界"正在接收大批难民，十字路口车水马龙，熙熙攘攘。正在路口指挥交通的越南籍巡捕被炸为肉酱，美国传教士乐灵生当即丧命，10余辆途经此处的公共汽车、私人汽车被炸，血肉横飞，一片狼藉。该起事故中伤亡2000余人。许多市民目睹了这一幕惨剧。为避免市民对国民党空军心怀仇恨和对蒋介石不满，第二天，中央社发布消息称：一架中国飞机在袭击黄浦江中的日舰出云号时，被炮弹击中弹架，因而滑落炸弹。事后，蒋介石电责第二大队长孙桐岗治军不严，记大过两次，撤职留任；肇事者雷天眷押解南京，交军法严办。后来，中国空军派机飞往日本空散传单，进行"纸片轰炸"，空军总指挥毛邦初等人向蒋介石请求批准雷天眷随机前往，戴罪立功。1942年11月，雷天眷在执勤中飞机失事遇难。

“大世界”前飞机坠弹后的惨状

“大世界”前飞机坠弹后被炸毁的汽车

中華民國貳拾陸年捌月拾伍日

總工會工界救亡協會
慰勉張治中電

昨大世界門前
飛機墮彈慘劇

死傷人數

調查結果

全市
童子軍
昨已開始

《申报》关于“大世界前掼炸弹”的报道

第二节 影院剧场

1. 共舞台

位于爱多亚路433号，1930年10月开幕。原址系大世界游乐场大门。“大世界”翻建后，大门移至爱多亚路敏体尼荫路口，原大门处改为舞台，从游乐场划出独立经营。舞台设有转台，观众厅两层，2027座。开张时聘“小活猴”郑法祥为后台经理，并演连台本戏《西游记》，故名“齐天舞台”。1931年业主黄楚九病逝，1933年由黄金荣接管，改名“荣记共舞台”。后又转与张善琨经营，取消“荣记”二字，定名“共舞台”。共舞台以演出机关布景连台本戏、票价低廉、剧目通俗为特点，又有赵如泉等演员勇于探索、卖力演出吸引观众，逐渐跻身沪上四大京剧舞台之列。1936年3月9日，卓别林携未婚妻宝莲·高黛环球旅行至上海。当天晚上，梅兰芳陪同卓别林前往共舞台看京剧。他们进场时，舞台上正演出京剧连台本戏《火烧红莲寺》中最精彩的一场“十四变”。这一场，有文有武，有唱有做，卓别林连连鼓掌。他对变幻无穷的舞台布景和热闹的武戏打斗，表现出浓厚兴趣。因剧情紧凑，不容拉幕换景，十四场布景完全在熄灯一刹那间变换，卓别林对此赞不绝口。他说，在国外，除莎士比亚戏剧演出有此换景法，其他尚不多见。在剧场休息室，卓别林还与电影导演史东山，喜剧演员韩兰根、刘继群见面。当他听说韩、刘有“东方的劳莱与哈代”之称时，便热情地拉住

20世纪30年代的荣记共舞台

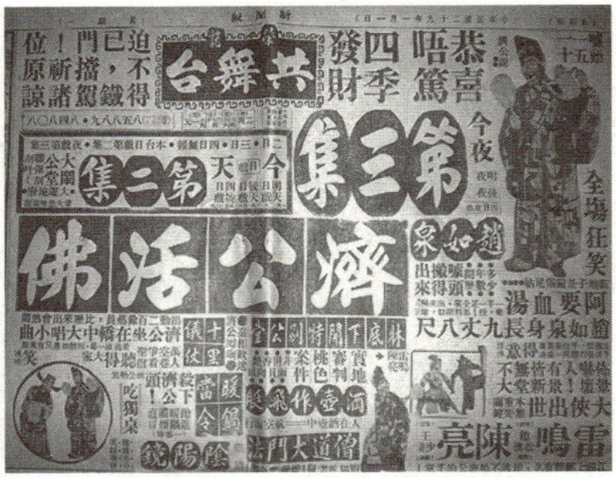

荣记共舞台代价券及海报

两人的手说：“我们是亲密的同行呀！”话音刚落，三位笑星几乎同时做了一个怪脸。这不约而同的默契之举，引起了一阵哄堂大笑。

解放初，该场基本演员排演连台本戏《水泊梁山》，深受观众欢迎。1954年5月，共舞台由市文化局接管。同年9月，后台组建共舞台京剧团，以机关布景连台本戏《封神榜》风靡上海。1956年改名为“新华京剧团”，与剧场脱钩。1956年1月1日，共舞台并入“大世界”，成为“大世界”的一号场，演出京剧、越剧、淮剧等。1957年1月31日，一号场重新脱离“大世界”，恢复“共舞台”名称。1958年开始，共舞台由黄浦区文化局管理，除京剧外，各地方剧种也经常来此演出。1960年1月，上海市人民沪剧团创作的现代戏《芦荡火种》在这里首演，著名沪剧演员丁是娥饰演主人公阿庆嫂。1964年起，共舞台主要演出现代京剧《龙江颂》、《红灯记》等。1966年8月，更名“延安剧场”，1986年恢复“共舞台”原名。1989年经大修后，观众席减至1207座，辟两个包厢，并新建戏曲录像厅等。

20世纪90年代初的共舞台

共舞台今貌(ET聚场)

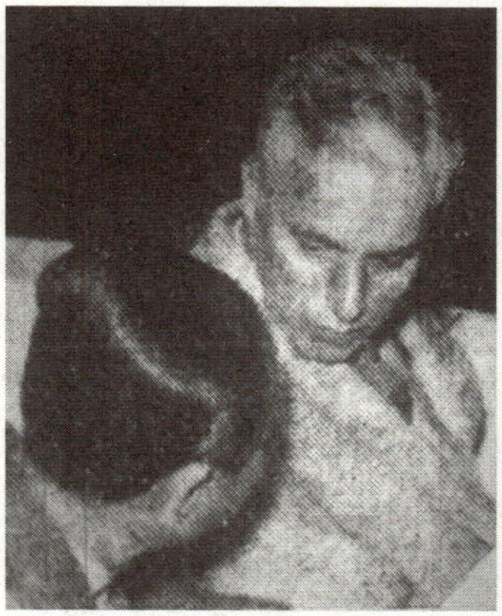

卓别林在共舞台

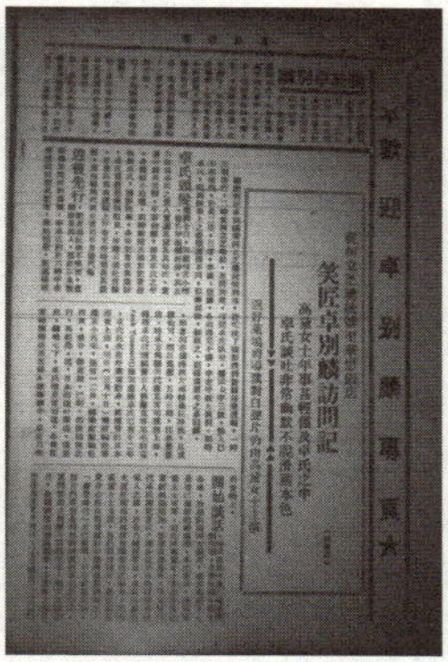

《电声》对卓别林访沪的报道

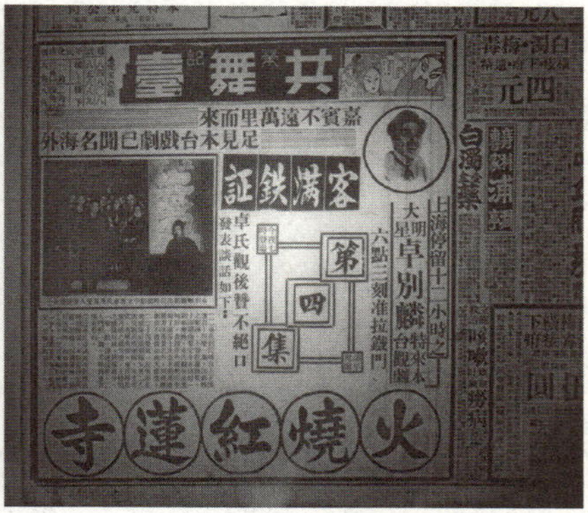

共舞台在《新闻报》上刊登卓别林观看《火烧红莲寺》的广告

1996年再次停业修葺，2006年开放，成为沪上休闲特色剧场。改造后的共舞台，有一流的灯光、音响、视频、舞台机械控制，座位减至616席，观众围桌而坐。剧场内部装潢恢复欧式仿古风格，再现老上海文化氛围。2012年，共舞台成为上海广播电视台、上海文化广播影视集团有限公司(统称SMG)旗下专属剧场，更名为“ET聚场”。该剧场于2013年10月正式开幕，成为中国第一个电视主题概念剧场。

2. 黄金大戏院

位于敏体尼荫路、恺自尔路口(今金陵中路1号)。1929年由黄金荣创办，次年1月30日开业。最初专映电影，1934年后，电影与京戏轮演，不久成为专门演出京剧的戏院。1937年由金廷荪、孙兰亭等海上名票经营，曾邀京剧四大名旦及马连良、高庆奎、章遏云、张君秋等登台献艺，上海戏剧学校正字辈学生常在此演出。

1933年9月，为纪念九一八事变两周年，上海戏剧协社联合影界人士，组织上海9个剧团在黄金大戏院联合公演9场话剧《怒吼吧！中国》。该剧是苏联剧作家、诗人特烈季亚科夫的名作，根据英国殖民者侵华时发生的“万县惨案”史事创作，呼号出对殖民主义者反抗的吼声。夏衍、孙师毅、沈西苓、郑伯奇、顾仲彝、严工上等集体担当导演，应云卫任执行导演，中国左翼戏剧家联盟发动进步戏剧工作者、业余戏剧爱好者协助演出。该剧选用《国际歌》作为全剧主题曲，气势磅礴，充满被压迫民族人民的战斗激情。在黄金大戏院

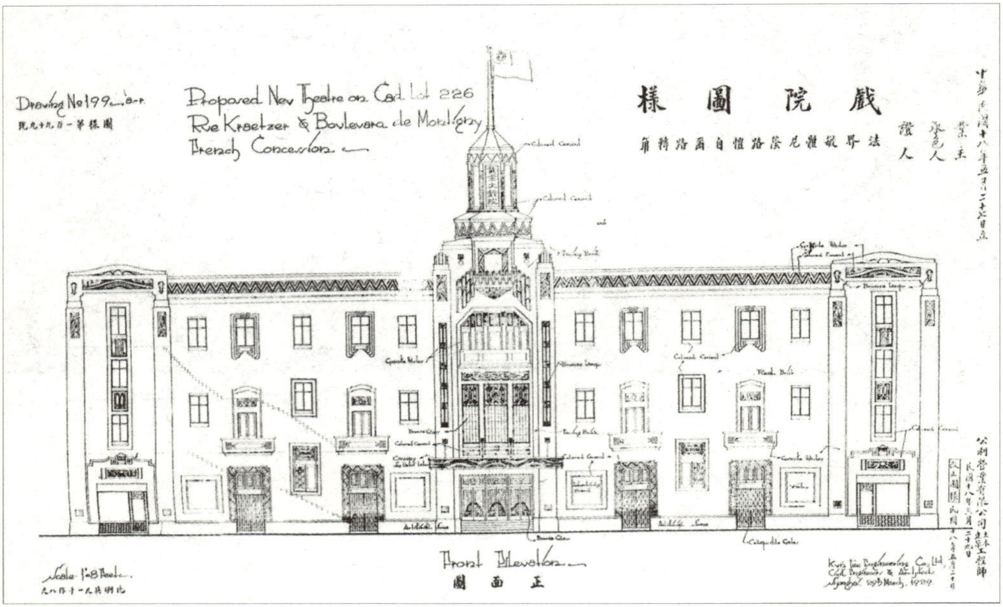

黄金大戏院建筑图纸

20世纪40年代的黄金大戏院

1951年更名为“华东大众剧院”

1955年更名为“大众剧场”

《怒吼吧!中国》剧本(左)

黄金大戏院海报

连演3天，每天3场，引起了上海人民的强烈共鸣，演出获得空前成功。

七七事变后，经潘汉年安排，周恩来在戏院后台与救国会、文化界爱国民主人士会晤，向他们阐述了中国共产党的抗日救国政策。

1939年7月，为救济难民，同时支援江南抗战的新四军，八路军驻上海办事处得到上海文委的协助，动员和组织全市业余话剧团在黄金大戏院举行大规模联合义演，该义演对外公开名义为“业余话剧慈善公演”。参加演出的有十几个剧团，上演了7台大戏、1台独幕剧，演职人员达300余人，规模空前。其中，爱国舞女们登台演出描写自己悲惨生活的《花溅泪》，引人瞩目。剧本反映了旧上海舞女们的痛苦遭遇，深刻揭示了八一三战役前夕严酷的社会矛盾。所有演员都来自舞女自发组织的“互助剧团”。她们虽不是专业演员，但演出时极为认真，现身说法，把她们的苦楚和感受凝成舞台艺术形象淋漓尽致地展现出来，引起观众心底的共鸣。演出闭幕时，通过与当时舞台负责人协商，剧团将簇拥在台前向演出人员表示祝贺的花篮进行义卖，受赠花篮的演出人员亲自出台表示感谢。这一次义演和义卖活动获得了双丰收，筹募到可观款项，实现了义演目的。

1945年抗战胜利前夕，中共地下党为迎接新四军到上海积极准备，广泛开展各种群众运动。在这样的背景下，黄金大戏院的女职工成立了“职业妇女联谊会”，后改名为“妇女生活互助社”。除了戏院的女职工外，还吸收了卡尔登大戏院、天蟾舞台、大舞台的人员加入。为了掩护互助社的工作，在周信芳支持下，互助社聘请了周信芳夫人为名誉理事，并在其努力下取得了社会局登记而成为合法团体。周信芳还为互助会筹措经费举行过义演。1946年，互助社参加中共地下党组织的“三八国际妇女节”大游行，整个活动的筹划与出发点都设在了黄金大戏院。

1946～1948年，戏院由周信芳、叶涵青租营，除演出麒派名剧《徽钦二帝》、《文天祥》、《明末遗恨》等，还邀李玉茹、裘盛戎、高盛麟、言慧珠、黄桂秋、芙蓉草、曹慧麟等合作演出。周信芳等人承租期间，黄金大戏院的卖座率升至开办以来最高峰，是该戏院最辉煌的一个时期。

1947年纪念五四，郭沫若等文艺界人士近千人在此举行集会，会后由新中国剧社演出活报剧《万元大钞》。同年8月，袁雪芬等“越剧十姐妹”联合公演《山河恋》，影响深远。

1951年3月，黄金大戏院由华东行政区文化局租赁，改名“华东大众剧院”，成为华东实验京剧团演出基地，陈大濩、王金璐、陈正薇在此上演新编剧《宝莲灯》、《铸剑》等。华东实验越剧团也常在此演出。1954年9～11月华东戏曲观摩大会开幕式、报告会和主要演出均在此举行。1955年，剧院更名为“大众剧场”。1965年1–2月华东六省一市地方戏现代剧目调演的主要演出在大众剧场进行。

“文化大革命”后，剧场曾和上海人民广播电台成功举办数十期“星期戏曲广播会”。1978年1月30–31日，上海昆剧团在大众剧场以《十五贯》作建团公演。1993年，大众剧场因市政建设需要而被拆除，原址建造兰生大厦。

3. 恩派亚大戏院

位于霞飞路(今淮海中路85号)。1921年，由西班牙人雷玛斯创设，上海早期戏院之一。1926年3月出租(1931年出售)给中央影戏公司，放映电影。20世纪30年代中期起以上演地方戏为主，评剧、越剧、沪剧、滑稽戏、淮剧、甬剧等多种剧种都曾在此演出。1935年，后台经理徐培根邀请评剧演员白玉霜、爱莲君、钰灵芝等组成“三联社”，在此演出《马寡妇开店》、《杨三姐告状》等，轰动上海。越剧名家筱桂丹在此演出的《铁公鸡》、《盘夫索夫》、《四杰村》、《碧玉簪》，戚雅仙的《乞丐千金》、《嫁鸡随鸡》等，都受到热烈欢迎。

1937年八一三战役后，恩派亚大戏院成为四川旅沪同乡会创办的难民收容所。上海国

20世纪50年代初，云华越剧团在恩派亚大戏院演出《牛郎织女》(左上)，20世纪80年代，淮海中路龙门路嵩山电影院(右上)

孩子剧团团长吴莆生和小团员合影(左下)，1992年，孩子剧团成员在嵩山电影院举行孩子剧团成立55周年纪念会(右下)，嵩山电影院(下)

难教育社和中共地下组织委派沪东临育学校青年教师、中共地下党员吴新稼加入收容所，开展抗日宣传活动。吴新稼组织临青学校学生张莺、张浣清、张明、蒯光梁等，排演其所写的儿童剧本《火线上》，演员最大的十五六岁，最小的仅8岁。9月3日，孩子剧团正式成立，吴新稼、许森、陈模、张莺、张承祖5人为干事，吴新稼任干事长(后改称团长)，隶属上海文化界救亡协会。剧团成立当日，在恩派亚大戏院举行首场演出，次日到八仙桥菜场演出，后于上

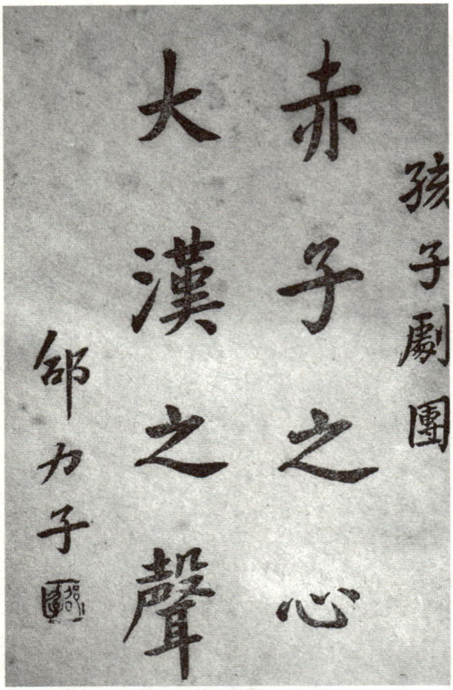

邵力子为孩子剧团题词

海街头、工厂、学校演出话剧《仁丹胡子》、歌曲《大刀进行曲》等。11月上海沦陷，孩子剧团于15日到上海国际广播电台作告别演出。之后，剧团成员化装成难民离沪，赴后方进行抗日宣传。1938年4月，剧团被收编，隶属国民政府军事委员会政治部三厅六处一科。1943年在重庆解散。茅盾曾称孩子剧团为“抗战的血泊中产生的一朵奇花”。

1938年，汇集筱文滨、凌爱珍、丁是娥、石筱英、杨飞飞等沪剧名角的文滨剧团进驻恩派亚大戏院。抗战期间，戏院一度成为难民收容所。1951年改名为“嵩山戏院”。1956年后专映电影，改名“嵩山电影院”。“文化大革命”中又改名“红光新闻科技电影院”，放映新闻纪录片和科教电影。1976年恢复“嵩山电影院”名称。1983年停业大修，1984年5月复业，一度放映有争议的探索片。1987年被评为全国电影院改造和建设先进单位，次年获广播电影电视部所授的先进集体称号。1994年被拆除，原址建造大上海时代广场。

4. 南京大戏院

位于爱多亚路523号。20世纪20年代末，电影行业成为一种朝阳产业，上海的一些社会名流瞄准了这一行。1929年，怡怡公司经理何挺然租下爱多亚路麦包禄路口潮州会馆的一块土地建造戏院，1930年3月建成，取名为“南京大戏院”，首任院务经理为俄籍的维特姆斯基。该戏院从建成到上海解放初期，主要以放映电影为主，曾获得美国福克斯公司、雷电华公司和米高梅公司新片专映权，开张日即放映美国歌舞巨片《百老汇》。同时，戏院也会利用舞台举办各类演出。1946年，中国歌舞剧社在此演出《孟姜女》；1949年8月，市区五大沪剧团联合慰问人民解放军，演出沪剧《白毛女》；第一届地方戏曲研究班也曾

正在上映美国巨片《泰山情侣》的南京大戏院

20世纪50年代，南京大戏院改名为北京电影院

在此举行越剧观摩公演等。1950年11月，大众影院公司租赁该剧院，投资改造后更名为“北京大戏院”，成为上海影院行业第一家公私合营企业。1958年，交邑庙区管理。1959年5月，上海举行首次音乐舞蹈会演，在此举行音乐会。鉴于其较为理想的音响等设施设备，由音乐界人士倡议，经改建后更名为“上海音乐厅”，隶属市文化局。上海音乐厅逐渐成为国内外音乐艺术表演团体来沪演出的主要场所。自1960年开始的历届“上海之春”音乐会均在此举行，许多优秀作品在此首演，许多青年音乐家在此成名。著名小提琴家斯特恩、阿卡多、祖克尔曼，钢琴家拉箩查、傅聪、殷承宗，费城交响乐团的室内乐团、香港管弦乐团、中国交响乐团等都曾来此表演。1989年，上海音乐厅被列为上海市优秀近代建筑文物保护单位。1991年底，改造了一楼观众厅，观众席减至1122座，于1993年重新开业。2002年，为配合市政工程建设，市政府决定对上海音乐厅进行平移修缮。2004年10月1日，上海音乐厅举行了改造后的开幕首演，以崭新的面貌与市民见面。

5. 沪光大戏院

1939年2月16日在爱多亚路725号开幕，由苏州大光明戏院老板陶寿逊等人和英商怡和洋行买办潘志衡合伙租地建造，是上海“孤岛”时期第一家建成开业的首轮影院。首映国产片《木兰从军》，借古喻今，宣传抗日，激发了上海民众的爱国热情，天天爆满，使沪光大戏院获利巨大，仅仅三个月的票房收入就收回了建造成本，而《木兰从军》的女主演陈

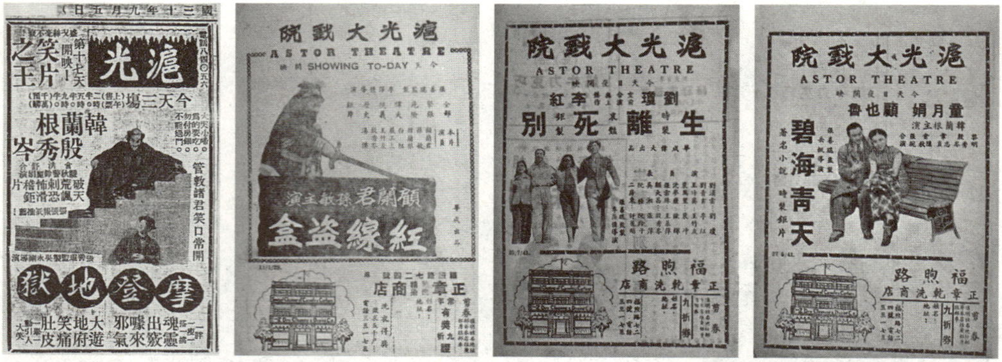

沪光的各种海报

1956年公私合营后的沪光电影院

云裳也因此成为影迷喜爱的明星。

《木兰从军》由欧阳予倩编剧，卜万苍导演，以花木兰杀敌卫国的故事，借古喻今，抒发民众对日本帝国主义侵华的仇恨。影片中有一首插曲：“太阳一出满天下，快把功夫练好它，强盗贼来都不怕，一齐送他们回娘家。”唱出了上海市民的心声。首映结束后，主角陈云裳和梅熹登台演唱影片主题歌：“月亮在哪里？月亮在那厢，它照进我的房，它照上我的床……”台下掌声如雷。当时，中国照相馆经理吴建屏与沪光大戏院联手印制了5万张陈云裳不同姿态的照片，买一张影票送一张明星照片，在“十里洋场”轰动

陈云裳在《木兰从军》中扮演花木兰

沪光电影院

改革开放后的沪光电影院

一时。《木兰从军》创造了连映85天的票房纪录。陈云裳在影片中的出色表演受到狂热追捧，由此成为超级明星。同年6月6日，陈云裳又一部影片《云裳仙子》在沪光大戏院和新光大戏院同时上映，也受到热烈欢迎。1940年，上海发行量最大的电影杂志《青青电影》举办“影迷心爱的影星”选举活动，陈云裳名列榜首，成为新一届“电影皇后”。从1938年起到1943年告别影坛，陈云裳在上海共拍摄了《一夜皇后》、《王昭君》、《风流大姐》等20多部电影。可以说，陈云裳的大红大紫与沪光大戏院有不解之缘。

随着戏院硬件设备的不断改善，沪光大戏院逐渐跻身上海一流影院之列。20世纪40年代，沪光大戏院和金城大戏院携手合作，成为放映国产片的首轮影院。

抗战胜利后，许多进步电影工作者常常在此聚会。1946年6月18日，上海文艺界在这里举行“高尔基逝世十周年纪念会”，由赵丹任司仪，郭沫若作报告，白杨朗诵高尔基的作品《海燕》。1947年，苏联影片《苏联体育之光》在这里首映，宋庆龄、孙科以及许多文艺界进步人士出席。1948年“五一”国际劳动节纪念大会也在这里召开，宋庆龄等众多知名人士出席。此后，沪光大戏院一直以放映昆仑、文华等影业公司出产的国产片为主，很多进步优秀影片如《一江春水向东流》、《八千里路云和月》、《万家灯火》、《乌鸦与麻雀》等均在此首映。新中国成立后，第一部国产故事片《桥》也在此首映。1956年公私合营，改名为“沪光电影院”。“文化大革命”期间，更名为“七一电影院”，影院内的仿古艺术装饰全被拆除。1970年恢复“沪光”原名。1984年7月，沪光电影院利用人防地下室开设了上海第一家音乐茶室。1994年，成为专映东方院线影片的首轮影院之一。1996年因延安路高架建设，沪光电影院被拆除。

6. 恒雅戏院

位于敏体尼荫路58弄(恒茂里)2～3号。1931年前由三间石库门房打通改建为剧场，设座位260席。张秀英领衔的张家班在此演出甬剧，间或也有越剧、话剧、滑稽戏、北方曲艺等戏班演出。这里还设有宿舍，供甬剧艺人居住。1942年，演唱“四明宣卷”的艺人贺显民在此参加“改良甬剧”活动。1946年，名角金翠香在这里上演《称心如意》等改良甬剧。1949年，上海军管会文艺处将恒雅戏院的张家班改建为立群甬剧团，王宝云任团长，张秀英任副团长，这是上海第一个专业甬剧团。同年，《三县并审》、《苦命女单帮》、《双泪落君前》和《血染家乡泪》等剧目在此上演。1951年，因场地狭小，立群甬剧团迁至龙门大戏院(今延安东路661号)演出。1955年后，此处成为民居。

恒雅戏院甬剧《拔兰花》剧照，张秀英(右)饰王凤霞，史少石(左)饰周宝泰

7. 雅庐书场

创建于1920年，初址位于格洛克路(今柳林路)48号，场地窄小，设备简陋，业务却常年兴旺，是上海早期书场之一。1959年6月迁址于顺昌路315号(原同乐剧场址)，场内设

长排软垫翻板椅370只，书台73平方米。1966年改名红旗书场，《王杰》、《刘胡兰》等有影响的新书于此推出，不久停业。1978年复业，坚持日夜开书两场，后来发展至日开三场。在书场普遍不景气的背景下，书场坚持优质服务，自1993～2000年，连续8年评弹演出超千场，创下全国评弹演出之最。早场和下午场上座率在90%左右，晚场则以中青年听众居多，上座率保持在50%左右。为解决一些老年观众行走不便的困难，还配备一辆三轮车接送。为此，曾被市老龄委立为“爱心助老特色基地”。

第三节 戏剧发展

1. 京 剧

又称皮黄戏、平剧，是中国影响最大的戏曲剧种。分布地以北京为中心，遍及全国。乾隆五十五年(1790)起，四大徽班陆续进入北京，他们与来自湖北的汉调艺人合作，同时吸收了昆曲、秦腔的部分剧目、曲调和表演方法，又融合了一些地方民间曲调，不断摸索、实践，最终形成京剧。同治五年(1866)，上海英籍华人罗逸卿营建仿京戏园——满庭芳(位于今广东路靖远街)，次年邀京角来沪演出。1867年，位于今广东路湖北路口的戏园——丹桂茶园开张，聘请北京三庆、四喜等班一批名角来沪参加开张演出，引起轰动。1868年，丹桂茶园又聘请周春奎等名角演出。从此北京名角南下不绝，为上海成为南方京剧中心奠定了基础。上海作为一座开放的大城市，西洋戏剧的灯光、布景的艺术感染力、社会变革中产生的新思潮都对京剧发展产生了深刻影响。20世纪初，上海开创了京剧改良运动之先风，上演了一大批时事新剧，如《党人碑》、《爱国青年》、《张文祥刺马》、《黑籍冤魂》、《潘烈士投海》等。辛亥革命胜利消息传至上海，上海商团展开光复战斗时，潘月樵、夏氏兄弟(夏月珊、夏月润)等率领伶界联合会敢死队攻打制造局，受到孙中山表彰。光绪三十四年(1908)，夏氏兄弟、潘月樵等在商界支持下，在南市小东门开设新舞台，建有可以装置灯箱、布景的设施和转台，令人大开眼界。嗣后，文明大舞台等新式剧场次第建造，上海的舞台建筑发生了历史性转变。在人物造型方面，对化妆、服装、头饰等也进行了革新和改良。同时，一批北方名角来到上海也投入京剧革新的热潮中。正是在这一背景下，上海京剧表演流派纷呈。周信芳创始的麒派和盖叫天创始的盖派，形成了海派京剧的两大支柱。此外，郑法祥、张翼鹏的悟空戏，冯子和、贾璧云、毛韵珂、赵君玉、黄玉麟等名旦，冯志奎、刘奎官等名净，周五宝、刘斌昆等名丑，令海派京剧异彩纷呈。

八仙桥区片的共舞台、黄金大戏院等是上海京剧演出的重要场所，共舞台一度成为沪上四大京剧舞台之一；黄金大戏院曾由名角周信芳与他人联合经营；“大世界”设立有大小京班。梅兰芳、程砚秋、荀慧生、尚小云、周信芳、马连良、张君秋、金少山、盖叫天、高庆奎、谭富英、侯喜瑞、孟小冬、章遏云、萧长华、李少春、奚啸伯、俞振飞、言菊朋、姜妙香、叶盛兰等众多名角都曾在八仙桥区片登台献艺，对繁荣海派京剧、促进京剧艺术的传承产生了深远影响。1951年，上海军管会文艺处举办上海市戏曲改造运动春节演唱竞赛，上海各戏曲曲艺102个单位2800余人参加竞赛，共舞台基本演员排演的《水泊梁山》、大世界大京班的《黄泥岗》获一等奖。同年，华东戏曲研究院成立，租赁黄金大戏院(改名华东大众剧院)为京剧、昆曲实验剧场。1955年9月，共舞台组建共舞台京剧团(后改名为新华京剧团)。然而，“文化大革命”中，京剧舞台只准演样板戏，呈现一花长盛、百花凋零之局面。大众剧场、共舞台等剧场以放映电影为主，很少演出京剧。

(1)周信芳

周信芳(1895～1975)，名士楚，字信芳，生于江苏清江浦(今淮安清浦)。6岁随武生陈

周信芳肖像

《明末遗恨》剧照，周信芳饰崇祯帝(左)

周信芳《徐策跑城》剧照

长兴练功学艺，次年即以“小童串”挂牌登台。光绪三十二年(1906)起，周信芳先后以“七龄童”、“七灵童”为名随南方京剧耆宿王鸿寿(三麻子)演出，应工娃娃生，并兼演一些梆子戏。光绪三十三年(1907)，周信芳正式起用“麒麟童”艺名。周信芳一生上演过600多出戏，是京剧麒派创始人。他的唱腔苍劲质朴，念白顿挫有力，身段洒脱洗练、节奏强烈，有“动作大师”之称。辛亥革命后，应黄楚九之邀，入新新舞台。1913年，主演孙玉声编剧的时事新剧《宋教仁遇害》，轰动申城。袁世凯称帝时，周信芳曾演出《王莽篡位》一剧，予以抨击。1935年春季开始，周信芳在黄金大戏院演出三四个月，上演剧目有《徽钦二帝》、《明末遗恨》等，以激励人民救亡图存的爱国热情。演出广告见报后，上海市民竞相排队购票，人流如潮，最后不得不出动巡捕维持秩序。此后，周信芳多次在黄金大戏院演出，剧目包括《萧何月下追韩信》、《投军别窑》、《董小宛》、《丁郎寻父》等，均相当卖座。1946年，周信芳与他人联合租营黄金大戏院，在其承租期间，黄金大戏院的上座率升至开办以来最高峰。1950年，周信芳任上海市文化局戏改处处长和上海市戏曲改进协会主任委员。1955年，任上海京剧院院长。1960年始，陆续出版了《周信芳戏剧散论》、《周信芳演出剧本新编》、《谈麒派艺术》等书籍，还拍摄了《周信芳舞台艺术》彩色艺术纪录片。1966年起，受到错误批判与打击，直至去世。1978年，获得平反。

(2)孟小冬

孟小冬(1908～1977)，出生于北京宛平(今丰台区)，童年在上海老城厢度过。1913年，九亩地新舞台开张，孟小冬经常随父亲去看潘月樵、夏月润、夏月珊等名角演出。耳濡目染下，孟小冬逐渐对京剧产生了浓厚兴趣，每天与父亲一起到大境阁旁空地去练功喊嗓。孟小冬天生丽质、聪慧过人，6岁开始就随父亲到南京客串演出、唱堂会，还曾在哈同花园参加祝寿演出。9岁在无锡新世界演出，引起轰动。1919年12月，孟小冬正式加盟上海大世界游乐场的大京班，演出《群臣宴》、《四郎探母》、《捉放曹》等剧目，受到戏迷的高度赞赏。坊间评论其“嗓音苍劲醇厚，高低宽窄咸宜，衷气充沛，满宫满调，且无雌音”。在此期间，她还学会了不少新戏。1920年10月，上海戏剧界在新舞台举办赈灾演出，孟小冬连续三天演出拿手剧目《逍遥津》、《辕门斩子》等。同年12月，孟小冬告别“大世界”，

孟小冬肖像

孟小冬戏装照

杜月笙、孟小冬在上海

登上老共舞台(位于老北门外)，在老共舞台演出了近30出戏。她在连台本戏《宏碧缘》中饰演武林豪杰骆宏勋，扮相英俊、台风倜傥、嗓音嘹亮，观众赞誉为“不逊色露(兰春)老板”(露兰春为老共舞台头牌)。孟小冬还演出了《阎瑞生》、《佩凤缘》等连台本戏，无不受到热烈追捧。1937年，孟小冬应杜月笙邀请，在黄金大戏院演出20余天。1946年，孟小冬随杜月笙寓居杜公馆。1947年在中国大戏院义演中，孟小冬唱大轴《搜孤救孤》。1949年，迁居香港。1967年，迁至台北定居，直至去世。

(3)郑法祥

郑法祥(1892～1965)，字涵宇，河北固城人。10岁在上海随父郑长泰(河北梆子艺人，人称“赛活猴”)学艺，11岁登台串演小猴。18岁倒仓，后专攻猴戏，博采尚和玉、杨小楼、郝振基等各派之长，并大胆突破旧程式，创造新规范，其身法、手法、步法、棒法、筋斗乃至唱念、扮相均与众不同。他扮演的孙悟空，以气势取胜，追求在似与不似之间显示神妙，人称“小活猴”。他还根据不同主题、不同情节，对人物作不同处理，因此他演的孙悟空“十戏九不同”，逐渐形成南方悟空戏的一大流派。1926年，郑法祥偕同小杨月楼等赴日本，在东京演出了《摇钱树》、《水帘洞》、《闹天宫》、《金刀阵》等戏，观众反应异常热烈。20世纪20年代末，“大世界”老板黄楚九比较重视名角的作用，他设法把郑法祥拉到“大世界”，与其签订了五年合同，破例取消了“一半试演”的规定。1930年，黄楚九拆掉了老“大世界”的门楼和底层商铺，建造了完全现代化的剧场，专门上演郑法祥的猴戏《西游记》，因而这个剧场当时被称为“齐天舞台”(即后来的共舞台)，郑法祥被聘为后台经理。同年6月《上海梨园公报》称：“郑法祥论其专长之剧，则以猴子剧最为出人头地，宜乎大世界京剧排演全部《西游记》连台本戏。”黄楚九病逝后，该剧场由黄金荣接管，改名“荣记共舞台”。后来，郑法祥因故离开共舞台。为了生计，在共舞台附近租赁店面，开设郑福斋糖果蜜饯店。店堂供奉“斗战胜佛”巨幅彩色油画。该店还有两样特色商品：一是专治跌打损伤的“大圣油”，盒上的商标也是“斗战胜佛”；二是夏天出售的“郑福斋酸梅汤”，以价廉味美驰名上海滩。1954年起，郑法祥曾先后受聘于东北戏曲学校、中国戏曲学校和上海京剧院教戏传艺。曾著《谈悟空戏的表演艺术》一书。

郑法祥饰演的孙悟空

2. 越剧

越剧最初流行在浙江嵊县一带，曾称小歌班、的笃班、绍兴文戏等。刚开始，艺人基本上是半农半艺的男性农民，故称男班。1917年，小歌班初次进入上海，在十六铺“新

越剧《彩虹万里》在恩派亚大戏院演出时的海报

化园”演出，因艺术上粗糙简陋，观众寥寥。之后，艺人们开始注重学习绍兴大班和京剧表演技巧，艺术上有所提高。1920年起，小歌班集中了一批较知名的演员，编演了一些引人入胜的新剧目，如《梁山伯与祝英台》、《碧玉簪》、《孟丽君》等，受到观众欢迎。1921年，该剧种被改称“绍兴文戏”，吸收京剧、绍剧的表演程式，向古装大戏方向发展，在各游乐场以及茶楼、旅社、小型剧场演出。1923年7月，第一个女班成立。1925年9月17日，在上海《申报》演出广告中该剧种首次被称为“越剧”。1928年起，女班蜂拥来沪，此后女子越剧的所有著名演员几乎都荟萃于上海，而男班由于演员后继无人，最终被女班取代。女子越剧在上海立足后，为适应环境和观众需求进行了变革，称为“改良文戏”。1942年，袁雪芬以话剧为榜样，在大来剧场开始越剧改革，尝试“新越剧”。1944年，尹桂芳、竺水招也在龙门大戏院进行改革。此后，上海的主要越剧团都投入“新越剧”的行列，越剧的面貌在短短几年中发生了巨大变化。1946年5月，雪声剧团将鲁迅小说《祝福》改编为《祥林嫂》，引起了社会各界重视。

1947年8月，越剧演员袁雪芬、尹桂芳、竺水招、筱丹桂、范瑞娟、徐玉兰、傅全香、张桂凤、吴小楼、徐天红等(后被称为“越剧十姐妹”)为筹款创建越剧实验剧场和越剧学校，在黄金大戏院联合义演，剧目商定为《山河恋》。《山河恋》全剧分上下集，剧本由当时的青年编剧南薇、韩义、成容编写，取材于法国作家大仲马的小说《三剑客》(又译作《侠隐记》、《三个火枪手》)，又融合了《东周列国志》中梁僖公的一些宫廷故事，并把时代背景移到了中国的春秋时期。8月19日，该剧在黄金大戏院公演，至9月12日结束。公演开始后，每天日夜两场，场场客满。期间曾被国民政府勒令停演，引起上海艺术界强烈抗议，终恢复演出。该剧荟萃了越剧各大流派，每个主要演员的表演和唱腔都得到发挥。尹桂芳、袁雪芬对唱的一段“送信”，流畅委婉，富有喜剧色彩，尤受观众喜爱，曾被百代唱片公司灌制成唱片发行。同年9月，以徐玉兰为首的玉兰剧团在龙门大戏院成立，首演剧目为《香笺泪》。越剧改革，使观众的构成发生了变化，除原来的家庭妇女外，还吸引了大批工厂女工和女中学生，越剧发展呈现勃勃生机。“雪声”、“东山”、“玉兰”、“云华”、“少壮”等越剧团受到中国共产党直接或间接影响，演出了不少进步戏剧。1950年4月12日，新中国成立后华东地区第一个国营戏曲剧团——华东越剧实验剧团成立，以黄金大戏院为主要排练和演出场所。1955年3月24日，在华东越剧实验剧团一团、二团基础上，上海越剧院正式成立，袁雪芬任第一任院长。20世纪五六十年代前期，越剧进入黄金时期，创造出了一批有重大影响的艺术精品。

袁雪芬(1922～2011)，浙江绍兴人，出生于越州之乡——嵊县。11岁进入四季春越剧科班，14岁开始在杭州演出。1938年到上海，1942年起致力于女子越剧改革。她的表演和唱腔柔婉细腻、朴实深沉、韵味醇厚、节奏明快，重视人物性格刻画，被称为“袁派”。袁雪芬参与整理并主演了传统戏《梁山伯与祝英台》、《西厢记》，编演了《木兰从军》、《红粉金戈》等著名剧目。1946年参演根据鲁迅小说《祝福》改编的《祥林嫂》、1947年组织联合义演《山河恋》，均引起社会关注。1953年主演的戏曲片《梁山伯与祝英台》，成为我国第一部大型彩色戏曲影片。1955年，缅甸总理吴努授予其金质奖章；1956年，获文化部颁发的“1949～1955年优秀影片奖”荣誉奖；1989年，获中国唱片总公司颁发的首届“金唱片奖”；2003年，获文化部颁发的国家级艺术终身成就奖；2008年，被授予“国家非物质文

袁雪芬

袁雪芬主演的电影《祥林嫂》宣传画

化遗产传承人”荣誉称号。袁雪芬历任上海越剧院院长、名誉院长，中国戏剧家协会副主席，上海对外友协副会长等职。

3. 沪 剧

上海的地方戏曲剧种，起源于浦东的民歌东乡调。清末形成说唱形式的本滩(上海滩簧)，期间受苏州滩簧的影响，又称花鼓戏。20世纪初，本滩大多在法租界法大马路一带茶楼演出。辛亥革命后，本滩开始进入租界内各游乐场。1914年，本滩艺人发起组织“振兴集”，从事本滩改良，采用文明戏的演出形式，发展成为小型舞台剧，并易名为“申曲”。1927年后，申曲开始演出文明戏和时事剧。20世纪30年代是申曲发展的重要时期。1934年11月，上海申曲歌剧研究会成立，会员近400人。1937年淞沪战争爆发，租界成为“孤岛”，一时出现畸形繁荣，申曲观众也因此骤增。沪上各商业电台纷纷邀请申曲班社到电台播唱申曲。1937年，“大世界”开辟春季申曲专场，筱文滨、施春轩、沈桂英三班同台演出。1938年9月起，筱文滨领衔的文滨剧团在恩派亚大戏院驻演，长达半年，以后还经常在“恩派亚”演出。1941年1月，上海沪剧社成立，申曲正式改称“沪剧”。同年，上海沪剧社演出了根据美国电影改编的《魂断蓝桥》，采用固定剧本，立体布景，并运用了灯光特技。此后各个剧团相继效仿，整个剧种舞台面貌焕然一新。新剧目有取材于小说的《秋海棠》、《啼笑因缘》、《骆驼祥子》、《家》，由话剧改编的《雷雨》、《上海屋檐下》，根据外国影片或世界名著改编的《乱世佳人》、《铁汉娇娃》、《王子复仇记》及新编的《女单帮》、《碧落黄泉》等。随着沪剧影响的扩大，20世纪40年代初《贤惠媳妇》、《阎瑞生》等相继被拍摄成戏曲片。1943年6月23日，70余名沪剧演员在黄金大戏院演出《玉蜻蜓》，票房收入全部捐献华北灾区。1949年5月上海解放后，上艺、文滨两个剧团率先改编新歌剧《白毛女》。之后，沪剧所有剧团都纷纷改编或移植老解放区的新歌剧。同时，上海市军管会文艺处又连续举办了3届戏曲研究班和2届春节演唱竞赛，各沪剧团主要成员均积极参加。1951年2月，上海戏曲界举办春节演唱比赛，“大世界”演出了沪剧《工人万岁》、《前进英雄》，龙门大戏院演出了《不是金丝雀》。在1952年第一届全国戏曲观摩演出大会和1954年华东区戏曲观摩演出大会中，上海沪剧团携带新创剧作参演，获剧本、演出、导演、音乐、舞美及演员等奖。1953年2月，上海沪剧团改制为上海市人民沪剧团，各民办沪剧团

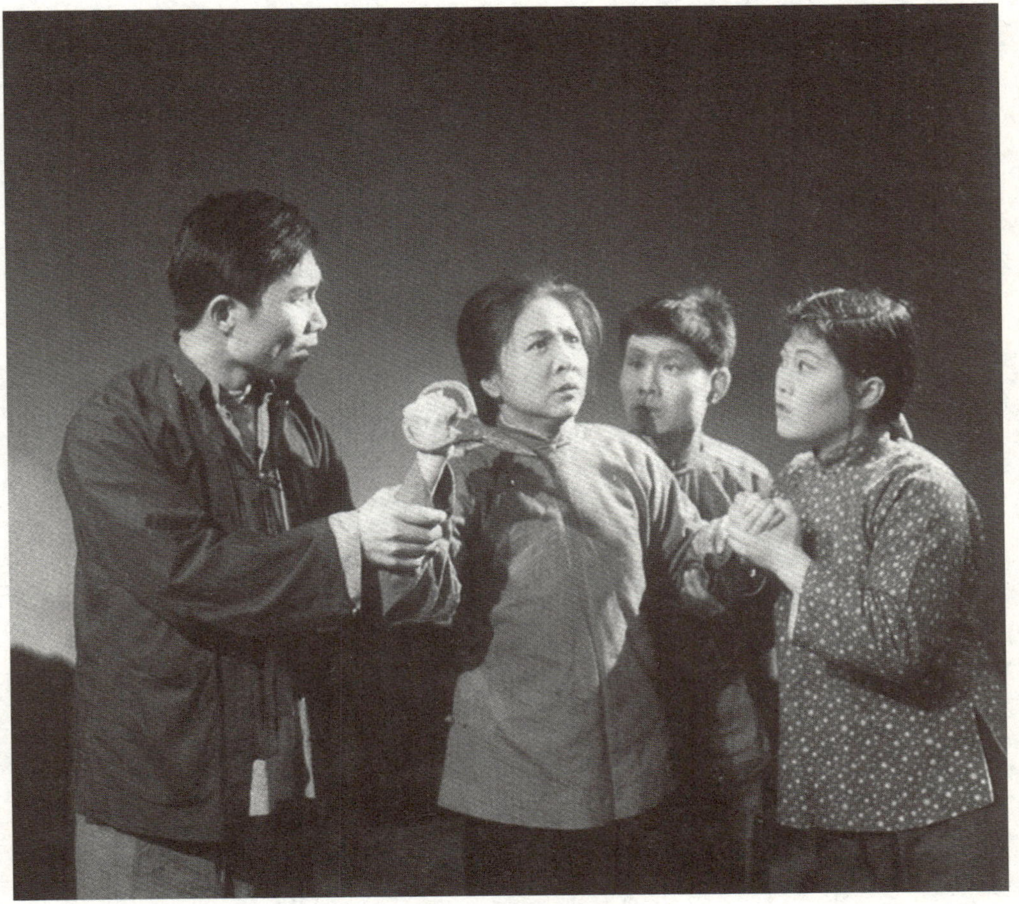

沪剧《星星之火》剧照(1959)

陆续建立集体所有制剧团。各沪剧团创作演出了《芦荡火种》、《红灯记》等现代剧；整理了《女看灯》、《庵堂相会》等一批传统剧目；新编、改编了《陈化成》、《甲午海战》等清装历史剧；被拍成戏曲片的有《罗汉钱》、《星星之火》。八仙桥区片的共舞台、“大世界”、大众剧场凝聚了极高的人气，不少沪剧在这里首演。20世纪50年代以来，在共舞台首演的剧目有《母亲》、《甲午海战》、《茶花女》、《星星之火》、《鸡毛飞上天》、《芦荡火种》、《第二次握手》、《一个明星的遭遇》、《风流英豪》、《雾中人》、《风雨同龄人》、《碧海青天夜夜

沪剧《芦荡火种》剧照(1960)

心》等；在“大世界”首演的有《田家春》、《何处不相逢》等；在大众剧场首演的有《张志新之死》、《寻娘记》等。1960年4月，上海市人民沪剧团赴京展演，获文化部和中国剧协表彰并授予坚持编演戏曲现代戏的“四面红旗”之一。“文化大革命”中，沪剧遭受严重摧残，绝大多数剧团停演或解散。1971年，爱华沪剧团在共舞台演出《金训华之歌》。中共十一届三中全会以后，上海市人民沪剧团和爱华沪剧团合并为新的上海沪剧团(后为上海沪剧院)，一些区、县也重建了沪剧团，创作演出了《金绣娘》、《被唾弃的人》等一大批新剧目，受到观众热烈欢迎。《清风歌》、《今日梦圆》分别获文化部新剧目奖和第四届“五个一工程”新剧目奖。马莉莉、陈瑜、华雯、陈甦萍、茅善玉等一批优秀青年演员脱颖而出，成为上海沪剧演出的中坚力量。

(1)筱文滨

筱文滨(1904～1986)，原名张文俊，出生于上海老西门外。某日，张文俊放学回家经过八仙桥菜场，只见大篷里挤满了看戏的人。那是本滩艺人吴金舞与小金凤在演唱《拔兰花》、《陆雅臣》，优美而富有乡土气息的唱腔，引起了张文俊浓厚的兴趣，从此他喜爱上了本滩。后来，他到福州路绣云天游艺场去看本滩名角邵文滨与沈桂林表演的《十打谱》。邵文滨文雅软糯的唱腔把他给迷住了。此后，邵文滨唱到哪里，他就跟到哪里去听。1920年，他拜邵文滨为师，取艺名“筱文滨”。筱文滨唱腔讲究音韵，运气自如，厚实平稳，柔和动听，富有书卷气，并善于以意生情，以情带声，成为沪剧“文派”唱腔的创始人。1931年，他与女演员筱月珍结合，并组建文月社，最初在“大世界”旁的书场演出，后应邀到“新世界”、“大世界”演出。1936年，文月社在观众中已有广泛影响，黄金荣把“大世界”三楼最大的剧场辟为申曲专场，并同意进申曲场子另买二角钱门票，这项收入全归文月社。文月社初进该剧场的第一出戏是《贤惠媳妇》，整整演了一个月且场场爆满。五星电影公司把该剧拍成了电影，筱文滨任男主角，这是申曲第一次上银幕。1938年，筱文滨把文月社发展为文滨剧团，不久进入恩派亚大戏院演出，演出剧目有《碧桃庵产子》、《白艳冰雪地产子》、《冰娘惨史》等，唱得最红的是《冰娘惨史》。抗战胜利前，文滨剧团一直在“大中华”与“恩派亚”演出。抗战胜利后，筱文滨加入中央大戏院。1951年该团改组为艺华沪剧团，筱文滨为主要演员。1956年9月，筱文滨调任上海戏曲学校沪剧班教师。1958年4月，任上海市人民沪剧团演员兼学馆教师，1965年退休。

筱文滨

筱文滨剧照

施春轩

(2)施春轩

施春轩(1901～1971)，原名施春熺，上海县人，出身申曲世家。在其二伯施兰亭的悉心栽培下，戏艺逐渐精进。后在其父施竹亭组建的春韵社挑大梁。1929年在先施乐园演出时，他把春韵社改名为施家班，自任班主，成为当时上海申曲界最有影响的剧团之一。他戏路宽广，各类角色都能胜任，同时善于运用“中州官腔”，刻画封建官僚等人物；他的唱、白清晰、明快、洪亮，重视人物的个性刻画，敢于创新；还擅长即兴发挥，增加演出趣味性。他凭借自己的嗓音和行腔特点，形成独特艺术风格，人称“施派”，常演剧目有《陆雅臣》、《顾鼎臣》、《荒唐先生》、《啼笑因缘》、《雷雨》等。他立志改革，打出“改良申曲”的旗号。在“大世界”演出《新庵堂相会》时，把唱词“苏州府该管昆山城”，改为“松江该管上海城”，还加了一句“老西门桥堍住登身”，观众反响极为热烈，连演八个夜场。1938年9月，施家班在恩派亚大戏院上演机关布景戏《劈山救母》、《十三妹大破能仁寺》，提高了申曲的声誉和地位。1951年与筱文滨等人参加捐献抗美援朝飞机大炮义演，1954年曾参加华东戏曲会演并获奖。1963年从艺40余年的施春轩因病离开舞台，后在“文化大革命”中遭受迫害，于1971年含冤去世。1980年，终得平反昭雪。

4. 滑稽戏

流行于上海市和苏南、浙北一带。早期又称“独脚戏”，是一种说唱艺术，类似于北方的相声、小品，表演时以上海话为基础，同时模仿江浙方言、山东话及广东话等，在茶楼、游乐场、戏院、堂会以及马路上演出。民国时期，独脚戏与文明戏等结合发展成为滑稽戏。大世界游乐场、共舞台开张后，成为滑稽戏的重要演出场所。滑稽戏还借助电台广泛传播，扩大了影响，成为上海及江浙市民喜闻乐见的艺术形式。1922年下半年，“星期团”艺人到“大世界”演出滑稽新戏，成为“大世界”相对固定的滑稽剧团，在那里演出至1940年，维持了整整18年。“星期团”演出滑稽新戏的同时，还登报承接滑稽戏堂会。20

世纪20年代，上海滑稽戏形成了王无能、刘春山、江笑笑三大派。1941年10月，江笑笑、刘春山与同行陆希希、程笑亭、俞祥明等，以全市滑稽界大会串的形式，编演了注重情节结构和人物性格的整本大戏《一碗饭》，获得成功，成为上海滑稽戏第一个比较完整的剧目，滑稽戏作为一个新兴剧种逐渐得到社会承认。1942年3月，江笑笑领衔组建了笑笑剧团，以恩派亚大戏院和龙门大戏院为主要演出场所，演出了《荒乎其唐》、《火烧豆腐店》、《瞎子借雨伞》、《大点秋香》、《王小毛》等剧目，其中不少成为滑稽名篇。1945年抗战胜利后，滑稽戏进一步发展成熟，其题材多为反映现实生活，尤其善于表现凡人小事，刻画了中下层市民的思想感情。但由于受当时社会风气和审美情趣的影响，在追求笑声的同时，掺杂了一些低级庸俗的内容。

解放后，滑稽戏进行了"戏改"(改人、改戏、改制)。1958年，沪上滑稽戏演出团体整顿、调整，合并为"大公"、"大众"、"海燕"、"蜜蜂"4个剧团，滑稽界呈现崭新面貌，创作演出了《三毛学生意》、《七十二家房客》、《满园春色》、《女理发师》、《糊涂爷娘》等一批优秀剧目。"文化大革命"期间，所有滑稽剧团均被解散。1978年后，滑稽剧团陆续重建为一个市属剧团——上海曲艺剧团(1985年更名为上海滑稽剧团)，两个区属剧团——人民滑稽剧团(南市区)、青艺滑稽剧团(黄浦区)。创作演出的优秀剧目有《出色的答案》、《性命交关》、《路灯下的宝贝》、《甜酸苦辣》、《出租的新娘》、《阿混新传》、《GPT不正常》、《海上第一家》等，在上海乃至全国多次获奖，并且涌现出了一批优秀中青年演员。

王无能(1892～1933)，苏州人。少年时随父来沪，因家贫辍学学艺，在二警社、民兴社、笑舞台唱文明戏，工丑角。王无能被称为上海滑稽戏表演的鼻祖。他口齿清楚，语言流畅，能讲10多种方言及一口流利英语，还能即兴编词。早年他演过《浦东空城计》，用浦东话饰演司马懿。1927年，王无能在"大世界"演出二本《范高头》，广告称其为"滑稽泰斗"。1928年，王无能、钱无量加入尚乐新剧团，在"大世界"演出《平底一声雷》、《兴隆家庭》。1932年，他与江笑笑、鲍乐乐、程笑亭、管无灵等人自筹资金拍摄滑稽影片《到上海去》，该片曾在黄金大戏院上映。王无能还灌制了独角戏唱片20余张。1933年1～4月，王无能与钱无量又在"大世界"共和楼演出《老牌滑稽》。同年10月24日，王无能逝世前三天还在《申报》上刊登滑稽堂会广告。

才华出众的王无能还曾戏嘲青帮三大亨之一——杜月笙。杜月笙酷爱京剧，不光爱

1931年8月31日(左)和1933年1月4日《申报》刊登滑稽戏海报

《到上海去》王无能剧照

听爱看，也爱唱爱演，但是他唱戏改不了浦东口音。他演《打严嵩》中邹应龙，那大段西皮流水，咬字发声浦东腔最为浓重，令人忍俊不禁。王无能根据这些笑料，加以夸张扩展，编出滑稽戏《浦东打严嵩》到处表演，把杜月笙的浦东京剧模仿得惟妙惟肖，在上海市民中传为笑谈。此事传到杜公馆，杜月笙手下人说应教训教训王无能。杜月笙却说："不可以的，大家都是混饭吃。请他到我屋里演，我倒要听听到底滑稽到啥程度？"杜月笙还再三叮嘱："告诉王先生，我决不难为他，否则我就不叫杜月笙。"见到杜公馆的请柬，王无能不知所措。来人说："王先生放心，杜先生说了，绝不为难你。只要你学得像，杜先生就高兴。"到了杜公馆，王无能还是有些紧张，表演显得拘谨。杜月笙见状，便带头鼓掌。王无能定下神来，用浦东腔唱起"忽听万岁宣应龙，在午门来了我保国忠"，全场人笑得前俯后仰。杜月笙也笑了起来，连声说："蛮像，蛮像！"王无能唱罢，加了一句话："我唱的是杜派，杜先生已经自成一派了。"杜月笙哈哈大笑："我成为杜派，戏台只好搬到高桥去了！"随后，杜月笙赏给王无能200块大洋。

尽管王无能在滑稽戏行业才华出众、成绩斐然，但因其嗜食鸦片，导致生活贫困潦倒，死后无钱成殓，只能由业界同仁料理其后事。鉴于王无能生前的影响力，滑稽界著名艺人们曾编排《王无能游地府》、《痛哭王无能》、《王无能活捉丁怪怪》等剧目，在黄金、荣金、东南等戏(影)院上演，以纪念这位滑稽界的泰斗。

5. 黄梅戏

与京剧、越剧、评剧、豫剧并称中国五大剧种，发源于湖北省黄梅县一带的采茶调，清末传入毗邻的安徽省，与当地民间艺术结合，并用安庆方言歌唱和念白，逐渐发展为一个新的戏曲剧种。旧称“黄梅调”或“采茶戏”，一度被称为“怀腔”、“皖剧”。黄梅戏的唱腔淳朴流畅，以明快抒情见长，具有丰富的表现力；舞台表演通常质朴细致，以真实活泼著称。黄梅戏的崛起和发展，与八仙桥区片的华东大众剧院(后改名大众剧场)有很深的渊源。1952年，安徽省集中了黄梅戏的精英，排练了《柳树井》、《路遇》、《打猪草》、《补背褡》等5台戏，于当年11月14～16日在华东大众剧院演出。这是黄梅戏首次亮相上海正规剧场，引起了上海各界人士的浓厚兴趣。《解放日报》、《大公报》、《文汇报》、《新闻报》等纷纷载文，对黄梅戏演出给予热情赞扬和支持。1954年9月25日，戏曲界的一次盛会——华东区戏曲观摩演出在华东大众剧院开幕，安徽省代表团带来的黄梅戏剧目有《天仙配》、《红梅惊疯》两台大戏和《夫妻观灯》、《打猪草》、《砂子岗》、《推车赶

严凤英、王少舫在华东大众剧院演出《天仙配》

严凤英、丁紫臣在华东大众剧院演出《打猪草》

会》四台小戏，之后在华东大众剧院和人民大舞台轮番上演，引起轰动，满获赞誉。《天仙配》一举夺得剧本、演出、导演、音乐四项大奖；《打猪草》、《夫妻观灯》分获剧本二等奖和演出奖；严凤英、王少舫、潘璟琍荣获演员一等奖。1955年，《天仙配》被搬上了大银幕，从此黄梅戏走进千家万户，“树上的鸟儿成双对”唱响神州大地，并在东南亚地区掀起一股“黄梅戏热”。1978年，大众剧场与黄梅戏重续前缘，安徽省马鞍山黄梅戏剧团从10月30日～11月16日在这里上演《天仙配》，尽管采取了每人仅可购买2张票的限购措施，仍然场场爆满。2006年5月，经国务院批准，黄梅戏被列入第一批国家级非物质文化遗产名录。

严凤英(1930～1968)，小名鸿六，出生于安庆。13岁起学黄梅调，因此触犯族规，被迫背井离乡，随戏班四处闯荡。15岁主演《小辞店》中柳凤英一角，受到众多观众喜爱，因而改艺名为严凤英。她嗓音甜美清新，表演细腻生动，曾学过京剧、昆曲，博采众长，自成一派，为黄梅戏的革新发展做出了卓越贡献。1952年在华东大众剧院演出时，严凤英扮演的陶金花、招弟、蓝玉莲等角色受到上海观众的热烈欢迎。严凤英成为在观众中“最受推崇的演员”；报纸评论她“唱腔、道白都明朗生动，浑成自然”，“丝毫没有话剧加唱的感觉”。由其主演的《打猪草》更是好评如潮，评论说：“严凤英的表演是非常出色的，她完整地创造了一个天真无邪农村少女的形象，使人怀念不忘。这20分钟的演出，简直是一首优美的牧歌。这是农民对青春生活的歌唱。”1954年华东区戏曲观摩演出中，严凤英主演的《天仙配》在华东大众剧院上演，她展现了迷人的艺术风采，天籁般的歌喉、精湛传神的表演倾倒了观摩代表和文艺界人士，最终不负众望，荣获演员一等奖。“七仙女”的形象由此深入人心，严凤英也成为黄梅戏当之无愧的领军人物。但天妒英才，风华正茂的严凤英在“文化大革命”中含冤去世，年仅38岁，直至1978年才得以沉冤昭雪。

严凤英在上海(1954)

6. 评 剧

流传于中国北方的一个戏曲剧种。清末，在河北滦县一带的小曲“对口莲花落”基础上形成，先是在河北农村流行，后进入唐山，称“唐山落子”，又称“蹦蹦戏”。它的艺术特点是以唱工见长，吐字清楚，唱词浅显易懂，演唱明白如诉，表演生活气息浓厚。它形式活泼、自由，善于表现当代人民生活，因此在城市和乡村都有大量观众。1916年7月，唐山蹦蹦戏第一次进入上海，演出《杨三姐告状》等剧目，但影响不大，营业清淡。1935年起，蹦蹦戏艺人大量涌向南方，到上海、杭州、南京等地演出，渐被观众接受。后来，蹦蹦戏在上海被称为“评剧”。评剧白派创始人白玉霜曾应邀在恩派亚大戏院演出，轰动上海。继之，“时代艺人”喜彩莲在上海演出，亦受好评，并得到著名戏剧家阿英、洪深、欧阳予倩的支持和称赞。20世纪50年代后，评剧在上海演出较少，

白玉霜

影响力主要在北方。

(1)白玉霜

白玉霜(1907～1942)，原名李慧敏，又名李桂珍，出生于天津。11岁学京韵大鼓，14岁改学蹦蹦戏，起艺名“白玉霜”。她中低音宽厚圆润，音色纯正，鼻音共鸣好。为推动评剧发展，她大胆革新，创造了低弦低唱的演唱方法，并逐渐形成评剧白派的表演方式。1935年7月，白玉霜应恩派亚大戏院后台经理徐培根邀请抵达上海，与爱莲君、钰灵芝联袂演出《花为媒》、《空谷兰》、《桃花庵》、《马振华哀史》、《珍珠衫》，与京剧演员赵如泉在天蟾舞台合演京评两腔的《潘金莲》，受到上海文化界重视。《时事新报》上刊登了著名戏剧家欧阳予倩、洪深、田汉的文章，赞誉白玉霜为“评剧皇后”，也有人称她为评剧坤角泰斗。1936年，明星公司推出了白玉霜主演的电影《海棠红》，该剧轰动大江南北，不仅提高了白玉霜知名度，也扩大了评剧的影响。正当白玉霜大红大紫时，她为了追求爱情，于1937年除夕与恋人、同剧团的青年艺人李永起一起到河北生活。之后，白玉霜曾在北平、天津演出。1942年，因病逝世。

(2)赵丽蓉

赵丽蓉(1928～2000)，出生于河北省宝坻县(今天津市宝坻区)，小名“老爱”。20世纪20年代末，父亲赵秉忠在蹦蹦戏名角芙蓉花领衔的复盛社做化妆师。一岁半时，老爱就曾被抱上戏台在《桃花庵》、《牛郎织女》中充当“彩娃子”(喜神)。1940年，第一次登台演出，并拜艺人马金贵为师，改名“赵丽蓉”。1944年底，赵丽蓉随复盛社到恩派亚大戏院演出。她在《报花名》中饰演张五可，载歌载舞，风姿秀逸，令上海观众耳目一新。赵丽蓉还向戏剧名家欧阳予倩学习舞台表演和理论，在欧阳予倩指导下排演了《杜十娘 · 归州》一折，在做工、演唱上都得到丰富和提高。她还曾在黄金大戏院、“大世界”登台。1945年夏，复盛社离开上海去河北张家口演出。同年8月张家口解放，复盛社改组为庆丰剧社，赵丽蓉演出了《兄妹开荒》、《夫妻识字》、《血泪仇》、《白毛女》等新戏。1952年，赵丽蓉加入总政解放实验评剧团(后并入中国评剧团)，长期与著名评剧演员新凤霞合作。她塑造的三仙姑、阮妈、李大婶等艺术形象，深受各地观众喜爱。20世纪60年代，赵丽蓉在评剧影片《刘巧儿》、《花为媒》、《杨三姐告状》中饰演角色。20世纪80年代中期，赵丽蓉开始出演小品、电影及电视剧。1988～1999年，她与游本昌、侯耀文、巩汉林等合作，8次在中央电视台春节联欢晚会亮相，其幽默风趣、生动鲜活的表演给电视观众们留下了美好的印象。2000年7月，因病逝世。

赵丽蓉(青年时期)

7. 甬 剧

甬剧起源于宁波，是最早进入上海的外来戏曲剧种之一。早期曾名“串客”、宁波滩簧等。光绪六年(1880)，宁波串客艺人来到上海，在小东门一带茶楼或在八仙桥菜场附近简棚里演唱，而后在北门外凤凰戏院(今延安东路云南南路口)、如意楼(今云南南路宁海东路口)等场所演出。串客进入上海后，正式打出“宁波滩簧”的旗号。20世纪20年代，宁波滩簧先后在新新、永安、福安等游乐场演出。在上海演出期间，因编演内容触及时弊，引起公共租界工部局不满，宁波滩簧被禁演。后被迫改名为“四明文戏”、“甬江古曲”。30年代，当时的上海市教育局以“四明文戏内容淫秽，有伤风化”，再次禁演。1936年8月，“四明文戏”改名为“改良甬剧”，从京剧、话剧中移植了《天打张继宝》、《啼笑因缘》、《三县并审》、《杨乃武》等剧目，新编了《金生弟》、《孤女魂》等新戏，使甬剧剧目题材扩大，曲调更为丰富。1939年，“四大名旦”之一金翠香召集傅彩霞、项翠英、王宝云、黄君卿等，请叶峨樵任编剧，正式以“改良甬剧”名义，配舞台布景，灯光，首演《天打张继宝》，获得成功。改良甬剧从内容到形式都焕然一新，逐步走上现代剧种轨道。1949年，八仙桥区片恒雅戏院内的张家班被改建成上海第一个专业甬剧团——立群甬剧团，1951年改名为群力甬剧团。20世纪50年代，上海的甬剧团社进行整合兼并，最终全部并入堇风甬剧团。“文化大革命”期间，甬剧团主要演职人员被批判，剧团于1972年解散，从此上海再没有专业甬剧团。2008年，甬剧入选第二批国家级非物质文化遗产名录。

王宝云(1908～1991)，宁波人。原名王锦璋，艺名筱宝云。16岁学滩簧，初学丑

王宝云

角，后工小生。王宝云嗓音扮相俱佳，唱念韵味足，戏路宽广，深受观众欢迎。20世纪30年代，王宝云来到上海，居住于八仙桥区片的恒茂里，与孙家班、蒋家班、金家班等名戏班合作演出。后来，王宝云发起甬剧改革，首先将宁波滩簧更名为“四明文戏”，随后对布景、灯光、服装、道具进行了改进。还对剧目作了重大改革，改编、新编了不少传统戏和新戏。王宝云既当导演，又找剧本，自己参加演出，还四处广揽人才，后来成为甬剧领军人物的徐凤仙、贺显民都是被王宝云动员来到上海演出甬剧的。王宝云曾在恒雅戏院执导演出《啼笑皆非》、《伟大的母爱》、《强盗孝子》、《花落寒江》等剧，扩大了甬剧的影响。1949年，王宝云出任立群甬剧团团长。1950年，他发起成立“上海甬剧改进协会”，力辞会长一职，担任副会长。为培养甬剧演员，王宝云成立正风研究社，上午教学员练唱、学习，下午观摩，做到学、唱、做相结合，学员进步很快。1951年，在上海春节剧目汇演中，王宝云参与编剧的《金元宝》获剧本一等奖，他个人获一等荣誉奖。1955年，王宝云离开甬剧舞台。王宝云是甬剧发展史上里程碑式的人物，被誉为“甬剧改革的先驱”。

第六章 中西交融的文教事业

清末的中法学堂

八仙桥基督教青年会

鸦片战争后，中国被迫打开国门，西方殖民者不仅从政治、经济和军事上对中国进行侵略，还加强了文化领域的渗透。从上海开埠到19世纪末，办学校是西方文化进入中国的重要手段之一。随着外商设在上海的办事机构、代办机构、银行等的增加，越来越需要懂外文、受过西方教育的人为之服务，近代教育机构应运而生。这其中，教会起了不可磨灭的作用，八仙桥区片最早的新式学校即由教会设立。作为科技和文化的最佳传播地，学校成为教会最为看重和着力经营的教育文化机构，在八仙桥区片较有影响的是中法学堂和中西书院。同时，西方美术教学也开始在这里传播。

除学校外，还有一种代表了当时先进文化思潮的团体即基督教青年会。青年会从本质上讲是宗教组织，但作为国际性的跨宗教派别的青年活动团体和社会服务团体，它开展了不少德、智、体、群方面的工作，在社会上尤其是具有最活跃思想的青年人中有着一定影响。在地处八仙桥区片的八仙桥青年会，张君劢关于人权和宪政的阐释，孙科对孙中山文化教育思想的宣讲，陈望道、蔡元培等对科学社会主义的宣讲无不洋溢着西方哲理和中国精神。八仙桥青年会可以说是上海思想文化进步的摇篮。

虽然西方殖民者不遗余力向中国灌输着西洋文化，但对于“龙的传人”来讲，中国传统文化的根基却无法动摇。嵩山路上寓居的吴湖帆和冯超然的笔墨丹青为八仙桥区片的东方文化绘上了浓墨重彩，围绕他们的文化圈子，也使写意传神的中国艺术精神得以光大和传播。

八仙桥区片华洋交界、五方杂处，现代教育与传统承袭、西洋文明与海派文化在这里产生碰撞的火花，从而引领着近代教育和海派文化的先风，也为推动八仙桥区片城市化的进程奠定了良好的文化与社会基础。

第一节 教育机构

1. 中法学堂

光绪十二年(1886)，法租界公董局董事萨坡赛看到法租界华籍巡捕不懂法语，难以执行任务，提议创办一所专授法语的义务学校。这一提议为董事会主席维尔蒙所接受，经董事会投票表决，决定从慈善救济费中抽出600两银子，在公馆马路63号创办法文书馆，招收中国学生免费学习法文。2月23日，学校正式开学，最初招收中国学生78名，入学免费学习法文。而对华籍巡捕的教育则由夜校部负责，只教法语会话和专业用语。对中国学生的教学分初小、高小、初中、高中四级。初小和高小每日均上国文、法文各三课时；初中每日上国文一课时外，其余课时的课程均以法文上课；高中学科与法国国内中学完全一

中法学堂校舍

校舍图等

致。学校国文教材用的是《古文观止》、《东莱博议》等，其他学科教材全部是法文版本。此外还设特别班，专为具备中学资格、有志于补习法文的青年而设。学生毕业后可被推荐至公董局、巡捕房、救火会及一些法语国家的企业、银行任职，优秀学生派赴法国深造。由于学习条件优越，吸引了不少华人把自己的子女送入洋学堂求学，包括杜月笙、张啸林等。光绪十四年(1888)12月，公董局决定选派法文书馆两名学生去法国留学，光绪十六年(1890)12月返沪。宣统元年(1909)，公董局将法文书馆交给天主教主母会修士(地位低于神父，江南一带天主教徒称之为相公)管理，但仍受公董局控制。宣统三年(1911)4月，因原处要建电站，法文书馆迁到宝昌路的尚贤堂上课。1913年，迁至敏体尼荫路新建的校舍，改为“中法学堂”。

中法学堂治学严谨，学习氛围浓厚。为激励学生积极求学，曾设置多种奖励措施，形成学生主动学习的推动力。如，学校每周都会统计学生一周学习的总成绩，统计的成绩项目包括：每天上课的口头检查、每天的回家作业情况、课堂内随机的书面检查及口头答问等。每周一的第一课课前，由老师宣布学生在上一周的学习成绩名次，按名次顺序安排座位。第一名坐在第一排第一个座位，其余按次序入座，最后一名就坐在最后一排最末的一个座位。这种形式上的每周座次的变动对学生具有激励意义，有效督促了学生注重平时的学习成绩。另外，每个月还有“月考”成绩记录，由校长签发成绩报告单发给家长。每个学期结束时，学校要开总结大会。主席台前放着一排课桌，上面摆着用

1954年学生文娱观摩演出

彩色丝带扎好的奖品，准备颁发给学习优秀的学生。其中低年级的一等奖都有一只看上去很漂亮的小型玻璃座钟，它凸起地摆在一沓沓作为奖品的书籍上面尤为引人注目，书籍多是原版法语童话故事和连环画册等。较高年级的奖品多为辞典类工具书。对优秀学生，学校还会在经济上给予奖励，这也是最实惠的奖励措施。中法学堂一开始免费入学，后来实行收费。虽然当时的收费低于社会上的一般中学，但为激励学生，学校规定，学生入学后若学期考试成绩是班里名次第一、二者，就可免交下学期的学费。这对家庭贫寒的学生来说，无疑极具吸引力。

1946年该校更名为“中法中学”。1951年再次更名为“私立光明中学”，1953年改为公

光明中学

立，隶属邑庙区。1956年与新进中学合并。1958年被定为首批市重点中学。1960年开始隶属黄浦区。2005年被确认为“上海市实验性示范性高中”。法语教学一直是光明中学的教学特色。

(1)何振梁

何振梁(1929～2015)，江苏无锡人。我国著名体育外交家，新中国体育运动发展的先行者和历史见证者。1938年，何振梁随全家迁居上海法租界，1939～1946年在中法学堂学习。好学的何振梁在中法学堂成绩优秀，名列前茅，曾三次跳级。7年的学习为其日后熟练掌握法语打下了扎实基础。1950年，何振梁毕业于上海震旦大学电机系。1955年起从事体育工作，曾任国家体委副主任、中国奥委会主席及名誉主席、国际奥委会副主席等职，为奥林匹克运动做出了重要贡献。何振梁两次参与北京申办奥运会并担任申奥投票中方陈述人。他曾被外国体育刊物评为全世界最有影响的十大体育领导人之一。2015年1月4日，因病在北京逝世。

何振梁

2006年3月20日，何振梁在文新大厦答读者问

(2)沈德灿

沈德灿(1929～2012)，浙江镇海人，出生于上海，北京大学心理学系教授。曾师从于我国最早的心理学家唐钺，专注于心理学史的研究。其深厚的外语功底深得唐钺器重，参与了我国最早一批国外心理学著作的翻译工作。1940-1941年，沈德灿曾在中法学堂有过短暂的学习经历。他在11岁时先进入中法学堂5班A上学，每天上午学法语，下午学国语、算术、珠算、常识等。后升到3班A，学完一学期后因故转至其他小学。在中法学堂短暂的两年经历使其对学习外语产生了浓厚兴趣，后来在学习英语、俄语，甚至汉语拼音时，总能掌握得很好。在他的回忆文章中，曾这样描述那段短暂但令其记忆深刻的学习生涯："当时天天跟着老师朗读法语拼音，站在讲台前面朝着老师背诵法语课文，每周校长来点名，按一周成绩重新排定学生座位……留在小小脑海里的这些印象还是很深刻的。老师既严肃也慈祥。每到学期终了，还发一些奖品给学生，如一面小算盘、几本小画册之类，鼓励孩子们好好学习上进。领到了奖品，拿着它们回家，向家里人一一展示，心理上特别满足与自豪。这些景象虽过去了半个多世纪，至今历历在目。"

(3)周秀骥

周秀骥(1932～　　)，江苏丹阳人。1950年毕业于中法中学。1951年4月参加工作，任中国科学院地球物理研究所练习生、技术员。1956年被派送苏联科学院应用地球物理研究所攻读研究生，从事暖云降水实验和理论研究，1962年获得苏联数理学副博士学位。周

周秀骥

秀骥长期在我国大气科学领域辛勤耕耘，先后创建和发展了我国的云雾物理、大气电学、大气湍流、大气遥感、中尺度大气物理、中层大气物理和大气化学等分支学科，是我国现代大气物理学创建人之一。周秀骥曾任中国科学院大气物理研究所副所长、中国气象科学研究院院长、中国气象局科技委员会副主任、中国气象学会副理事长、中国气象科学研究院名誉院长、全国人大常务委员会环境与资源保护委员会委员、中国科学院地学部常务委员、国家自然科学基金地球科学部主任和世界气象组织大气科学委员会委员、国际气象与大气物理协会理事会理事等职。1991年当选为中国科学院学部委员(院士)。

(4)杨雄里

杨雄里(1941～)，浙江镇海人，出生于上海。我国著名神经生物学家、生理学家，中国科学院院士，中国特大型综合性辞典《大辞海》的副主编。1955年，考入光明中学。就读期间，他对科学的兴趣与日俱增，《科学画报》、《知识就是力量》等科普杂志，他每期必读，对当时大量出现的苏联科学幻想小说也十分着迷。1955年，中国科学院设立学部后开始评选学部委员，并明确学部委员是中国科学家终生的最高荣誉。还是一名高中生的杨雄里立下宏愿，将来不仅要做一名科学家，而且要争取当学部委员。杨雄里学习十分刻苦，从高二开始，他的成绩册上几乎全是5分。为实现自己的理想，他于1958年考入上海科学技术大学。由于被安排从事视觉研究，在大学三年级时又转到长春光学精密机械学院(今长春理工大学)学习。1963年，杨雄里毕业于长春光学精密机械学院、上海科学技术大学。1963～2000年在中国科学院上海生理研究所工作。其间，1980～1982年在日本进修时获博士学位，1985～1987年先后在美国哈佛大学、贝勒医学院从事合作研究，1988～1999年任中国科学院上海生理研究所所长，1991年当选为中国科学院院士(学部委员)。2000年起，担任复旦大学神经生物学研究所所长。现任中国生理学会理事长、亚太地区生理学联合会理事、“脑功能及其细胞和分子基础”项目首席科学家、973项目“脑功能和脑重大疾病的基础研究”首席科学家，兼任美国贝勒医学院，北京大学、中国科学技术大学、复旦大学、浙江大学等院校和研究所的顾问教授、客座教授。

2. 中西书院

光绪七年(1881)12月1日，美国基督教监理会传教士林乐知(Young John Allen)在八仙桥区片东首(今金陵东路云南南路附近)创办中西书院第一分院，时人称之为“林公馆”或“林华书院”。中西二字寓“中学为体，西学为用”之意，为正统士大夫所推崇。书院创办后，率先面向非教徒家庭招生，第一次招生400余人。次年，学校在虹口开设第二分院。后来，为谋发展，林乐知通过向美国募捐，在虹口购得地皮，将两分院合二为一，他任院监。中西书院的学生一般在校学习8年，先在原分院(预备班)学习2年，课程是中文及英文，然后升至书院学习4年，课程是代数、几何、物理等；如愿意再学，可在院继续学习2年，在原有基础上，分专业学习航海测量、万国公法、天文、翻译等课程。中西书院在林乐知主持期间颇有成效，为洋务运动培养了一大批急需人才。宣统三年(1911)，中西书院迁往苏州，并入监理会所办的东吴大学。

林乐知(1836～1907)，字荣章，美国传教士，著名的旅华美籍报业家、教育家。1858年，毕业于美国佐治亚州埃默里大学，获神学、文学博士学位。咸丰十年(1860)到中国传教。同治二年(1863)，在上海广方言馆任教习，聘期6个月。期满后参加江南制造局翻译馆翻译工作，后又再次受聘为广方言馆教习。同治七年(1868)自费创办《中国教会新报》周刊，以宣传宗教为主，同时刊登一些时事和科学类短文。因销路不畅，于同治十三年(1874)更名为《万国公报》，成为以时事为主并介绍西方国家地理、历史、政治、科学、宗教、艺术知识等的综合性刊物，销路很快打开。《万国公报》共出222期，成为当时外国人在华创办的影响最大的刊物。光绪七年(1881)，林乐知创办中西书院。光绪十八年(1892)，经其倡议，中西女塾得以创立。光绪二十一年(1895)，林乐知辞去中西书院院监职务，专事办报与译著。林乐知自称是“中国之老友”，能讲中文、看中国书，有时也穿清朝礼服，戴假辫。清王朝曾给他“钦赐五品衔”，后又“钦加四品衔”。光绪三十三年(1907)，林乐知在上海去世。

林乐知

3. 背景画传习所

宣统三年(1911)7月19日，我国近代美术教育家周湘在八仙桥南首褚家桥宝安里二弄口创办背景画传习所，以培养舞台美工为主，专授法国新式剧场背景画法、活动布景画及布景构造法。传习所为期三个月，学生有乌始光、陈抱一、刘海粟、丁健行(丁方镇)等20余人。该传习所曾于7月初在上海《时报》刊登招生广告：“本所专授法国新式剧场背景画法，及活动布景构造法，凡年力强壮，略解绘画者，均可来学，现定六月二十四日(7月19日)开学，三个月毕业。”

周 湘(1871～1933)，字印侯，号隐庵，嘉定人，近代著名画家。他是我国绘画艺术由传统的师承相授转变为正规美术学校教育的创始人之一。周湘自幼喜爱绘画，曾师从上海名画家杨伯润学山水，师从钱慧安学人物，也曾师从胡鼻山、吴大澂等名流。工于山水兼及仕女人物，又擅治印和书法。曾流亡日本，又到英、法、德等国学习西洋画法。宣统二年(1910)8月，在上海法租界茄勒路(今吉安路)创办中西图画函授学堂，传授西洋水彩画技法。学生有王师子、杨清磬、丁慕琴(丁悚)、张眉孙等。同年9月，创办上海油画院，学制半年，仅办一届。但周湘为此制订的《上海油画院章程》是我国油画教育史上的第一个文献。宣统三年(1911)，周湘在八仙桥区片创办背景画传习所。之后，陆续还创办过西法绘像补习所、西法油画补习所、图画专门学校及中华美术专门学校(又称中华美术学校)。

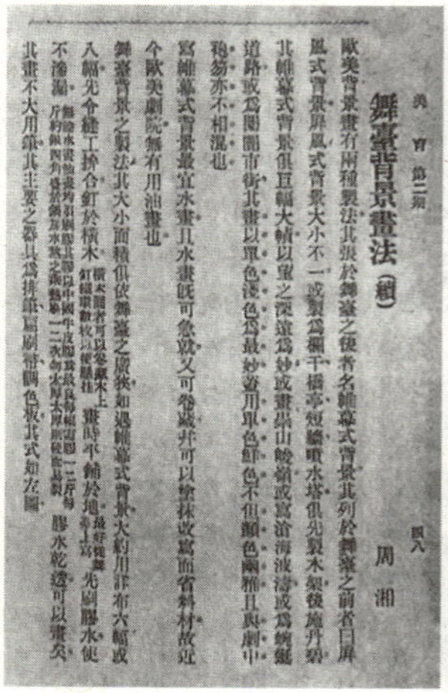
美育 第二期 四八

舞臺背景畫法（續） 周湘

歐美背景畫有兩種製法其張於舞臺之後者名帷幕式背景其列於舞臺之前者曰屏風式背景屏風式背景大小不一或製爲欄干橋亭短牆噴水塔俱先製木架後施丹碧

其帷幕式背景俱巨幅大幀以望之深遠爲妙或畫叢山峻嶺或寫滄海波濤或爲繁盛道路或爲閭閻市街其畫以單色淺色爲最妙若用單色鮮色不但顏色兩稱且與劇中物務亦不相混也

寫帷幕式背景最宜水畫且水畫既可急就又可卷藏并可以塗抹改寫而省料材故近今歐美劇院無有用油畫也

舞臺背景之製法其大小面積俱依舞臺之廣狹如遇帷幕式背景大約用洋布六幅或八幅先令縫工拚合釘於橫木 畫時平鋪於地 先刷膠水使不滲漏 膠水乾透可以畫矣

其畫不大用筆其主要之器具爲排筆扁刷帶調色板其式如左圖

周湘关于背景画的著作

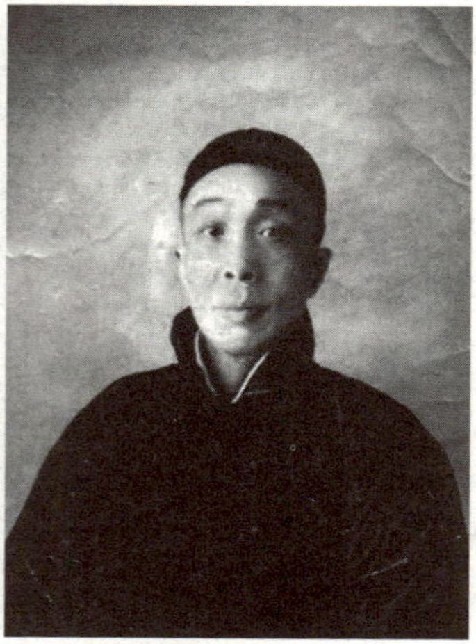
周 湘

周湘以其在欧洲所学得的西洋画法在国内创办专门学校，前后十余年之久。1919年，他与丰子恺、欧阳予倩等发起组织中华美育会，出版《美育杂志》，宣传新思想、新美术。1925年前后，经国民党元老吴稚晖等人推荐，曾在上海圣约翰大学兼授美育、外语等课。周湘晚年隐居家乡，郁郁不乐，同时生活也处于窘境，布衣粗食聊以度日。周湘曾著有《周湘山水画谱》4册，1924年自序成书，1946年10月由卿云出版社出版。

4. 四明高级护士职业学校

1945年夏，上海四明医院院长吴涵秋发起组织校董会，由蒉延芳任董事长。校董会成立后，积极筹集经费，订立章程，建屋招生。同年10月竣工开学，聘请路美丽为校长。校址位于今桃源路163号。1948年时有学生41名。学校采取预科试读制度，6个月试读合格升入正科(3年制)，试读期满不合格者退学。学校经常举行考试以考察学生的学习情况，考试分为理论测试与技术测试。其中，技术测试实践性很强，考核的项目是学生实际护理的操作演示。考试成绩由教员观察后评定，教员签字认可后方能表示这项考核通过。解放后，四明护校与上海私立伯特利护士学校合并为上海市第二护士学校。

私立四明护士学校毕业照

蒉延芳

蒉延芳(1883～1957),宁波镇海人，近代民族资本家、民主爱国人士。光绪二十九年(1903)到上海，进入德商亨宝轮船公司当职员。1920年，赴西欧考察运输行业，后出任中华捷运公司总经理。蒉延芳曾先后担任上海市房地产同业公会主任委员、上海市政府土地估价委员会主席等职务。1937年，淞沪战争爆发，蒉延芳出任上海难民救济协会总务组长。蒉延芳还曾先后担任四明公所董事、四明医院董事长、济民医院董事长、四明高级护士职业学校院董事长、宁波旅沪同乡会副理事长等职。

1949年，蒉延芳出任华东军政委员会委员，并兼任华东生产救灾委员会主任委员。1954年，担任公私合营上海轮船公司筹备委员会主任委员。1955年，出任上海市交通运输局局长。

5. 喇格纳小学

公董局所办的第二所华人小学，创建于1935年9月13日，由法租界公益慈善会提供资金，购地、建房与装修共耗资约46万元。学校由公董局管理，校址位于喇格纳路(今崇德路)63号，近八仙桥区片南侧。初名“第二中国小学校”，又名“喇格纳小学”。1935年10月，有学生540人，校长为陈良。学校执行中国政府的教学大纲，4～6年级教授法语，5–6年级加授英语。1937年日军侵入上海后，公董局决定将校舍改作“安南兵营”，学生借中法学堂校舍上课。1938年，144名四年级学生中有115人取得中国初小教育毕业证书，72名六年级学生中56人取得中国高小毕业证书。1941年底太平洋战争爆发，学生返回原址上课。1943年，随路名改为“崇德路小学”。1946年，改名为“上海市第五区第二中心小学”。1950年，改名为“嵩山区第二中心小学”。1956年学校所在地划入邑庙区，改名为“邑庙区第二中心小学”。1960年区划调整，改名为“卢湾区第三中心小学”。“文化大革命”期间，该校停办，校舍改办“凌云中学”。1981年，恢复成为卢湾区第三中心小学，同年及次年顺昌路第一小学和浏河路小学相继并入。20世纪80年代初，卢湾区第三中心小学迁至济南路，比乐中学迁入此地。

第二节 八仙桥基督教青年会

1. 设施齐备的青年会大楼

基督教青年会是一个国际性组织，1844年由美国人乔治·威廉斯创立于伦敦。19世纪下半叶，在美国殖民势力向外扩张的同时，美国基督教掀起海外传教热，中国成为主要推广地。光绪二十六年(1900)2月，“上海基督教幼童会”成立。光绪二十八年(1902)，改名为上海基督教青年会。上海青年会最初在北苏州路17号的临时租赁屋内，后几经搬迁，于光绪三十三年(1907)10月在四川路购地建成正式会所。1931年9月，位于敏体尼荫路123号的青年会大楼建成，因地处八仙桥区片，俗称“八仙桥青年会大楼”。12月，上海青年会迁入八仙桥青年会大楼，四川路会所成为少年活动中心。

八仙桥青年会大楼底层设有公共浴室和理发室。理发师都是业内高手，用品也力求精良。二楼是大礼堂、图书馆和各种活动室。三楼是小礼拜堂、各种会议室和办公室。四至八楼是宿舍，供会员和各界人士住宿，有198个房间，每层楼有公共浴室及卫生间，仅四楼个别房间有独立卫生间。九楼西部是餐厅，东部是交谊室(小礼堂)。餐厅提供中、西餐，食物价格便宜但精美时尚，颇受宾客欢迎，上海的中、上层人士常在此举办婚礼。十楼是厨房和国术厅。大楼东侧有500平方米的空地，原定建造健身房、室内球场和游泳池，后因一·二八事变爆发而停建。1938年，建成临时健身房，可进行各类球类、拳击训练及比赛。1958年起，中华基督教青年会、女青年会全国协会和上海基督教青年会、女青年会4个团体在八仙桥青年会大楼联

八仙桥青年会大楼

青年会大楼内举行的婚礼

合办公。1982年，大楼由锦江饭店投资修建并经营管理。后青年会机构迁出。该大楼现为上海锦江集团下属的四星级上海商悦青年会大酒店。

2．有志青年的活动重地

1931年八仙桥青年会大楼建成后，在教会开明人士和教外进步人士的推波助澜下，逐渐成为青年们进行学术讨论、举办集会和进行爱国活动的重要场所。青年会非常重视演讲和讨论，在其创办之初，即从演讲入手，中外干事们用先进的科学实验、时髦的实物演示、直观的幻灯片等边演边讲，吸引了众多青少年。演讲内容大多是介绍西文新知识，包括天文、地理、科学技术、各国历史、宪法、政治等。每周六19点半，在八仙桥青年会大楼会举行例行演讲，内容广泛。鲁迅曾多次应邀前来演讲，孙科、蔡元培、张君劢等也在此作过演讲。1933年3月14日是马克思逝世50周年，著名学者蔡元培、章乃器、黄炎培、陈望道、陶行知、叶恭绰、李公朴等人发起在八仙桥青年会大楼举办“科学的社会主义讲座”。14日晚，蔡元培讲“科学的社会主义概论”，章乃器讲“科学的社会主义经济”；15日晚，李石岑讲“科学的社会主义哲学”，陈望道讲“科学的社会主义文学”。共有100余人参加讲座。1942年，在日伪不准成立组织的情况下，“星六座谈会”在八仙桥青年会大楼成立，选举产生了理事和正副理事长，成员大多是工商业人士。他们根据会员需求，聘请演讲者，也组织专题讨论。上海解放的第二天，座谈主题就是“新民主主义”。

中国新兴木刻版画的发展也与八仙桥青年会大楼有着千丝万缕的联系，1932年6月下旬，春地美术研究所在此举办美术展览会，展品有木刻、国画、油画等，同时还展出鲁迅收藏的德国版画；1936年，中苏文化协会与中国美术会联合举办的“苏联版画展览会”于

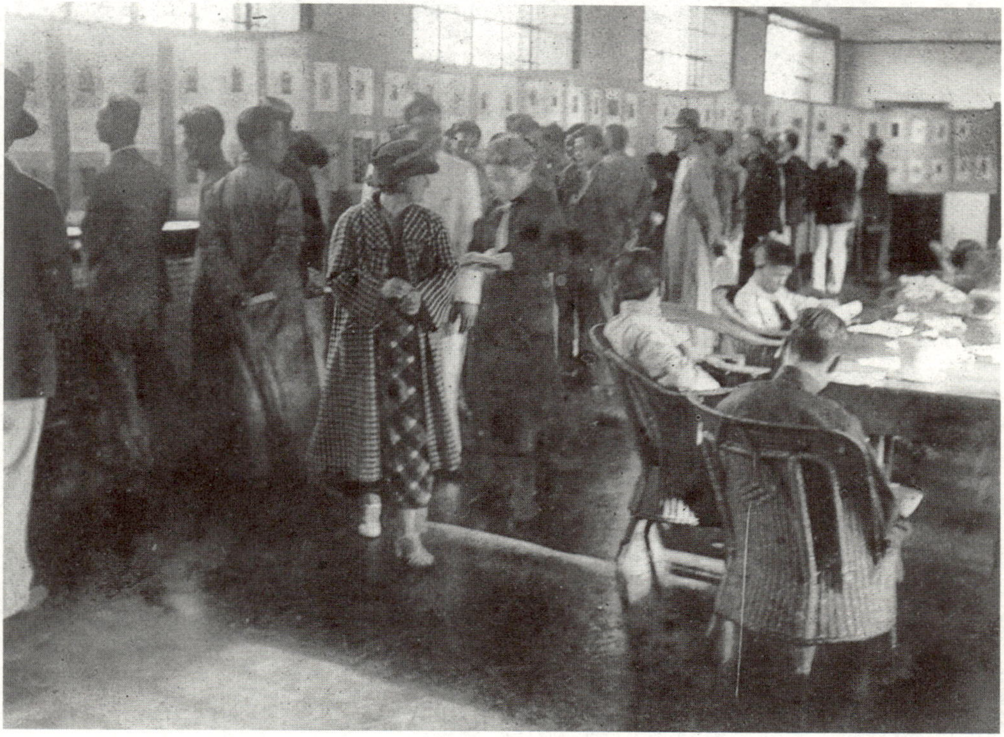

第二回全国木刻流动展览会(1936)

鲁迅在八仙桥青年会全国木刻展中与青年座谈

1月在南京开幕后，2月21日移至八仙桥青年会大楼九楼继续展出；同年10月，“第二回全国木刻流动展览会”从广州移展于八仙桥青年会大楼九楼。

在1936年10月2～8日，“第二回全国木刻流动展览会”中，鲁迅于10月8日抱病前来参观展览，这是鲁迅在公开场合的最后一次活动。鲁迅一边看展览，一边询问木刻工作者的工作、生活和学习情况，并对作品提出具体意见。曹白等木刻家和一群木刻爱好者跟在鲁迅身后，他们边听鲁迅评论这些木刻作品，边插话提问。之后，大家又围着鲁迅坐下进行交流。鲁迅对大家说道：“刻木刻最要紧的是素描基础打得好！作者必要天天到外面或室内练习速写才有进步，到外面去速写，是最有益的，不拘甚么题材，碰见就写，写到对方一变动了原来的姿态时就停笔。现代中国木刻家，大多数对于人物的素描基础是不够的，这样，很容易看得出来，以后希望各作者多努力于这一方面。又若作者的社会阅历不深，观察不够，那也是无法创造出伟大的艺术品来的。又艺术应该真实，作者故意把对象歪曲，是不应该的。故对于任何事物，必要观察准确、透澈，才好下笔，农民是纯厚的，假若偏要把他们涂上满面血污，那是矫揉造作，与事实不符。”青年摄影家沙飞用相机拍下了鲁迅和木刻工作者谈话的场景，这是鲁迅生前最后的影像，11天后鲁迅溘然长逝。

沙飞在《鲁迅先生在全国木刻展会场里》一文中写道：“最后的一天——10月8日，12时半，我去食客饭，饭后赶回会场，不料鲁迅先生早已到了。他自今夏病过后，现在还未恢复，瘦得颇可以，可是他却十分兴奋地、很快乐地在批评作品的好坏。他活像一位母亲，年青的木刻作家把他包围起来，细听他的话，我也快乐极了，乘机偷偷地拍了一张照片。昨天来过的那个女记者和两位美国人一同来选画，她早已认得鲁迅的，一见面就很亲热地握手，然后再坐下来谈话，这时我又焦急起来了，站到他们的对方又偷摄了这一幕，因为这是难得的机会啊。鲁迅先生徘徊了好些时候才走，给人们与一个极亲的印象。”

此外，八仙桥青年会会所还经常开展体育活动，举办音乐会、美术展览会，组织戏剧演出，曾举办“晨友杯”篮球赛、七国拳王争霸赛、男子健美赛、第一届全国运动会等。

1944年6月7日，由现代体育馆、上海健身学院和上海基督教青年会体育部联合发起的“上海男子健美比赛”在八仙桥青年会礼堂举办，20余名选手参加，按身高分为甲、乙、

周有光、张允和结婚照，他们在青年会大楼举办婚礼

沙　飞

赵竹光

丙三组。上海健身学院创办者赵竹光、曾维琪和著名雕塑家张充仁等5人担任裁判。这是中国第一次健美比赛。最终，现代体育馆学员柳颙庵取得冠军，荣获“上海先生”称号。

1946年秋，孔祥熙在八仙桥青年会大楼举办中、苏、意、葡、菲等七国拳击赛。出身精武会门、有“南拳王”之称的周士彬一路过关斩将进入决赛。周士彬与号称“大力士”的白俄选手巴利克夫的冠军争夺赛引起万众瞩目。前两个回合，巴利克夫自恃身粗力大，步步紧逼，周士彬采用闪、展、腾、挪的战术躲开对方的袭击，消耗对方的体力。到第三个回合，巴利克夫已气喘吁吁、大汗淋漓。这时，周士彬主动出击，两拳左右开弓，巴利克夫双手护头，被迫退到台角。随着周士彬一记漂亮而有力的勾拳，曾傲慢的“大力士”瘫倒在绳圈里。24岁的周士彬登上冠军宝座，从此风靡国内外拳坛。

1946年9月2日晚，美国重量级拳击冠军、“黑狮”鲁塞尔会战中国国术名手蔡龙云，比赛在八仙桥青年会大楼内进行。鲁塞尔身材高大粗壮，肤色黑亮，头发弯曲，犹如一头凶猛的“黑狮”。交战中，鲁塞尔接连发出直拳、摆拳。蔡龙云则采用贴身近打的战术，顺势发招，连胜三个回合。第四个回合，鲁塞尔孤注一掷，凶狠直扑。蔡龙云施展出“闪电连环”拳法，先用双拳痛打对方的两腮，乘其踉跄之际，抄拳直捣其胃下。鲁塞尔惨叫一声，倒在地上，彻底认输。

(1)周士彬

周士彬(1923～2007)，江苏宜兴人，拳击界一代宗师、“亚洲毒蛇”郑吉常的弟子，曾被世人称为“南拳王”。周士彬自幼家境贫寒，从宜兴来到上海后，一直在永安公司打工谋生。1939年，一个偶然的机会让他进入上海精武体育总会。在那里，他学过拳击、体操、武术、举重和摔跤。1941年，他首次迎战外国拳手彼得罗夫，仅用两个回合就击倒对方。1946年，在七国拳击赛中取得冠军，一战成名。令人遗憾的是，周士彬虽然为中华民族争了光，但他的生活却穷困潦倒。1948年的第七届全国运动会上，周士彬再次获得冠军，但因营养不良、比赛中体力消耗过大，昏倒在休息室里，后被送进广慈医院急救。1951年，周士彬毕业于上海东亚体育专科学校，先后在华东师范大学、上海体育学院任教。1958年，由于政治运动和拳击伤人事件，拳击遭遇全面禁止，周士彬开始转为指导摔跤和柔道运动。1979年，拳王阿里首次访华后，中国拳击开始“解冻”。1985年，阿里再次访华，在上海与周士彬切磋，赛后连呼周士彬为中国拳击大师。1986年，中国拳击正式解禁，拳

周士彬(1946)

蔡龙云击倒鲁塞尔

击比赛重返人们的视野，周士彬重新回到拳击界，从事裁判员、教练员等工作。除拳击外，周士彬还潜心研究中国式摔跤运动，多次在国内外开设学习班，为中国式摔跤运动在国际上的推广做出了杰出贡献。2007年，周士彬在江苏泰州筹办第五届中国式摔跤国际邀请赛期间病故。周士彬生前担任过中国摔跤协会委员，中国柔道协会副主席副主席，上海市拳击、摔跤协会副主席，上海市政协委员等职，著有《现代拳击》、《现代柔道》等多部著作。

(2)蔡龙云

蔡龙云(1928～2015)，山东济宁人，我国著名武术技击家、理论家、教育家，中国武术九段，武术国际级裁判员。蔡龙云出生于武术世家，其父蔡桂勤、叔父蔡桂俭都是近代著名的武术家。受家庭熏陶，蔡龙云自幼习武，擅长华拳，也精于少林、太极、形意等拳，尤精技击，其拳法“动如本獭，静如潜鱼，进如风雨，退若山岳”。20世纪40年代，蔡龙云在上海与外国拳击家比赛，先后以中国拳法打败俄国拳击家马索洛夫、美国重量级拳击冠军鲁塞尔，被人们誉为“神拳大龙”。1953年，在全国民族形式体育竞赛暨表演大会上获“优秀奖”。1954年，入选国家队。1957～1960年，在国家体委与其他同志一起担任了武术整理研究工作。1960年1月，担任上海体育学院武术教研室负责人。蔡龙云还曾担任国家体委武术研究院副院长、中国武术协会副主席、全国政协委员等职，著有《武术运动基本训练》、《华拳》、《五路查拳》、《剑术》、《少林寺拳棒阐宗》等多部著作，编写了我国第一部《武术竞赛规则》和体育院校通用教材。2015年12月19日，因病在上海逝

周士彬(前排左一)与教练(后排中)合影(1946)

世，享年87岁。

3. 青年会里的爱国活动

八仙桥青年会大楼建成不久，即发生了一·二八事变。青年会成立了学生国难急救会，开展救济、宣传、慰问活动，选派学生为伤兵写信；组织战地救护队，将难民救出战区；成立学生救济会，筹款救济落难学生；将青年会大楼改作难民收容所，收容了2000多人；设立战时大学，收留了100多名学生，使他们能继续学业。三个月后，大楼才得以恢复常态。

抗日战争时期，上海租界成为孤岛，许多爱国活动受到一定限制，而八仙桥青年会会所此时则发挥了更大作用。青年会出面举办各种文学、社会科学、戏剧讲座和讲习班；所

1956年蔡龙云(左四)赴京参加武术表演大会评判工作留影及其《武术运动基本训练》、《少林寺拳棒阐宗》

属的学生团体在教会学校中以一种宗教组织——“团契”的名义出现，通过读书会、歌唱会、剧社、刊物等活动促进共同学习，并吸收校外青年参加。青年会全国协会干事刘良模在八仙桥青年会大楼举办民众歌咏会，教唱抗日救亡歌曲，并要求他们学会后转教别人，以歌声激发军民的抗日激情。七七事变后不久，青年会成立了127人组成的“上海基督教青年会战时服务团”。

八一三战役开始后，青年会征集军用棉背心慰问前线官兵，并派人到伤兵医院为伤兵服务。1937年8月16日，中国海军官兵在黄浦江向日本战舰发射鱼雷后，潜入租界，入住八仙桥青年会会所宿舍，1个多月后才辗转返回部队。此外，青年会还开设了7个收容所，收容难民26 000余人。1937年10月，经上海青年会董事、沪江大学校长刘湛恩提议，上海男女青年联合会发起组织学习救济委员会，在国内外募捐，接待流亡到沪的大学生，为他们提供工读学额、学生经济宿舍和旅费津贴。1945年1月，鉴于敌伪统治下上海学生普遍生活困难和失学严重，上海基督教青年会、女青年会和《申报》、《新闻

八仙桥青年会义卖

八仙桥青年会义卖(复旦大学)

八仙桥青年会义卖(沪江大学)

八仙桥青年会义卖(启秀女中)

报》两报社会服务栏联合举办“救济失学义卖市场”，并将此消息在报上刊出，目标定为1 000万元。这一活动得到社会各界的广泛响应和中共地下党的全力支持与推动。2月15～16日，“救济失学义卖市场”如期在八仙桥青年会大楼举行，《申报》、《新闻报》都对活动进行了报道。两天义卖中，直接参加义卖市场从事“售货员”、“招待员”等服务工作的同学有1 000余人，到义卖市场的顾客包括学生和各界人士则有十几万人。两日义卖，共得捐款1987万元，超过原定目标一倍半。这笔捐款捐给《新闻报》“贷学金”500万元，《申报》“助学金”500万元，《申报》社会服务栏“义学金”100万元，青年会、女青年会救济失学工作补助费各300万元，余款287万元及全部剩余物品均捐赠给青年会、女青年会作为举办学生福利事业之用。4月2–3日，青年会、女青年会又在八仙桥青年会大楼举办一次“廉价市场”，以处理义卖中的剩余物品。买卖中规定用现金交易，货价比市价便宜2～5成，很快物品被销售一空，得款751万元。“救济失学义卖市场”活动使青年会的社会服务工作呈现生机，也使沉寂一时的学生运动重趋活跃，成为抗日战争后期上海学生运动的一个转折点。

第三节 文化名人、团体

1. 吴湖帆

吴湖帆(1894～1968)，江苏苏州人，现代书画家、鉴赏家、词人，清代书画家、金石学家吴大澂嗣孙，久居上海。早年受家学熏陶，酷爱艺术。13岁起学画，初从“四王”、董其昌入手，继而上探五代、两宋以及元明诸家。他既悉心观摩家藏历代名迹，又游遍名山大川，把师古人和师造化结合起来，从而不仅能得心应手运用传统技法，更有发展与创造，在艺术上形成缜丽丰腴、清隽明润的独特风格。他作画以山水为主，兼及竹石、花卉等题材。其山水画寓苍润于秀雅，寓涵劲峭于艳丽，深沉而不闷，俏丽而不轻浮，雅俗共赏。对于吴湖帆的绘画技艺，张大千向来十分欣赏，在他看来，论才学、地位、修养、画艺，吴湖帆可真正称得上传统文人画家。吴湖帆在书法方面精于楷、行，清新洒脱，刚劲中有妩媚之姿。得藏米芾《多景楼诗卷》后，又研习米字。晚年喜作草书，气势俊发。1924年，吴湖帆从苏州来沪，居住于嵩山路88号，与陈子清合办书画事务所，著名的“梅景书屋”是吴湖帆的斋名，王季迁、宋梅村、陆抑非等先后拜师入室于梅景书屋。同时，他的鉴赏水平首屈一指，其收藏于梅景书屋的藏品以品种丰富且精品较多而闻名遐迩。

吴湖帆

吴湖帆为人和善，谈吐风趣，因而他的梅景书屋经常高朋满座。他喜欢与老朋友谈艺聊天，也喜欢和自食其力的老百姓交往，但对于一些市侩气较重的人则不理不睬。晚年，吴湖帆因病丧失说话能力，“文化大革命”中亦遭到批斗。1968年，病中的吴湖帆自己拔掉治疗所用的插管导管，饮恨而终。吴湖帆生前曾担任上海市文物保管委员会委员、中国美术家协会上海分会副主席、上海市文联委员会委员、上海中国画院画师、上海市文史馆馆员、上海中国书法篆刻研究会会员、西泠印社社员、苏州市文管会顾问等职。作品结集出版的有《梅景书屋画集》、《梅景画笈》(二册)、《吴氏书画集》、《吴湖帆画辑》等。

吴湖帆四季山水图

2. 冯超然

冯超然（1882～1954)，名迥，号涤舸，晚号慎得。原籍江苏常州，生于松江。辛亥革命后来沪，居住于嵩山路90号，以卖画为生，别号“嵩山居士”，室名“嵩山草堂”。冯超然早年精绘仕女，笔墨醇雅；晚年专绘山水，极具秀逸之气。代表作有《仕女捧桃图》、《岁寒图》等，传世之作《李营邱寒林雪霁图》是其绘画生涯中耗时最长的一件作品，堪称其学古变革的代表作品。20世纪30−40年代，与吴湖帆、吴待秋、吴子深在上海画坛并称为“三吴一冯”。

冯超然秉性淡泊，不受名利约束，喜欢交友，曾与年长38岁的大画家吴昌硕结为忘年之交。嵩山草堂当年高悬两幅屏条——“园天出水”“方舟艺华”，均出自吴昌硕亲笔。昆曲大师俞

青年时期的冯超然

冯超然

振飞、评弹名家杨振雄经常登门求教，杨振雄在唱腔中吸收不少昆腔神韵，这与他们同在嵩山草堂聚首切磋有直接关系。在冯超然门下，曾培养出陆俨少、郑慕康、汤义方等著名画家。冯超然出版作品集有《冯超然临严香府山水册》、《冯涤舸画集》等。

20世纪30－40年代，“三吴一冯”蜚声海上画坛。巧合的是，冯超然和“三吴”之一吴湖帆住在嵩山路同一弄堂内，嵩山草堂与梅景书屋只相隔几步，两位主人也相交融洽。1927年，年仅19岁的陆俨少拜冯超然为师，冯超然对其第一句告诫即：“学画不可名利心太重，要有殉道精神，终身以之”。在老师的提点和自身努力下，陆俨少的文学修养与绘画技艺都颇为高超，颇得冯超然钟爱。为使高徒有更好发展，冯超然经常鼓励陆俨少多去吴湖帆家中，可以多看到一点东西、多学到一点东西。在老师的鼓励下，陆俨少在解放初到上海中国画院成立前的一段时间差不多天天下午要到吴家论画看画。吴湖帆也很喜欢这位颇具资质的后辈，一度有意收其为弟子，但顾及冯超然的感情，当时并未名正言顺地收陆为正式弟子，但时常给予其绘画技艺上的指点。一天，陆俨少带来自画大开册十幅请

冯超然作品

吴湖帆指点，并告知准备画满百幅。这十幅构图章法各异，吴湖帆一一细观，连声说好，并鼓励陆俨少一定要完成百幅，可成就一件代表作品。“文化大革命”前夕，吴湖帆还与陆俨少、俞子才合作，完成一幅四尺直幅山水画准备送给毛主席，但因“文化大革命”开始而作罢。陆俨少最终成为中国画坛的山水画艺术大师，与冯超然、吴湖帆两位画坛前辈的悉心指点是分不开的。

3. 《大世界报》

1917年7月1日创刊，由大世界游乐场发行。创办人黄楚九，总编辑刘青，孙玉声主持编务。该报日出4开4版一张，1版专登“大世界”各剧场及游乐场的剧目、节目广告，总其名曰“大世界俱乐部一览表”；4版登载外地来沪剧团的广告和奖券号码；2、3版为专论、文艺、图画版，分设“言论世界”、“新闻世界”、“十洲世界”、“交通世界”、“鸿泥世界”、“未来世界”、“香艳世界”、“优孟世界”、“寓言世界”、“散花世界”等栏目。《大世界报》以短小精悍的时评、各种体裁的文学作品、世界各地的风俗民情和漫画插图等特色在上海小报界独树一帜。该报时评言论尖锐泼辣，常针对重大社会事件，一事一议。文学作品占全报主要版面，其中小说、诗词、笔记、戏剧评论尤为突出。《大世界报》所创的将时事、文学、娱乐和商业融为一体的报纸体例，为当时各个大型游乐场所仿效，与郑正秋主持的《新世界报》一起，在全国新闻界率先兴起了“游乐场报”这一报种。当时一批艺人如孟小冬、碧云霞、盖叫天、施银花、姚水娟、杂技世界潘家班等，都先后在这份游乐场报上崭露头角，并逐渐被广大观众所熟悉，成为一代剧种的艺术代表。

该报于1931年夏停刊。它是同类报中出版时间最长、影响最大的报纸，发行时间长达14年。作为20世纪初期上海商业繁荣发展的产物，在上海报业史上具有一定地位。

孙玉声(1863～1939)，名家振，字玉声，上海人，别号“海上漱石生”、“警梦痴仙”。孙玉声出身于官宦家庭，很小即开蒙读书，文学修养很高。曾迷恋京戏，经常出入于三雅、南丹桂、丹桂、金桂等当时著名茶园听戏。光绪十九年(1893)《新闻报》创刊，孙玉声因既通旧学又谙市民心理，被办报的英商丹福士聘为编辑部主笔。当时新闻界前辈王韬正在《申报》总持笔政，孙经常向其请教。光绪二十四年(1898)7月，孙玉声与吴趼人合作创办《采风报》。该报以民间风俗、轶事、百业掌故为主，很受市民读者欢迎。光绪二十六年(1900)孙玉声脱离《新闻报》，于次年3月独立创办《笑林报》。光绪三十一年(1905)起担任《申报》本埠新闻编辑两年有余，此后又陆续担任过《时事新报》、《舆论时事报》、《图画日报》、《图画旬报》的总编辑。宣统元年(1909)后，孙玉声一度离开报界，以写小说为职业。1915年后，又自办或主编过《新世界报》、《大世界报》、《繁华杂志》、《梨园公报》、《七天》、《俱乐部》等报刊，被称为“报界耆宿”。《大世界报》停刊后，孙玉声离开报界，此后仍在报纸上发表一些文章，如《报海前尘录》等。另外，他还曾热衷于开办戏院，经营过歌舞台、新新舞台、乾坤大剧场；文明戏盛行期间，开办过启明新剧社。同时，作为清末民国初期有影响的旧派小说家，孙玉声一生所作小说不下十余种，其中以宣统元年(1909)刊行的《海上繁华梦》最为著名。1937年后，

孙玉声

他闭户寓于“退醒庐”，别号“退醒庐主人”。期间，日军和汪伪政府曾多次诱其合作，均遭拒绝。他在临终前作诗一首，题为《有家归不得》，表达了他的爱国热忱。

4. 上海漫画界救亡协会

1937年8月初，在上海的中华全国漫画作家协会创立上海漫画界救亡协会，负责人为鲁少飞，成员有丁聪、叶浅予、王敦庆、张乐平、张正宇、张光宇、汪子美、华君武、蔡若虹、盛特伟、陶谋基、张文元、高龙生、张仃、万籁鸣、董天野、黄嘉音、黄尧、江敉、窦宗洛、廖冰兄、陆志庠、黄苗子、胡考、江栋良、朱金楼、沈振黄、陶今也、陈烟桥、沈逸千、张严、张英超等。会址设于霞飞路240号上海时代图书公司。该会成立后就树起鲜明的抗日漫画旗帜，9月20日创刊的《救亡漫画》五日刊，一直出刊至上海沦陷前夕。上海漫画界救亡协会在撤离上海前组织了抗日漫画宣传队，叶浅予任队长，队员有张乐平、胡考、盛特伟等8人，于9月从上海出发，途经镇江、南京、武汉、长沙、桂林、上饶、金华、重庆等地开展抗日漫画创作和宣传活动，并创办《抗战漫画》半月刊，参与编辑《日寇暴行实录》、《国家总动员画报》三日刊和对外宣传抗日的《今日中国》(*China Today*)。

第七章 五方杂处的市井生活

旧时的八仙桥区片五方杂处，良莠共存，是多元文化对撞与共融之地，是上海近代城市发展的缩影和窗口。这里的面积仅相当于如今申城中心城区的一个街道，但是，它却多方面地向世人证明了其典型的移民区域特质。租界的存在、区域本身的发展、小刀会起义及太平天国战乱等特殊社会背景的影响，促使大批国内移民流入该区片，国外侨民则更多以行政管理者、艺术家或商人等身份在此工作或生活。华人多半保留着自己的传统生活，外侨则带来了西方的生活方式和理念，来自不同国度、不同地区的人们求同存异，促进了八仙桥区片的繁荣和发展。

五方杂处的社会环境，也使八仙桥区片更具复杂性。就地域范围而言，这里是法租界、公共租界和华界三足鼎立之地，当局与当局之间、当局与民众之间，互相牵制。这里既是同盟会江苏分会的驻地，无数革命志士在此为革命奔走呼号，同时也是黑帮人物的老巢，他们在这里作威作福数十年之久。从社会发展角度看，这里有代表着西方民主与科学的教会学校和基督

1909年的一次公共社交活动

教青年会，它们传递着知识，提高了国人的素质，也拯救着国民的灵魂。同时，代表西方最卑劣行径的毒品交易、赌博活动也在这里大行其道，不但贪婪地吞食损伤着国人的财富和健康，更肆意侵蚀、麻木了国人自强不息、厚德载物的民族精神。从公共娱乐业发展角度讲，八仙桥区片的繁荣很大程度上依赖于公共娱乐业的蓬勃发展。1917年以来，这里相继涌现出大世界游乐场、恩派亚大戏院、黄金大戏院、南京大戏院、恒雅戏院等娱乐场所。西风日盛下，全世界最新潮的事物，好的坏的，一古脑儿地涌入了八仙桥区片。作为城市繁荣标志的娱乐业成就了这里的繁华，也带来了藏污纳垢的后果。无论是传统的茶室、说书场，还是新兴的戏院、游乐场，三教九流混迹其中，往往成为犯罪滋生地。

租界警察(1939)

民国初年的法国小学

第一节 华人的传统生活

1. 商居交融

八仙桥区片的主要民居类型是石库门房屋。由石库门房屋形成的各式里弄因单位面积内能容纳相对更多的居住人群，使此地居民密集，其中以华人居民为主。他们背景各异，来自各行各业。里弄生活的混杂不仅表现在居民身份的形形色色，还表现在人们将居住和各种商业活动融为一体。商居交融，正是“八仙桥”居民里弄生活之特色。里弄小区的第一排房子面向马路，具备了经营生意的基本条件，许多店肆开在这里，比如华格臬路的15家参行药行及6家诊所、坟山路小吃摊集中地及片衣衬头商店和维尔蒙路的杂货、典当店等。这儿的命相馆也特别多，还有别处很少见到的荐头店与贳器店。所谓荐头店就是女佣介绍所，贳器店则租售婚丧用品。比较典型的里弄如八仙坊，弄外沿街商店房屋28幢，汽车行、米行、煤油行、药行、贳器店、五金号、酒行、竹器店、绸布庄等均沿街而设，类型繁多，可满足弄内外居民基本生活所需。同时弄内房屋底层也多开设商行字号，各类商店散布于民居之中，居民也以小商小贩及唱戏、表演魔术或口技的艺人为主，因大多生活贫困，使附近衍生出6家典当行。

除固定店肆外，在各式里弄内还常常混杂着各种商业活动。在居民区出售食品是最常见的弄堂生意，还有许多商贩在弄堂内卖报、卖花、卖针头线脑、收购破旧物品、修鞋

街头小人书摊

卖五香豆腐干的小贩，五香豆腐干是上海市民爱吃的零食

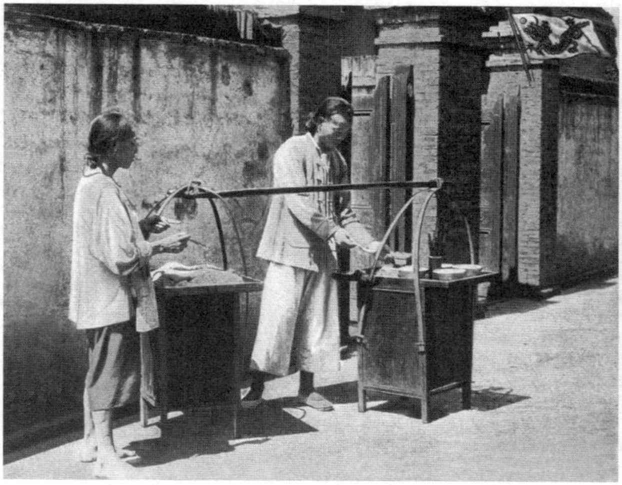

街头凉面滩

街头小吃

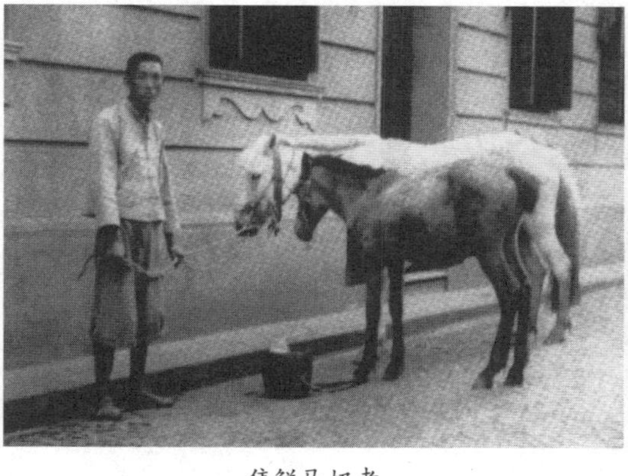

售鲜马奶者

油豆腐线粉摊

和雨伞等。各类摊贩也是常见的，有街角或弄堂口的剃头摊；适合孩子们的特色服务——弄堂里的书摊；为妇女所独占的缝穷婆等。在弄堂里还经常可见手持草包来收购“龙头渣”的人。“龙头渣”是富裕人家吸剩的鸦片残渣，收购后可卖给上海的下层穷人如黄包车夫、苦力、乞丐及其他因贫穷买不起正规毒品的瘾君子再次煎煮吸食。另外，在人口密集的八仙桥菜场周围则零星分散着一些小菜场，这些菜场位于靠近居民区的后街，由竹片搭建成简易棚屋供菜贩摆摊所用。

卖菜的小商贩

在里弄里吆喝的小贩

2. 传统信仰

国之重典，在祀与戎，对祖先和神明的敬仰、慎终追远的思想，一直是中国人悠远的传统，八仙桥区片的民众亦是如此。石库门里弄的居民们在自家房子的客堂间或厢房里放上一张香烛台和几尊佛像，就成了一间佛堂，可以供人们礼仪俱全地上香祭拜，进行各类佛事。除此之外，也有正规的寺庙供人们朝拜。

国恩寺在八仙桥公墓(外国坟山)侧门对面、爱来格路口(普安路175号)，是沪上名刹之一，其址原为桂香庵。光绪七年(1881)，普陀山紫竹林僧智参来此，募集善款以建福莲禅院。光绪二十五年(1899)，禅院向清政府请得《龙藏》一部，计7000余卷，并奉敕改名“国恩寺”。后陆续改扩建各堂各殿，兴建大殿、禅堂、念经堂、云水堂、藏经楼、转轮殿等。扩建后，国恩寺共有房屋116间，正门朝南，有特大庭院。大雄宝殿内供奉的释迦牟尼佛，高达2.8丈。后殿有13间藏经楼，内有稀世珍宝——《龙藏》经书。晚上八时到十时，有专人撞钟，钟声洪亮悠远。国恩寺佛事繁忙，香火旺盛，庙殿建筑虽不算宏伟，却是旧上海屈指可数的大刹，和与之相距不远的法藏讲寺齐名。每逢望、朔及佛诞之日，信众们蜂涌而至，蔚为壮观。国恩寺的僧侣也常行善举。1937年八一三战役中，国恩寺设难民收容所，僧众参加僧侣掩埋队，收集掩埋牺牲的抗日官兵和被残杀的中国居民，和法藏讲寺同道掩埋尸体1万余具。1956年，国恩寺停止佛事。1958年后，房屋由上海玩具七厂使用。1971年、1976年，庙宇被拆除。

新城隍庙

新城隍庙位于吕宋路(连云路)42号，临近八仙桥区片西侧。抗战前，这里是一片空地。1937年底上海沦陷后，南市处于日军控制下，租界内的善男信女到位于南市的城隍庙烧香还愿很不安全。明星影片公司导演张石川、中央大戏院经理卞毓英等集股筹资，在吕宋路西侧租地造房，建造新的城隍庙。1941年秋动工兴建，至农历除夕(1942年2月14日)初步建成。该庙初时规模较小，仅神殿一楹。为了赶在除夕前竣工，来不及雕塑神像，就从南市的城隍庙移借了小型城隍神像一尊，其他判官鬼役则由画匠直接在神殿墙壁上绘像后设案供奉。1942年农历新年城隍“开光”，香客、游人络绎不绝，为一时之盛。从此人们称这个新建的城隍庙为“新城隍庙”，称南市的城隍庙为“老城隍庙”。数月后，补塑神像100多尊，城隍殿始具规模。当时有庙祝一人，杂役七八人。1942~1945年是新城隍庙最旺盛时期。抗战胜利后，老城隍庙香火再度兴旺，这里渐趋冷落。1956年，新城隍庙停止香火，大殿改作玩具工场。1972年，庙宇和周边商场全部被拆除，新建了四排五层楼的居民住宅。

八仙桥区片及周边宗教场所一览表(1947)

名称	教别	负责人	地址
国恩寺	佛教	慧池	普安路239号
水仙客分院(尼姑庵)	佛教	月池	寿宁路
新城隍庙	道教	不详	连云路42号
紫竹林宫	道教	于清泉	柳林路福庆里
清虚观	道教	玉虚	中正东路850号
凌云道院	道教	不详	云南南路147号

3. 慈善组织

清嘉庆五年(1800)以后，地方士绅创办慈善事业之风渐盛，团体数增多，特别是上海开埠后数量激增。慈善活动主要包括扶危救困、戒毒和救灾等，或全部免费，或收取少量费用。八仙桥区片及周边长期有这样的慈善组织。创立于光绪十四年(1888)的普济善局(原名普志善局)，位于八仙桥余庆里，主要慈善活动包括冬施衣米、夏施医药。此外，作为同乡组织的四明公所也在爱来格路、维尔蒙路开展赈施救济、代运灵柩等慈善事业。成立于咸丰五年(1855)的同仁辅元堂(位于老城厢)，于同治元年(1862)在法租界临近八仙桥区片的宁波路(今淮海东路6号)设立同仁分局，1873年更名为同仁辅元堂分堂。同仁辅元堂是上海早期的慈善团体，影响力较大，王韬在《瀛壖杂志》一书曾称："沪上善堂林立，而推同仁辅元为巨擘。"其在宁波路设立的分堂活动内容包括恤寡赡老、施药、济急、救生、救火、施舍棉衣、发放流民口粮、施棺，兼办义学，从事清除垃圾及开凿公井

20世纪20年代的同仁辅元堂

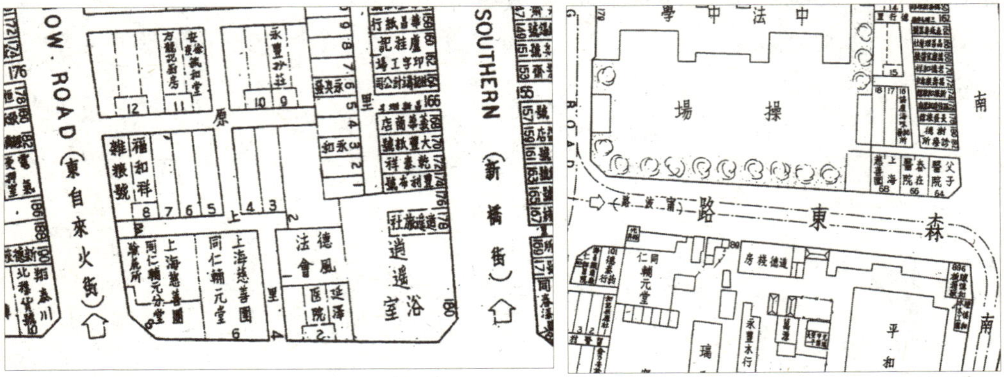

《行号路图录》里的同仁辅元堂位置

等社会公益活动。1912年10月16日，上海市政厅决议，将各善团堂所办善举事宜移入同仁辅元堂合办，以同仁辅元堂为总事务所，组成上海慈善团。1937年，同仁辅元堂总堂移至宁波路分堂处，同时成为上海慈善团所在地。上海慈善团在八仙桥区片的林森东路68号(近云南南路)设有办事点。

4. 中医汇集

曾经的八仙桥区片不仅是上海的商业中心，也是重要的医药集中地。清末民初，中医盛行，一些医术精湛、医德高尚的中医到八仙桥区片坐诊济世，服务民众。其中，针灸名医尤为聚集，几乎每隔数家店铺便有一家针灸诊所。上海两大针灸名医陆瘦燕和杨永璇当时就曾设诊于同一条弄堂即恺自尔路112弄内，两诊所间仅两三户之隔。陆瘦燕被誉为“针坛之光”，是“陆氏针灸”的创始人；杨永璇被比作“医林孺子牛”，是“杨氏针灸”的创始人。两派针法各有特色，均蜚声沪上。除名医外，在八仙桥区片还有其成立时我国唯一的一家以中医为主的医院——四明医院(今曙光医院)。四明医院由宁波旅沪同胞会馆——四明公所创办，其最初目的主要为贫苦的甬籍同乡提供医疗服务，因而所订立的门诊及住院等费用标准均较低，为广大平民所称道。

(1)四明医院

光绪三十二年(1906)四明公所创设四明医院，初址位于八仙桥区片的宁寿里，仅有几间旧式病房。1922年，四明公所募款建屋于爱来格路(今桃源路)，成立新的四明医院。当时，四明公所在爱来格路拥有荒地40亩，原为义冢地和放生池。为建造医院，董事会从这里拨地10亩作为四明医院用地，建成两栋新式楼房。初办时设内科、伤外科、妇产科、小儿科，未设病房。有中医约10人，西医4人。除专业医生外，还聘请了部分私人开业医生，不定期来院坐诊。另有一位天主教嬷嬷每周来院一次，作义务施医。筹建四明医院的经费及日常运营经费，除董事资助外，还向外界募捐部分。建院时，院长由四明公所董事长朱葆三兼任，负责医务

朱葆三

四明医院

四明医院正门

的是吕苍山，总务由四明公所调用。医院门诊挂号每人仅收铜元四枚，对穷困贫民则免挂号费、免费给药。不久，医院设立100只病床的病房，收费标准分为四等，住最末等病床的人，若无力缴费，可以豁免住院费并免费给药。后来，方椒伯继朱葆三任院长，四明公所又拔出一笔款，给四明医院扩充病床，增加专业医务人员和行政人员，改善医疗设施。1931年，方椒伯辞去院长职务，医务主任戎明士升任院长，从此院长一职就由资深中医担任。1932年一·二八事变爆发后，为充实战时上海的医疗救护力量，四明医院将医院的一部分让出，辟作伤兵医院。1941年，宁波名医吴涵秋受邀担任院长。他任院长后，主张在中医领域内洋为中用，运用更为科学的方法对病人治疗和用药，要求做到简单易行、见效迅速。同时，他将医院病床增加至200张，相应增加了西医。1946年间，四明医院医理董事蒉延芳曾四处奔走，争取到一批医疗器械和救济物资拨给四明医院，使医院医疗设施有所充实和改善。解放后，中医中药受到各方面重视，四明医院被人民政府接收，发展成为中医特色显著的曙光医院。

(2)陆瘦燕

陆瘦燕(1909～1969)，嘉定人，本名李昌，后出嗣陆门，改名为陆瘦燕。生父李培卿，医术高超，有“神针”美誉。陆瘦燕自幼耳濡目染其父针灸治病救人的奇效，立志继承父业，悬壶济世。18岁到上海通过医学会考试，1927年在上海南市和昆山南街分别设立诊所。1929年定居沪上，设诊所于八仙桥区片恺自尔路福德里(今金陵中路112弄5号)。1943年，他与同为中医师的朱汝功结为伉俪。两人最初分开设诊，后由于诊务扩大，至

陆瘦燕

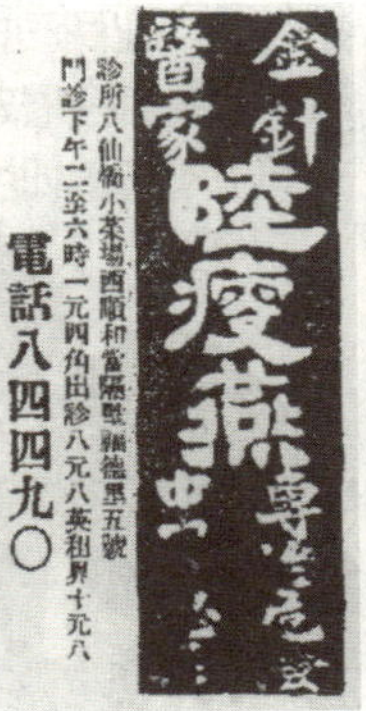

陆瘦燕医师广告

20世纪50年代，患者在陆瘦燕诊所前排队挂号的盛况

50年代，两人诊所合二为一，重新开业于金陵中路119号，诊室名为“陆瘦燕针灸”，夫妇二人分上、下午分别坐诊。病患以各类风湿痹症及内科杂病居多，还有一些精神病、麻风病等疑难杂症。在治疗过程中，陆瘦燕吸收了现代隔离消毒方法，率先在私人诊所采用暴露体表部位酒精棉球进行皮肤消毒然后进针的方法，改变了自古沿袭的隔衣进针的操作方法，在业内实属改革之举。由于陆瘦燕夫妇医术高明、医德高尚，慕名前来求医者络绎不绝。陆瘦燕蜚声海上，曾被香港《大公报》封为“针灸大王”。1948年，陆瘦燕和夫人共同创办“新中国针灸学研究社”，附设函授班，招收各地学员，还曾在东南亚创办研究社分社。新中国成立后，陆瘦燕运用“烧山火”和“透天凉”等传统针刺手法，不断探索针灸的物质基础和生理机制。1952年、1955年，先后开办过两期三年制针灸学习班，培训针灸人才。此外，为改变当时社会上对针灸技术的偏见，陆瘦燕在上海报刊开辟《燕庐医话》专栏，宣传针灸知识。同时，整理针灸医籍，结合临床经验，撰写了《针灸正宗》第一集(“中风预防法”、“金针实验录”)和第二集(“金针心传”、“穴道释义”)。1952年，陆瘦燕参加上海市公费医疗第五门诊部工作。1955年任第二军医大学及上海市干部疗养院中医顾问。1958年起，历任上海中医学院针灸教研组主任、针灸系主任、龙华医院针灸科主任及上海市针灸研究所所长，兼任国家科学技术委员会中医专业委员会委员、上海市中医学会副主任委员等职，曾当选上海市第一、二、三届政协委员等。1959年，作为中国医学代表团成员赴苏联及东欧诸国讲学、会诊及学术交流。著有《经络学图说》、《刺灸法汇论》等，所编《针灸腧穴图谱》译成外文发行国外。“文化大革命”期间，陆瘦燕被

迫害致死，终年60岁。1979年得以平反昭雪。

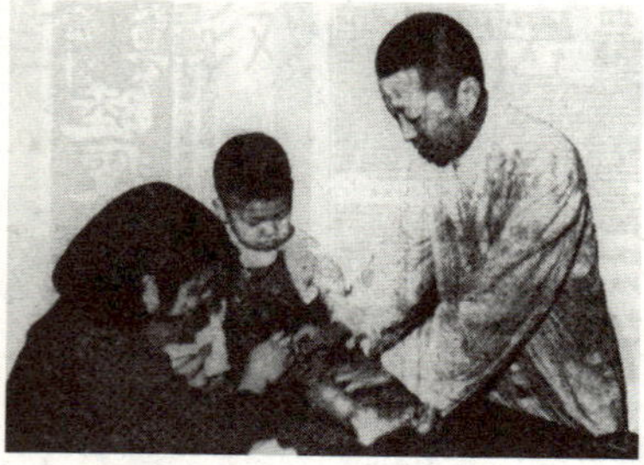

杨永璇为病孩打金针

(3)杨永璇

杨永璇(1901～1981)，南汇人。17岁师从川沙针灸名医王诵愚，3年学成。1922年返乡行医，以“针灸疯科方脉”悬壶应诊，是上海杨氏针灸疯科流派创始人。1937年迁居市区八仙桥区片行医，因潜心研究并治愈了当时困扰附近居民的顽症“软脚风”而名声鹊起。杨永璇诊病周详，能根据病人不同的体质特点采用不同的治疗方法，或以针刺为主，或针药并用，或多用中药，内外兼治，针灸手法灵活多变，刺罐结合，擅治风瘫痹症。因其医术高超，慕名求医者踵接，日达数百人次。尽管病人众多，但杨永璇对每一名就诊者都非常细致用心，还特设济贫号免费为穷苦人施诊给药，颇有医名。他曾以针刺为京剧大师周信芳医治喉疾，并加以润喉之汤药，使其痊愈。在长期治疗接触中，周信芳十分欣赏杨永旋的为人，两人结成莫逆之交。新中国成立后，中医药人才十分匮乏，1954年起杨永璇毅然放弃私人诊所，历任上海市第十一人民医院针灸科主任、上海市针灸研究所副所长、上海中医学院针灸系副主任、上海中医学院附属曙光医院针灸科主任等职。他总结出针灸疗法十二句口诀，著有《针灸治验录》、《杨永璇中医针灸经验选》。著名中医学家裘沛然曾作诗评价杨永璇：“杨公医德世难求，堪作医林孺子牛”。2011年，“杨氏针灸法”被列为“上海市级非物质文化遗产保护项目”。

(4)严苍山

严苍山(1898～1968)，出生于浙江宁海。我国近代著名的中医临床家、中医教育家。20世纪20年代初，他就读于上海中医专门学校，师承丁甘仁。毕业后在上海四明医院工作，主持四明医院医务。1927年，参与创办上海中国医学院并执教。20世纪20年代末，上海“流脑”猖獗，死者众多，西医束手无策。在四明医院工作的严苍山，对该病的中医机理和治疗方法展开积极研究。由于此病以发热和角弓反张为特点，属中医“痉”病范畴，病变呈现人与人之间的传染，属疫病，所以严苍山将该病称为“疫痉”。他制订了许多新方，以驱寒、养阴、透表等为准则，有些方子以透邪清热为主，有些以平肝熄风为主，有些以养阴柔肝为主等，都是按“疫痉”病情实际变化制订的，疗效卓著，挽救了许多危重病人，名声大振。此后，严苍山还根据此次疫情的诊疗心得，写了一本专著《疫痉家庭治疗集》，对日后流行病的诊疗有很好的指导作用。严苍山为人正直，思想进步，曾帮助过左翼作家柔石及众多受难同胞，还受柔石之邀为鲁迅治病。抗战期间，任上海仁济善堂董事，负责难民收容所的医疗工作。解放后，组织卢湾区第二联合诊所，兼任上海市中医学会常务委员兼秘书长，曾当选上海市第五届政协委员。“文化大革命”中遭受迫害，自杀身亡。1978年8月，得以平反昭雪。

(5)张伯臾

张伯臾(1901～1987)，字湘涛，号志浩，川沙人。1918年考入上海中医专门学校，毕业后跟随老师丁甘仁侍诊一年，初悬壶于川沙张江栅。1937年举家移居市区，曾设诊于八仙桥中医疗养院。张伯臾深研中医伤寒、温病学说，分析异同，比较短长，扬长避短，融两说为一体。临证取张子和、李东恒治法，善用《千金方》，掌握表里、寒热、补泻、升降等药性，治疗肠、肝、胆、胰等方面疾病和寒热杂症有特长。张伯臾从医60余年来，手不释卷，精研中医经典及各家著述，同时还勤习西医及文史诸子，以求他山之助。其仁心慈厚，悬念病家疾苦，为探索疾病治疗规律，勤求不息。虽年届耄耋，仍坚持门诊、会诊，指导并参与临床科研，并热心教学，为国内培养了大批中医骨干。20世纪70年代，曾为胡乔木等人诊治疾病，在医界享有“当代国医”之称。1984年主编全国高等医学院校统编教材，同年被卫生部誉为上海市名老中医。历任上海第十一人民医院主任医师，上海中医学院附属曙光医院内科、妇科主任，上海中医学院教授等职。

张伯臾著作

第二节 外侨在八仙桥

1. 外侨分布

八仙桥区片位于法租界范围内。但法租界成立之初，其工商业、贸易的发展远落后于洋泾浜对岸的英租界，并且由于法租界毗邻上海县城，界内除了两处法国人租地和少数中国民房，就是原来县城居民的坟地，这样的环境不并吸引人来定居。同治元年(1862)，上海的法国人只有100人左右。20世纪初法租界扩张后，人口有所增加，达到11万余人，但此时人口增长的主要原因是国内移民的涌入，外侨人口仅为1476人(同期公共租界外侨人口不包括浦东和越界筑路的已有12051人)，其中法国人只有436人。随着法租界界址由八仙桥区片不断向西扩张，居民开始分散居住。此时，由于法租界中西部原

上海开埠之初的侨民生活

有居民少，地价低，中外矛盾纠纷引发的几率小，公董局进行新的规划建设较为容易，因而，不同于东部及中部地区东北角的八仙桥区片以政治、商业、公共娱乐业为主的发展方向，法租界中部偏西及西部地区逐渐成以为中高层次居民居住生活为主的功能区，这样的功能定位也吸引了在法租界地位较高的外侨逐渐选择在法租界中西部定居。1936年，法租界人口达47万，其中约三分之一集中在霞飞捕房区(八仙桥区片主要位于该区域)，三分之一集中在卢家湾捕房区，另外三分之一则分散居住在小东门、麦兰(八仙桥区片八仙桥街至敏体尼荫路部分位于该区域)、福煦、贝当捕房区。虽然此时八仙桥区片因商业的繁荣、公共娱乐业的发展等因素成为人口密集区域，但其中外侨人口比例并不大。根据《1936年法租界人口分布统计表》显示，当时霞飞捕房区总人口达155 761人，其中外侨人口只有1 069人，占总人口的0.686%(同期法租界中西部的卢家湾区、福煦区及贝当区分别达到7.066%、10.655%、11.424%)，至1942年，这种分布格局并未改变，霞飞捕房区总人口263 429人，其中外侨人口有1 427人，只占总人口的0.542%(同期法租界中西部的卢家湾区、福煦区及贝当区分别达到4.751%、6.989%、8.615%)。而且，就外侨国籍数量而言，以1936年例，霞飞捕房区外侨国籍数量为27个，而同期的卢家湾区高达43个。由此可见，八仙桥区片有不同国家的外侨在此工作或生活，但并不是外侨人口集中之地，仍主要以华人居民为主。

1936年法租界人口分布统计表[①]　　单位：人

区别	合计	华人人口	外侨人口
总计	477629	454231	23398
小东门捕房区	7435	7370	65
麦兰捕房区	64677	64153	524
霞飞捕房区	155761	154692	1069
卢家湾捕房区	141700	131688	10012
福煦捕房区	80105	71570	8535
贝当捕房区	27951	24758	3193

① 该统计表来源于《上海租界志》

上海开埠之初的侨民生活

上海开埠之初的侨民生活

上海法租界安南巡捕

在八仙桥区片为数不多的侨民中，作为法租界主流外侨群体的法国移民占绝大多数。法租界开辟之初，来沪法国人中除传教士和法国政府代表外，几乎难觅其他人的踪影。之后，陆续有一些法国商人来到这里，开设洋行，从事贸易活动。而至同治元年(1862)，在沪法侨

舞会是上海外侨生活相对安逸的标志

中有半数以上是咸丰十年(1860)第二次鸦片战争时期英法联军北上后留在上海的士兵。这些士兵退伍后，在上海谋生，一般充当洋行职员，或从事巡捕、糕点师、钟表匠、厨师、车辆出租人等职业。同治十三年(1874)在八仙桥街南头发生的“四明公所事件”，引起法侨恐慌，一度使法侨人数减少。光绪元年(1875)底，法侨人数略有增加，多在领事馆、公董局、巡捕房等处从事公职。之后，法侨陆续在租界建成教堂，成立侨民义勇队，创设医院、救火会、西洋学堂、银行等，创办电车事业，但在工业方面投资较少。

同治四年(1865)至光绪六年(1880)的15年间，在上海居住的日本侨民逐渐增多，除官方派遣人员外，大多为小商贾、小职员以及为外侨服务的侍妾、仆役等。第一次世界大战爆发后，以纺织业为中心的日本资本开始向上海渗入，1915年在沪日侨达11 457人，占外国侨民数之首。1927年在上海的日本侨民达到25 827人，占外国侨民总数的47%。日侨中的精英阶层如银行分行长、高级官吏、公司经营者等均居住在英租界和法租界。据1927年12月末上海日本领事馆调查：法租界八仙桥区片的霞飞路及其附近一带地区，有日本居民

宝昌路消防站设立之日法公董局要人携太太坐消防车兜风

58户，335人。

在沪安南(越南)侨民几乎全部由住在法租界的安南巡捕及其家属构成。光绪二十六年(1900)义和团运动兴起，租界局势紧张。7月4日，法租界公董局以中国国内排外风潮正盛，对华捕人员不甚放心为由，决定雇佣安南人来上海协防。7月27日，第一批30名安南巡捕来到上海。光绪三十二年(1906)，公董局召开会议，正式批准雇佣3名安南籍巡官和48名巡捕，并允许这些捕房人员携带家属。宣统二年(1910)，在沪安南侨民有207人，至1936年达到738人。

2. 外侨的社会生活

八仙桥区片内，在巡捕房、中法学堂、八仙桥青年会、洋行等各种机构中工作，在一些相对高级的住宅内生活着的洋居民，他们与华人杂居或分处，彼此影响又相对独立。于是，形成了华洋杂处的过渡带日常生活方式和分而处之的独特的外侨生活圈情景。

从侨民踏上上海这方土地开始，社交生活就成为他们生活的一个组成部分。他们身着考究的礼服，完全遵循西方的那一套社交礼仪，以显示其良好的教养。舞会是上海外侨生活相对安逸的一种标志。开埠之初，生活在上海的外国女子很少，舞会和招待会未免单调了些。随着租界的繁荣与人数的增多，渐渐达到了举办大型活动所需要的男女比例。每年大公司、领事馆、富裕的家庭、社团组织、警务处和军队轮流举办舞会。上海的舞会是外侨的天下，只有少数华人夹杂其间。每年7月14日法国国庆日，法租界都要举办庆祝活动。参加庆祝的有部队的士兵、捕房巡捕、安南巡捕和租界童子军组成的阅兵队列，有租界当局、教会组织负责人和洋行大班，还有外国代表、中国当局的要员和学校的孩子们。八仙桥区片的霞飞路及公馆马路常常是这些活动队列的必经之路。

除传教士、商人、公职人员、洋行职员、职业军人等人群外，在寓沪法侨中还有一个群体，他们是建筑师、音乐家等浸润于艺术的人，他们的创造力是生活在上海的法国人拥有巨大活力的一个明证。同治十一年(1872)，法国一些醉心戏剧艺术的人成立了一家业余戏剧团体——法国戏剧协会，成员中有亨利 · 科尔迪埃(Henri Cordier)，未来的汉学家，当时任职于贴现银行(在华称法兰西银行)。1939年3月，《可笑的奇女子》(*Les Precieuses ridicules*)经中法学堂戏剧艺术班的演员们译成中文重排，上演6场，每场都座无虚席。1912年，法国人在距离八仙桥区片不远的法国公学(今中环广场处)内创办了法文协会。人们去法文协会听音乐，音乐家是来自俄国和德国的难民以及途经上海的艺术家。法文协会还曾在1946年、1947年举办过书展、照片展和画展。

除此之外，法侨还发展了租界的电灯、自来水等公共事业。八仙桥区片的华人居民同样享受着现代公用事业发展所带来的便捷。

第三节 华洋对抗与融合

1. 华洋对抗

作为具有高度自治权和具有治外法权的国中之国，租界的出现，是中国进入半殖民地半封建社会的一个屈辱标志。租界内相当多的欧美人，他们歧视中国人，禁止中国人进入公园、跑马场等外侨出入场所，甚至以说中国话为耻辱。主要位于法租界范围内的八仙桥

咖啡厅宽敞的店堂

霞飞路上的外侨

区片，华洋间的对抗与摩擦亦在所难免。八仙桥公墓(外国坟山)，这块中国土地上的洋人墓地被洋人划为禁区，华人不准入内。洋人的骄横与傲慢，丧权辱国的城下之盟的签订，形成各种有形无形的枷锁，羁縻、压迫、奴役着中国人，也极大刺激了中国人民族主义的勃兴。同治四年(1865)，法租界为纪念英法联军在北京八里桥战役中的胜利，将新辟马路命名为“八里桥街”，当时的上海人深感耻辱，不愿苟同，坚持将该马路叫做“八仙桥街”。洋人的高高在上和以强凌弱，迫使中国人在愤怒中产生了反抗，于是发生数起引发轰动的华洋对抗事件，如四明公所血案、八仙桥菜场罢市抗争等。这些事件，也正是自鸦片战争以来，中华民族前仆后继，苦苦追寻民族独立和国家领土主权完整的一个缩影。

(1)四明公所血案

四明公所是宁波府属鄞县、慈溪、奉化、镇海、象山、定海6县旅沪同胞乡邦会馆，建于嘉庆二年(1797)。该会馆规模宏大，仅工作人员就达千余人，建筑雄伟宽敞，有济元堂(议事厅)、祭堂、办事房、殡舍与工作人员宿舍等。四面围墙，迤西为墓地义冢。道光二十九年(1849)，公所所在之处被整体划入法租界，法国人一心想将这块地皮据为己有。咸丰十一年(1861)12月，法国人开始扩界，并以消除传染源为理由对四明公所提出收购要求，表示要在其间修筑3条马路。公所无法答应将建立了近70年、埋有上万具宁波同乡棺

1937年八一三战役后，上海租界成为“孤岛”，市民在嵩山路巡捕房领取粮票

嵩山路巡捕房大门

四明公所的抗法斗争

清末的四明公所

椁的义冢之地拱手相让。双方交涉无果。同治十二年(1873)，法租界公董局以不能破坏欧洲人讲究卫生的习惯为由，再次决定筑路，路线仍要从四明公所的义冢地穿过。宁波同乡会认为此举涉及起棺改葬，恕不可行，20位董事联名呈文法国驻沪总领事，请求修改路线并愿承担相关经费。双方互不相让，经数月纠缠，致使事态恶化。同治十三年(1874)5月3日，数百名宁波籍市民聚集四明公所，以示抗议，期间与法国巡捕发生冲突。随后，抗议人群又包围了公董局路政管理所工程师佩斯布瓦(扩界筑路工程的设计者)的住宅，佩斯布瓦面对情绪激昂的人群，悍然开枪，当场射杀1人，引起愤怒的人们更密密的包围。法租界公董局派兵镇压，6人死亡，20余人受伤。冲突过后，中法双方直到光绪四年(1878)才达成赔偿协议：上海道赔法国人白银37 650两，法国人赔付7名中国亡者恤银7 000两，四明公所及其所属地产依照惯例免纳捐税。最终，筑路的事暂被搁置。这是第一次四明公所血案。

虞洽卿

光绪二十三年(1897)，公董局再提筑路，次年宣布征用公

潮州会馆风情图

招商局新銘恢輪准於本月初九日即禮拜一晚開往廈門 本輪賬房關灼棠謹啓

昌興公司 俄羅斯皇后號 二萬五千噸現定由滬直放香港 小呂宋

申台班輪船兼濟普陀通告 舟山宇安永安達興永利公司同啓

上海潮州會館 貴重地產招人投標

訃告

上海地審廳拍賣房產

麵粉公司基地房屋機器出售或出租廣告

張箴言醫士診所遷移聲明 上海中國銀行謹啓

聘請各省肥田粉經理 上海九江路十九號萬賓洋行啓

《申报》上贵重地产招标启示

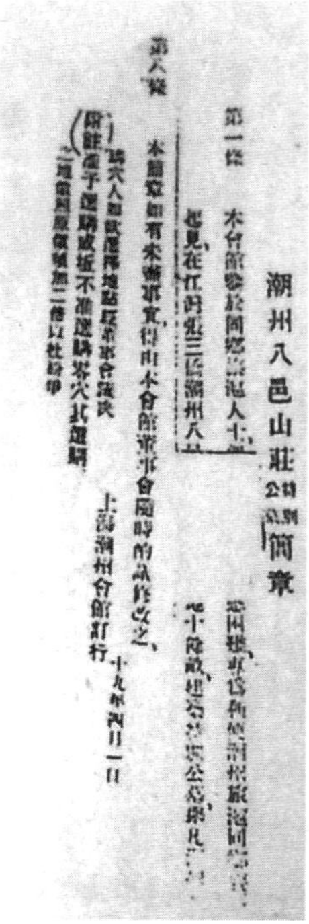

潮州八邑山莊 公訂 簡章

上海潮州會館訂行 十九年四月一日

潮州八邑山庄简章

所西侧墓地。7月16日，法国驻沪总领事白藻泰亲率“爱格兰来”号法国水兵80余人，公然强占公所，强拆围墙，殴赶公所人员，再度激起冲突。第二天上午，以宁波籍为主的沪上民众聚集法租界巡捕房，抗议法方暴行。白藻泰指挥法军先以高压水枪喷射，继而下令开火。下午，150多名法国水兵登岸增援，封锁道路，阻止交通，对抗议人群施行血腥镇压。短短两天时间里，17人被杀，20余人受伤，另有10余人被捕，遭杖刑50棍，枷号3个月。这就是第二次四明公所血案。面对严重的形势，当时四明公所的董事严信厚、叶澄衷、沈仲礼在交涉中对法方采取妥协态度。而时任鲁麟洋行买办的虞洽卿，则积极联系甬帮工商各界，率先提出罢市、罢工，认为“只须工商两界做后盾，不怕法国人蛮横到底”。此外，虞洽卿还鼓动上海洗衣业领袖、四明公所中劳工组织长生会领袖沈洪赉领导甬帮为法国人服务的劳工伙夫一起罢工、怠工，给法国人生活制造麻烦。8月10日，上海道台蔡钧与法国驻沪总领事白藻泰就四明公所血案处理达成协议，规定四明公所归宁波同乡会所有，伤毙之人酌给抚恤，原则上同意法方提出的租界扩界要求。9月2日，法国驻华公使比盛经法国外交部长德贾洒同意，和清政府就四明公所案达成四项原则：一是扩张租界原则的确定；二是四明公所土地所有权的维持；三是四明公所内不得掩埋新尸或停棺柩；四是在四明公所地面上可以开筑交通上所需道路。光绪二十六年(1900)1月，得便宜卖乖的公董局在四明公所应允拆除部分围墙、出让部分土地供法国人筑路的前提下，为四明公所修复了破损的大门与围墙。两年后，公董局再向中国死难者支付了恤银。

(2)潮州八邑山庄迁坟之争

上海潮州八邑山庄位于八仙桥区片华格臬路一带，面积十亩二分五厘，该山庄又称“敦厚堂”。1913年，山庄内除了许多潮州人坟墓外，空余土地达九亩多。第二次四明公所事件的19年后，法租界公董局继续越界筑路非法扩张租界范围，拟将潮州八邑山庄内的八仙桥墓地改辟为马路。为此，上海潮州会馆于1917年5月30日开会商议对策，决定要求公董局赔偿迁坟费用。公董局吸取了两次四明公所事件的教训，不敢再强迫迁移坟墓，而采取了谈判——赎买方式，答应了潮州会馆的索赔要求。实际上，潮州会馆因旧墓地所在的八仙桥区片地价高涨，原已准备卖出旧坟地，在地价较低的远郊购置新坟地。结果，不仅获得了可观的地价差额，而且取得了公董局的迁坟赔偿费。

2. 对抗中的融合

租界最初作为外侨的居住区域，实行“华洋分居”。咸丰三年(1853)9月小刀会攻陷上海县城，大批华人进入租界避难，打破了“华洋分居”的禁例，形成“华洋杂居”的格局，使租界内经济和社会状况发生极大变化。租界的越界筑路、八仙桥菜场的兴起、娱乐业的带动、商业的繁荣等进一步推动了华洋杂居。外侨影响了上海，上海也影响了外侨。

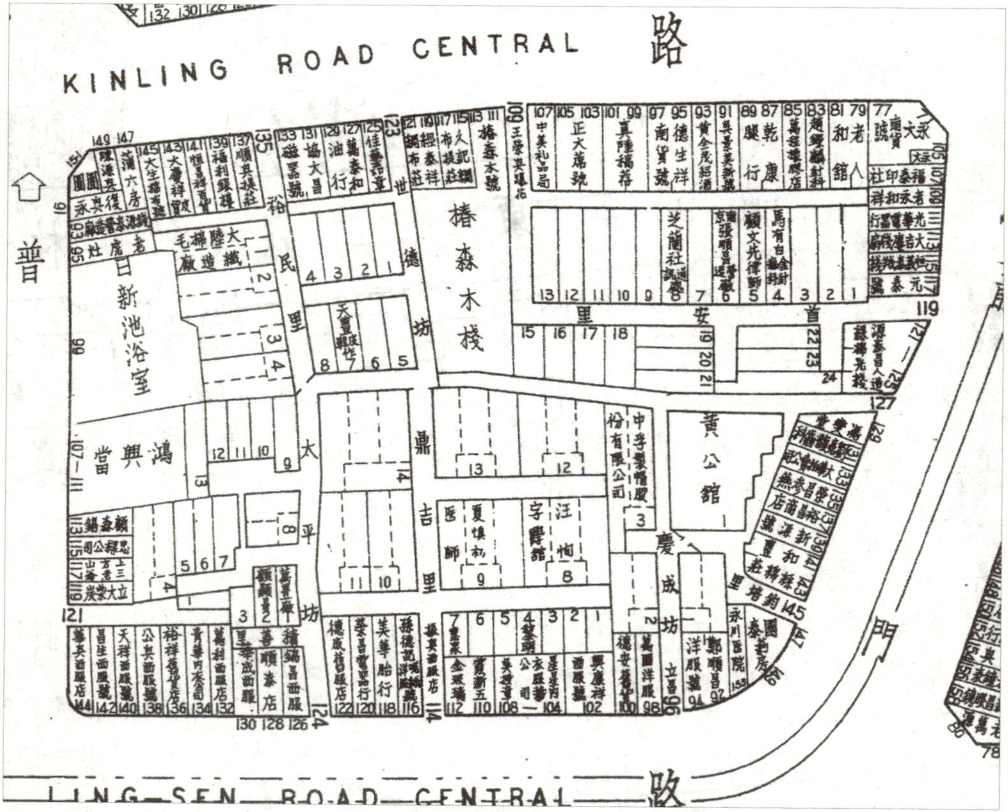

日新池地理位置图

在租界的长期生活，使外侨特别是欧美侨民形成了并不等同于其在母国的生活方式。虽然有些侨民利用职务，对华人作威作福，引起了华人的反感甚至仇恨，但对中国友好、在融合中外文化方面做出重要贡献的也大有人在。有些人喜欢上了中国的马褂、旗袍、菜肴，娶上海姑娘为妻。他们赛的马多是东方蒙古马，吃的土豆、白菜、牛肉也是在上海当地产的。洋泾浜英语成了上海的“特产”，许多英美侨民也入乡随俗，说起了洋泾浜英语。同时，侨民对生活品质的要求、对公共事业的发展和利用、对男女平等的认知等一些现代生活理念与思想观念也在潜移默化影响着租界内的华人。

(1)开设日新池女子浴室

浴德池、卡德池和日新池，曾是上海洗浴三大池，是大亨阔佬、社会名流经常出入的地方。日新池最初位于法大马路敏体尼荫路西南角，后来成了青帮大亨黄金荣的产业。1927年左右，戏迷黄金荣为了在这黄金地段建造黄金大戏院，把日新池迁至维尔蒙路99号，同时将浴室的经营权转让给自己的大徒弟舒长泰。但舒长泰根本不懂经营，浴室连年亏本，甚至连房租也付不起。1930年，黄金荣把日新池盘给了阿桂姐和她的儿子。阿桂姐泼辣凶悍的作风在八仙桥区片小有名气。由于是自家开的浴室，阿桂姐经常带着女眷在浴室开堂(营业)前去洗澡。在中国的传统文化中，女人进澡堂是新鲜事，也是一件“晦气”的事情。日子一久，外界有所传闻，各种冷言冷语不胫而走，有的说澡堂子让女人洗过了，触霉头；有的说所谓“女眷”实则是妓女。日新池的生意渐渐因此而清淡。面对流言，心高气傲的阿桂姐反而放出狠话，要让出日新池三楼的住房开办一家专供女子洗浴的浴室。1934年，日新池三楼女浴室开张，消息轰动上海滩。新开张的日新池女子浴室内设大池1只，洋盆(浴缸)10余只，还有8间小套间。由于那个年代，妇女还没有到公共浴室大池子里洗澡的习惯，因而头3年，大池子里没有一个女子前来光顾。但阿桂姐为了争口气，3年中没有一天停业，职工天天上班，池水日日调换，硬是把浴室勉强维持了下来。日新池女子浴室的开张冥冥中预示了一个“女人时代”的开启。1936年，上海基督教女青年会将宿舍部洗澡室对外开放。不久，上海社会局出炉了名为“设置市立公共浴室计划大纲”的文件，第一次明确了公共浴室设置女子部的要求。

(2)洋泾浜英语的形成

洋泾浜两岸中外商贾云集，但外国商人不谙中文，中国人也不懂外文，进行商业贸易需要有翻译的存在。清代称外文翻译为“通事”，在洋泾浜上就有一些略通几句蹩脚英文的人，当外国人来洋泾浜或经此到县城做生意时，言语不通，这种人便上来自充翻译，获取酬金。上海人称他们为“露天通事”。他们和外国人打交道时，带着很浓重的上海、宁波等地口音，用汉语语法拼缀成简单的英语语句。姚公鹤在《上海闲话》一书中这样对洋泾浜英语下定义：“洋泾浜话者，用英文之音，而以中国文法出之也。”在英文中，所谓的洋泾浜语被称为Pigeon English，即“鸽子英文”，也叫Pidgin，即皮钦语，转指不同语种的人们在商业交往中发展而成的混杂语言。这种沪版皮钦语一度广泛使用于沪上，连正宗英国佬到上海落脚，也得先从师学几个月“洋泾浜话”，这样才算通过初步的语言关。对普通的上海市民而言，掌握洋泾浜英语的难度似乎并不太大。民国时，汪仲贤所撰《上海俗语图说》一文中曾记载了洋泾浜歌诀：

来是“康姆”去是“谷”，廿四铜钿“吞的福”；
是叫“也司”勿叫“拿”，如此如此“沙咸鱼沙”；
真崭实货“佛立谷”，靴叫“蒲脱”鞋叫“靴”；
洋行买办“江摆渡”，小火轮叫“司汀巴”；
“翘梯翘梯”请吃茶，“雪堂雪堂”请侬坐；
烘山芋叫“扑铁秃”，东洋车子“力克靴”；
打屁股叫“班蒲曲”，混帐王八“蛋风炉”；
“那摩温”先生是阿大，跑街先生“杀老夫”；
“麦克麦克”钞票多，“毕的生司”当票多；
红头阿三“开泼度”，自家兄弟“勃拉茶”；
爷要“发茶”娘“卖茶”，丈人阿伯“发音落”……

也有的类似歌诀中加上“一元洋钿‘温得拉’”的内容，大同小异，但有一点得清楚，就是该歌诀须用宁波人话念来，更为原汁原味。这也间接反映了宁波生意人在上海滩的地位。一些洋商开办的工厂里，由于许多工作用语和器具材料皆为舶来品，不少老工人在干活中，往往会夹杂一些洋泾浜语。“洋泾浜”三个字集中反映了租界华洋杂处的社会文化特征，除了洋泾浜英语，还有洋泾浜法语等，以后“洋泾浜”三字就成为一种混杂语言的代名词。

第四节 鱼龙混杂下的畸形繁荣

1. 毒品业

八仙桥区片是毒品业的集聚地，民国时期尤盛。那时的“八仙桥”烟行云集，麦高包禄路一带更是小土行、燕子窝毗连。操控毒品的大佬人物，便是长期盘踞于此的青帮三大亨——黄金荣、杜月笙和张啸林。1923年前后，黄、杜、张三人正式合伙搞鸦片联运。张啸林依靠军阀何丰林的保护，把鸦片从吴淞口安全运至十六铺，再由杜月笙派“小八股党”包运到法租界，然后由黄金荣发“通行证”。就这样，“精诚合作”的三人

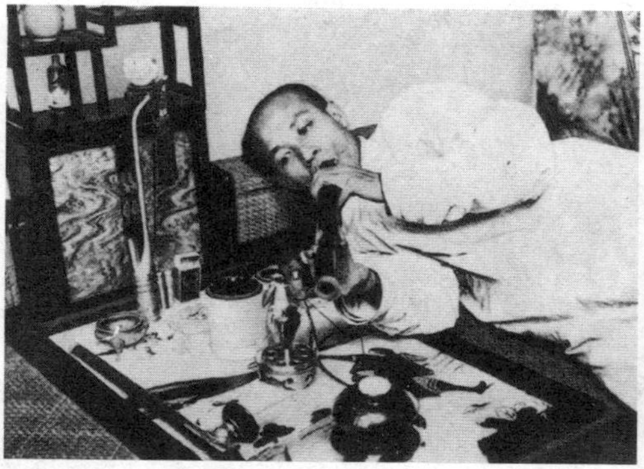

旧社会吸食鸦片者

很快成为上海赫赫有名的贩毒集团的首脑。三人合办的“三鑫公司”是他们贩卖鸦片的大本营。他们借此不但自己大发贩毒财，也给军阀和租界当局带来了经济收入。所以，尽管这期间统治上海的军阀数易其人，但黄、杜、张都是被竞相罗致的对象。他们运毒、藏毒、贩毒，赚足了黑金，也毁了无数人的幸福和健康。《文献》杂志披露，1938年10月～1939年2月，在恺自尔路、敏体尼荫路等处，屡有烟毒案发生。直到新中国成立，这些毒品才真正销声匿迹。

2. 赌博业

上海开埠后，租界中的各种事物都由租界当局自行管理，中国政府不得干预，这种殖民主义政策对于旧上海赌博活动的盛行起到了很大的保护作用。旧上海都市民众所参与的各种赌博活动大致可以分为两类：一类是传统型的赌博活动，主要形式有摇摊、牌九、麻将、花会等；还有一类是西洋型的赌博活动，主要形式有跑马、跑狗、回力球、彩票等。租界当局凭借所持特权，一方面以体育活动为名，成立跑马总会之类赌博组织，开设跑马场、跑狗场等向中国人开放，进行跑马、跑狗等赌博活动，以收取执照费、税费的形式掠夺巨额财产。另一方面，容许帮会等组织在租界内公开设赌，从中收取营业税。这样的怂恿和保护态度，致使八仙桥区片赌场林立，赌风泛滥。20世纪20年代中期，黄金荣、杜月笙、张啸林开始注力赌业，委派马祥生主持南阳桥生吉里(今西藏南路214弄)利生赌台。该台与高鑫宝、叶焯山的义生赌台(原宁海西路宝裕里)，顾掌生、谢葆生的荣生

跑马厅众生相(1932)

赌台(今上海音乐厅旁)，芮庆荣、李鹏飞的利源赌台，是富生赌台开设前上海四大赌台。利生赌台，对外名为“公兴公司”，有转盘、牌九、摇缸等多种赌具，每天赌客数百人，免费供应鸦片、伙食和点心，下午开赌，半夜止歇。法租界公董局收取赌捐，予以许可。30年代初，区片内赌博大盛。许多在上海赚了大钱的豪商巨贾为了满足自己带有一定刺激性的消费需求，大多将钱投到赌场中，以豪赌方式来求取一乐。而一些在激烈竞争或生活重压下遭受挫折、打击的社会下层市民，也因经济上的贫困和精神上的失落而投入赌博活动中，企图以此方式来麻痹自己或改变自己命运。然而，大小赌台却令许多人倾家荡产，甚至堕落犯罪。

3. 娼妓业

八仙桥区片是解放前上海娼妓集中之地。19世纪末，该区片开始设有妓院。法租界公董局以1791年和1879年法国《卖淫法》为依据，在捕房设正俗股收花捐，实行公娼制度。1920年，法租界有妓女12315人。同年，公共租界禁娼，妓院大批转迁。1928年，苏、浙、皖等地禁娼，又一批妓院迁入上海。两次转迁的妓院，大多进入法租界。较高档次妓院及外国妓女散布于霞飞路一带公寓或新式里弄内，八仙桥区片的妓院多为中低档，主要集中于格洛克路、爱来格路、麦高包禄路附近的旧式里弄内，包括韩庄、花烟间、野鸡等。韩庄，仅爱来格路至褚家桥一带就有数十家，一般门上装一白磁灯罩电灯，以红漆标写某记。花烟间则是最下等的妓院，烟娼合流，且来者不拒，肩挑负贩者皆可入室登楼。荫余里的红记妓院就是一家较大的花烟间。至解放前夕，格洛克路上松邨、竹邨、梅邨3条弄堂9幢房子，有8幢是妓院，分别名“蝶庄”、“情轩”、“安乐园”、“春华园”、“秋第”、“金记”、“张寓”、“魏记”，有妓女67人；荫余里有“红记”、“胡记”、“丽第”等6家，妓女57人。次为嵩山路首安里、芝兰坊、义和坊一带。私娼野鸡，又称淌排，集中于麦高包禄路和敏体尼荫路小旅馆周围，大世界游乐场则是上海著名的野鸡勾搭嫖客的

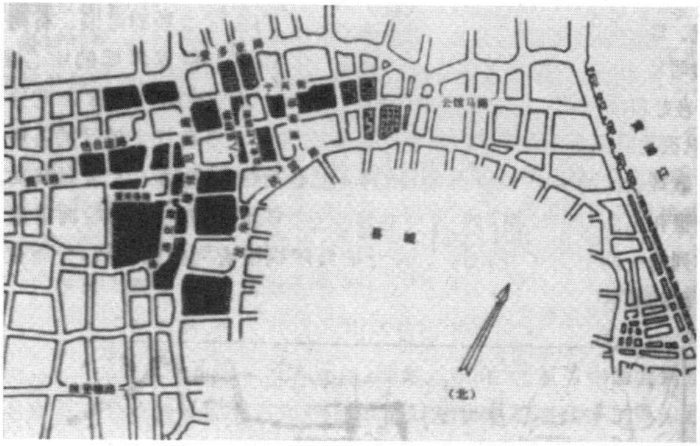

法租界卖淫业分布图

妓女出局陪客打麻将

花烟间

公开场所。绝大多数妓女是由于战乱、天灾人祸而导致生活无靠，被迫从事该营生以谋生计，她们遭受多重压迫剥削，生活极为痛苦。其卖身所得往往会被院主抽取5～7成，巡捕再抽，自己能够得到的不足2成；所住房间一般只有4平方米，仅放一床一马桶一梳妆台；一旦患重病，无利用价值，会被妓院遗弃。上海解放后，人民政府实行禁娼，取缔了妓院，帮助妓女走上了新生的道路。

4. 社团组织

清末的八仙桥区片已有青、洪帮活动，亦是青、洪帮常开香堂(帮会拜师大典)之处。宣统三年(1911)同盟会会员张承槱加入洪帮刘福彪堂口，及1912年张啸林拜樊瑾成为师都在“八仙桥”附近设香堂。1912年，黄金荣由同孚里迁入麦高包禄路钧培里，杜月笙、金廷荪、马祥生等人相继云集周围。八仙桥区片逐渐成为上海帮会活动的主要地区之一。当时，黄金荣的“桃李门墙”遍及上海各个行业，军人、政客、律师、巡捕、报人、商贾、戏子、舞女、侍役、车夫和地痞流氓，拜香入黄门的数以千计。程锡文在《我当黄金荣管家的见闻》一文中说二三千人；而后来担任法租界巡捕房督察长的薛耕莘在《我接触过的上海帮会人物》一文中说，共收南北徒弟数万人。法租界公董局出于和公共租界争雄及治理以华人为主体的社会缺乏有力措施等多方原因，有意采取“以毒攻毒”、“以华治华”的政策，青帮三大亨黄金荣、杜月笙、张啸林成为最得力的执行者。他们三人是旧时上海滩手可通天的人物，以他们为首形成了一个游走于华洋对峙、于夹缝中两边讨好的黑帮社团。1927～1937年，上海青帮势力有了空前发展，这种发展就其外部原因而言主要

张承槱

是由于国民党政府的扶植、租界当局的支持和大量农村破产人口流入城市。黑社会组织不管是结党还是组社，在上海活动期间一直有三个特点：一是掌控烟、赌、娼，这三者是民国时代上海社会的三大毒瘤，也是以青、洪帮为代表的上海黑社会的主要活动。公董局、北洋军阀和国民政府都视为财源，明禁暗弛，愈禁愈滥。二是黑帮头目大多有合法的社会身份，且跻身于名流闻人之列，他们屡屡依托公董局的权势，以合作的态势开办“合法”社团。三是黑帮人物也参与众多公益事业，如赈灾、办学为抗战捐款等。

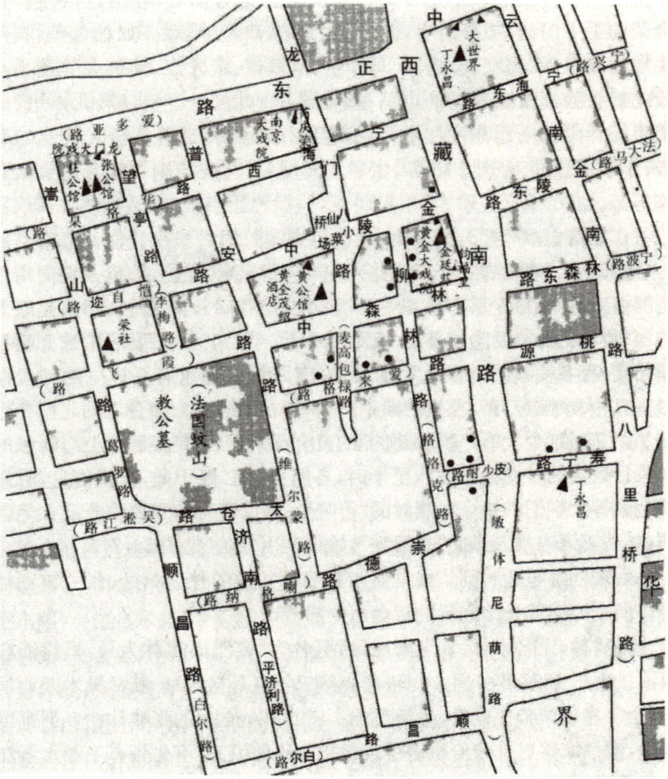

八仙桥黑社会分布图

(1)中华国民共进会

1912年7月，中华国民共进会正式成立，由青帮、洪帮、公口等联合发起，得到上海都督陈其美的支持，总机关部设于维尔蒙路97号。其初衷是想改善帮会形象，争取成为合法团体，所以曾公开呼吁会内“同胞”今后“痛改前非，从慈为善，共守法律，同享自由”。随后，共进会在江浙地区陆续设立了一些支部。可是共进会成立后，所属帮会并未如旨行事，相反打着该会旗号为所欲为，滋扰社会。很快，共进会就声名狼藉，引起强烈公愤，地方当局打压，中央通令取缔。

(2)中华共进会

永川医院右边弄堂即黄金荣公馆所在的钧培里

中华共进会筹建于1927年4月初，发起人黄金荣、杜月笙、张啸林、樊瑾成、徐朗西、刘春圃、袁寒云、范回春等。会长浦锦荣为青帮通字辈，拜王德邻为师，绰号“浜北阿水徒”，擅拳术，住在格洛克路紫阳里(今柳林路140弄，已拆)7号。筹备处设于浦宅，继设办事处于爱多亚路安乐宫旅社(今延安东路龙门路口)，实际活动中心是华格臬路杜宅和钧培里黄宅。该会为上海青、洪帮反共组织，蒋介石发动反革命政变计划由其具体实施。四一二反革命政变后，该组织未获合法地位而解散。

(3)荣 社

荣社1945年11月成立，前身为20世纪30年代黄金荣为抗衡杜月笙势力膨胀而建的秘密组织——忠信社，黄金荣为社长，邱子嘉、丁永昌、陈培德、黄源焘、陈福康、龚天健等主持。社址初设于嵩山路振平里1号(今嵩山路53号、金陵中路241弄1号)，后迁至同路10号。

5. 青帮三大亨

(1)黄金荣

黄金荣(1868～1953)字锦镛，绰号“麻皮金荣”，浙江余姚人，生于江苏苏州。青帮头目。清光绪十八年(1892)，黄金荣进入法租界巡捕房充当“包探”(警察，人称“包打听”)，他借此身份培植和掌握了下层流氓社会组织“三十六股党”、“八股党”，既利用他们侦查破案，又充当他们从事各种非法活动的保护人。黄金荣依靠手下流氓充作眼线，或制造种种事端再加以解决，不断扩大其影响，取得法租界公董局的重用，从包探、探目、督察员升任为法租界警备处唯一的华人督察长，直到1927年退休。公董局还誉黄金荣为“法租界治安长城”。黄金荣最初并未正式加入青帮，但按青帮规矩、以帮会仪式广收门徒，扩展权势。正宗的青帮分子称其为“空子”(未正式加入帮会的冒牌货)，但鉴于黄的强大势力，也只好默认。1925年，黄金荣迫于情势，拜青帮大字辈张仁奎为师，列通字辈。黄金荣在青帮中声势显赫，收徒逾万，组有忠信社等社团。他设烟馆，摆赌台，走私军

青帮三大亨(左起)：黄金荣、张啸林、杜月笙

自述悔过书

一九五一年五月七日 黄金荣

黄金荣悔过书

火，开办三鑫公司、利生赌场、荣记大舞台、黄金大戏院等。长居龙门路钧培里。

1927年3月中旬，蒋介石派代表王柏龄(第一军副军长)、杨虎(总司令部特务处长)和陈群(东路军前敌总指挥部政治部主任)先后到沪，带着秘密使命化装来到八仙桥区片，潜入黄公馆，先与黄金荣会晤，再由黄召集杜月笙、张啸林密商合作反共事宜。3月27日，杨虎、陈群来到钧培里，向黄金荣、杜月笙、张啸林密传蒋发动政变的旨意。经商议后，由顾嘉棠、高鑫宝、叶焯山、芮庆荣、马祥生、金廷荪等秘密联络，组织人马，建立中华共进会，杜月笙斥资购置各种枪支1.2万多支。中华共进会下设武装巡逻队，由叶焯山率领，王柏龄任指导，每天在外国坟山练枪。黄公馆则成了火药库，黑社会收罗的枪支都集中到交通方便的钧培里。法租界的巡捕们也在黄公馆前后日夜巡逻。四一二前夕，各路黑道头目根据黄金荣的命令，到黄公馆领取了枪支和弹药，计划与蒋介石合作发动反共政变。4月11日下午，杜月笙令管家万墨林将请帖送至中共党员、上海市总工会委员长汪寿华，约他当日晚上8时到杜公馆商议要事。汪寿华与杜月笙在1925年五卅运动时已相识，并曾得到过杜月笙、黄金荣对工人纠察队的一些帮助，所以汪寿华并未生疑，如约而至。当汪寿华刚踏入杜公馆，即遭到杜月笙手下顾嘉棠、芮庆荣、马祥生、叶焯山的突然殴击，然后被塞进汽车，运至龙华，活埋于枫林桥的荒野之中。共进会的主攻目标是商务俱乐部——工人纠察队总指挥部。4月12日清晨5时，由三大亨亲自督战，手下张伯岐、顾嘉棠、叶焯山、高鑫宝、芮庆荣等率领数千徒众将商务俱乐部团团围住，再由120人组成的敢死队进行冲锋。在国民党第26军的合作下，共进会又使用流氓诡计和武力，先后攻占了南市三山会馆、闸北天通庵、沪西曹家渡、吴淞、江湾及浦东等地20余处工人纠察队阵地。4月12日当天，至少有120名工人纠察队员惨遭杀害，180人受伤，3 600余支枪支被收缴。至15日，上海工人300多人被杀，500多人被捕，5 000多人失踪，赵世炎、陈延年等一批优秀共产党员、工人领袖，惨遭杀害。

1924年5月，汪寿华在海参崴

“四一二”政变后，黄金荣被蒋介石任命为军事委员会少将参议和行政院参议，并授予勋章。抗日战争期间，参与难民救助等活动，拒绝出任维持会会长等伪职。1945年成立荣社，以聚集势力。上海解放前夕，未遵从蒋介石之令出逃，留在了上海。上海市军管会曾对其训诫，要他不得包庇流氓地痞、破坏社会治安，以求宽大处理。最初，黄金荣蛰居在家，深居简出，不问外事。虽威风不再，但也过了段安逸日子。之后，随着人民政府一系列法令的出台，黄金荣的生活发生了质的变化。1951年初镇压反革命运动开始后，在政府敦促下，黄金荣于5月20日在《文汇报》和《新闻报》上刊登“自白书”，表示“愿向人民坦白悔过”，“拥护人民政府和共产党”，要“洗清个人历史上的污点，重新做人”。在“劳动光荣，不劳动耻辱”的氛围中，黄金荣无奈下曾到“大世

1951年，黄金荣在大世界底层扫地

界”门口扫地。闻讯而来的记者记录下了这一情景：曾经不可一世的青帮大亨老态龙钟，落魄潦倒，与普通群众一样参与劳动。市民无不感叹，世道确实变了。“黄金荣扫大街”的新闻不胫而走，传遍世界各地。考虑到国内外的反响，对黄金荣的这项“改造”措施只是象征性的，并没有持续下去。两年后，黄金荣便撒手西去。

(2)杜月笙

杜月笙(1888～1951)，本名月生，后名镛，上海高桥人。青帮头目。杜月笙自幼父母双亡，家境贫苦，最初在十六铺鸿元盛水果店当学徒，之后成为潘源盛水果店店员，绰号“水果月笙”。后来，他拜青帮通字辈陈世昌为师，列悟字辈。在陈世昌的推荐下，杜月笙入黄金荣门下，成为黄的一般随从。在为黄金荣包运鸦片、管理赌场等过程中出谋献策，得到黄金荣的赏识和信任，成为黄的得力助手。杜月笙渐露头角后，便开始培育自己的势力。黄退休后，杜月笙的势力膨胀，门徒数万，组有恒社。曾住敏体尼荫路钧福里(西藏南路122弄，今已拆)，后迁至华格臬路216号，常住辣斐德路辣斐坊(今复兴中路553弄)16号，抗战初与抗战胜利后居住于峻岭公寓(今锦江饭店中楼)。1923年，杜月笙组织上海难民救济会，任会长。1925年，组织慈善会救济贫苦灾民，被选为上海慈善总会理事长。同年，与黄金荣、张啸林合伙开设三鑫公司，运贩鸦片。是年，被法租界公董局委任为法租界商会总联合会主席兼纳税华人会监察，曾任华董。1927年，与黄金荣、张啸林共谋组成中华共进会，帮助蒋介石清党反共。南京国民政府成立后，杜月笙被任命为陆海空军总司令顾问、军委会少将参议和行政院参议。1929年，开设中汇银行，自任董事长。1931年九一八国难期间，参与组织“上海市抗日救国会”，任救国会常务委员，捐赠飞机两架，取名“月文”号、“月辉”号。1932年，组织恒社。1932年一·二八事变时参与组织上海市民地方维持会，任副会长。1934年任上海市地方协会会长。同年，被选为中国红十字会副会长，主持日常会务，同时担任总会下属机构救护委员会及经济委员会副主席。1935年，兼任中国通商银行董事长。1937年七七事变后，参加上海各界抗敌后援会，任主席团成员，兼筹募委员会主任。应八路军驻沪代表潘汉年要求，从荷兰进口1000副防毒面具，赠送八路军作战部队使用。同年8月，与戴笠策划组织苏浙行动委员会，成立苏浙别动队(后改名为忠义救国军)。上海沦陷时期，任协调国民党党、政、军、统的统一委员会主任委员，从事募款、情报、锄奸等抗日活动。1937年11月离沪，先后到武汉、香港等地领导中国红十字会的募捐、救助、伤兵救治等工作，兼中央赈济委员会常务委员、第九区(广东、广西)赈济主任。1939年冬，在重庆建立人民动员委员会，联络各派帮会势力，建立恒社总社，组织中华贸易信托公司、道济

杜月笙少将服照片

杜月笙

公司等，筹建重庆医院，支援抗战。抗战胜利后回上海，发起组织浦东地方建设公司，任董事长，参与创建高桥中学。

在恺自尔路八仙坊曾有一家米号，名为“万昌米号”(恺自尔路96-98号)，米号老板叫万墨林。万墨林是杜月笙的表弟，深得杜月笙信任。杜公馆迎来送往、财务家事等大小事宜都由他主持。作为杜公馆的总管家，凡出入杜门托事拉关系等统统要经过他，所以万墨林虽从未入过帮会，俨然已成了帮会总管。万昌米号是万墨林在20世纪30年代中叶开设的，由他哥哥万兆荣主持，后又开设“万昌新行”。因万墨林的特殊地位，凡与杜月笙有瓜葛或想巴结杜的厂商团体等，都心照不宣地到万昌米号及新行购米，两家米号自然生意兴隆，很快成为上海最大的米店之一。

抗战胜利后的上海，物资匮乏，尤其粮食趋于紧张。为了稳定粮食市场，国民政府采取限价政策，严禁囤积。而当时身为上海市豆米业公会、米号业公会、农会理事长的万墨林利用万昌米号囤积居奇，哄抬米价，以致在万昌米号门前，曾有市民因抢购大米引发死伤惨案。

1946年春，国民政府向上海粮商发放低息粮食贷款，以济粮商资金不足之难，并规定专款专用。万墨林以万昌米号及新行名义，独得两份贷款，但不去救急，还放高利贷获利。此外，他还帮助别人营私舞弊冒领贷款。结果，贷款发出后，粮价反而急涨，舆论大哗，引起众怒。当时，国民政府正发生权力结构调整，以蒋经国为代表的少壮派崛起，逐渐摒弃杜月笙这类帮会出身的势力，建立新的统治基础。再加上靠山戴笠的意外丧命及对蒋介石来说利用价值的衰退，杜月笙势力已大不如前。在这种情势下，淞沪警备司令部司令宣铁吾下令将万墨林关入看守所，监察院江苏监察使署闻风而动下令调查。6月，上海地方法院开庭审讯万墨林等。最终，杜月笙使出浑身解数，先以治病名义将万墨林“保释就医”，继而又以孔祥熙的长江公司存在的问题进行反击。因事关孔家，此案便被一拖再拖，次年6月蒋介石当了所谓总统，颁布“大赦”，粮贷案与万墨林也被一赦了之。

1946年，当选上海市参议会议长，但随即辞职。1949年，杜月笙赴香港。1951年8月病故。

(3)张啸林

张啸林(1877~1940)，原名小林，乳名阿虎，后更名为“寅”，以啸林为号，绰号

“张大帅”，浙江慈溪人。其父操木匠业早逝，全家靠母亲劳作度日，生活艰难。光绪二十三年(1897)，20岁的张啸林在乡下难以谋生，便举家移居杭州府拱宸桥。起初与兄一起做织工，不久弃工考入浙江武备学堂，在校结交了后来成为浙江省政府主席的周凤岐等人。张啸林未毕业就离开学堂，拜杭州府衙门的一个领班(探目)李休堂为“先生”，充当跑腿，并在拱宸桥一带开一茶馆，结交了一批地痞流氓，专以寻衅打架、聚赌敲诈为生。后来，不仅与赌徒结下仇恨，而且因经常愚弄当地农民，引起极大民愤。1919年秋天，张啸林全家迁往上海，专干勾嫖串赌、贩卖人口等罪恶勾当，并通过陈世昌认识了杜月笙，其间还拜了青帮大字辈樊瑾成为

张啸林

师，成为通字辈成员，在沪、杭一带广收门徒，发展黑势力。为抢夺鸦片贩运权，曾与黄金荣的门徒金廷荪等发生殴斗。张啸林并不想因此与黄金荣、杜月笙关系搞僵，同时黄金荣、杜月笙也想利用他与军阀的关系，于是双方请出了青帮大字辈的“老头子”出面调停，提出了“黑心钱公平用”、各帮合伙贩运鸦片的约定。黄金荣在1920年秋因触犯浙江督军卢永祥的儿子卢筱嘉而遭卢军监禁，张啸林运用与军阀的关系同杜月笙一起竭力营救出黄金荣，至此黄、杜、张三人结为把兄弟。1924年，黄金荣把八仙桥区片华格臬路的两亩地基分别赠给张啸林、杜月笙造了两幢洋房，张住东宅，杜住西宅，一墙之隔，亲如一家。1925年，三人在惟祥里(今金陵东路196弄)合伙开设三鑫公司，垄断上海滩全部鸦片经销。1931年，由张啸林发起，潮州帮烟商集股创设的富生赌场(福煦路181号)成为上海著名大赌场，有“远东第一赌窟”之称。张啸林还投资于银行和工商业，获得上海法租界纳税华人会会长等头衔。参与四一二反革命政变后，被蒋介石委任为军事委员会少将参议。1937年抗战爆发后不久，上海沦陷。面对日方的极力拉拢，青帮三大亨各有打算：黄金荣称年老有病，留在上海闭门不出；杜月笙避往香港；而此时待在浙江莫干山别墅的张啸林却认为这是他独霸上海的良机，返回上海与日军高层接触。张啸林公开投敌后，布置门徒胁迫各行各业与日本人“共存共荣”，大肆镇压抗日救亡活动，捕杀爱国志士。并组织起一个所谓的“新亚和平促进会”，他亲任会长，派人到各地为日军强行压价收购大

米、棉花、煤炭、药品等军需物资。依仗日本侵略军的淫威，张啸林的生意越做越大。他还趁机招兵买马，广收门徒，并积极筹建伪浙江省政府，准备担任伪省长一职。

张啸林的投敌行为招致各界声讨，成为众矢之的，同时也引起了国民党的极大不安。国民党军统曾派出特务小组暗杀张啸林，由杜月笙的门徒、军统上海特务头目陈默具体负责执行，但先后两次暗杀行动均告失败，反而引起了张啸林的高度警惕。1940年前后，张啸林特意花大价钱雇用了20多名保镖，这些人身手、枪法不俗，日夜守护，他的住宅更是戒备森严。

枪法精准的林怀部就是张啸林众多保镖中的一员。林怀部是山东东平人，其父曾是北洋军的一名团长，后因家道中落来上海闯荡，因练就一手好枪法，被招进巡捕房任职，但不久因犯错被开除。后来林怀部在张啸林的司机王文虎引荐下面见张啸林，露了一手枪法，张啸林当即让他留下来做自己的保镖。因两次暗杀失败，国民党军统改变策略。陈默以5万块银元和除汉奸的民族大义，争取到林怀部做内线，听候指令执行任务。

1940年8月14日，华格臬路216号的张公馆内防卫森严，里里外外布满了十几个站岗的保镖。这天，张啸林正在自家楼上与门徒吴静观(伪杭州锡箔局局长)在屋里密谈。这时林怀部突然走到张的司机面前，故意挑起事端，两人大吵起来，声音越来越大，旁人也劝不住。脾气暴躁的张啸林听到楼下吵闹声不断，忍不住跨到窗前厉声喝问："一天到晚吃饱了没事干，在我这里吵吵闹闹，还想不想干了？统统给我滚蛋！"平时张啸林骂人，大家都会识趣地走开，可那天林怀部竟毫不示弱地仰头喊道："不干就不干！"说着掏出了手枪。大家都以为他要缴枪走人，可林怀部拿枪的手突然一抬，对着张啸林的面门就是一枪，张啸林猝不及防，当即中弹倒下。为了确认张啸林的死活，林怀部拿着枪冲上楼。屋内的吴静观正在打电话给法租界巡捕房，林怀部开枪将其击毙。在确认张啸林已毙命后，林怀部这才冲下楼准备逃离，但走到楼梯口时就被张啸林的保镖拦腰抱住。林怀部把枪一丢，坦然道："我杀的是汉奸，大丈夫一人做事一人当。"从容就擒。

后来，林怀部在自供中一口咬定是出于一时激愤才开枪的，法租界巡捕房最终以"泄愤、报复杀人"定罪，判处其有期徒刑15年。抗战胜利后林怀部被释放。

第八章 八仙桥的新生

第一节 改革开放前

1949年5月27日，上海回到人民手中，历史翻开了崭新的一页。新生的人民政权建立后，对千疮百孔的旧社会进行了彻底改造和治理，采取各种措施稳定社会，稳定物价，开展禁娼、禁毒、禁赌斗争，荡涤旧社会污毒，稳定社会秩序，恢复国民经济。嘉谷恶草共生、鱼龙良莠混杂的八仙桥区片在社会主义改造下，经历了翻天覆地的变化。这样的变化细微至方方面面，更主要体现在商业、文化及百姓的社会生活中。

1949年5月25日，人民解放军进入上海市区，27日上海全境解放

年轻姑娘将彩花佩在解放军枪上

國民黨反動政權滅亡

上海人民市政府成立

陳市長訓示舊人員各安職守辦理移交

陳毅市長

（本報訊）上海市軍事管制委員會，已於二十八日開始接收僞上海市政府，國民黨反動政權業已滅亡，上海人民市政府即日正式成立，市長陳毅，副市長曾山、潘漢年、韋慤，均已到職視事。二十八日下午二時，陳毅市長召集僞市府本部職員及各局局長各處主管等訓話，到三百餘人。陳市長指出：上海市的解放，是一個偉大的歷史變革，幾十年來在國民黨反動統治下的上海，今天已成爲人民的城市，希望大家各守職守，服從命令，辦理移交，協助接管，并聽候政府量才錄用。會後副市長潘漢年、韋慤接見僞市府各局處長徵詢意見。現各局處之接收工作，正在有秩序地進行中。

1949年5月28日，上海市人民政府在原工部局大楼成立，图为《文汇报》的新闻报道

1. 工商业

上海解放前后，一批外侨撤资而去，所开商店或停业或成空壳，而一些新的商店又在不断开业。但由于规模小，又多盲目开设，同业竞争激烈，网点布局的不合理和消费结构的变化，一度造成经营的清淡。不久，国家对私营工商业实行“利用、限制、改造”的政策，打击不法商人及违法活动，扶持守法工商业。1953年，商业经营活跃，市场趋向繁荣。同时，国家有计划地建立以国营企业为主导的社会主义商业体系，改变商业的社会结构。1954年，实行粮、油、棉、煤统购统销，恒丰布店被改造为国营八仙桥棉布商店。1956年开始的社会主义改造中，政府通过扩(扩大)、并(合并)、撤(撤除重复网点)、迁(迁移)

公私合营宝大祥

“五反”时期上海街头(沪光电影院外)宣传画和标语

等，对商业网点进行多次较大规模的改造调整，使网点布局、经营结构趋向合理。淮海中路的马当路至西藏南路段，调整改造力度较大，1952年该段尚有商店319家，1959年调整为45家，龙门路以东段仅有3家。商店经营规模有所扩大，网点分布合理，便于消费者购物，也保留和发展了一些商店的经营特色。但在“文化大革命”期间，商业受到很大冲击，许多商店店名被更改，门面与招牌被漆成“红海洋”，商店橱窗变成大字报栏、大批判栏。“童涵春”、“协大祥”等老字号招牌被当街焚烧。被视为“封、资、修”的特色经营被一一取消，经营品种单一类同。1976年10月粉碎“四人帮”后，商业的经营特色和服务特色得到恢复和发扬，名店招牌逐步恢复，商业经营也有了新发展。

(1)上海玩具七厂

上海玩具七厂

上海玩具七厂原名上海娃娃厂，成立于1958年。以原西藏南路36号的永新玩具生产小组为基础，并入三十绣品社，第六、第十玩具社，多艺生产小组等合作小组，迁往普安路国恩寺旧址集中生产。生产品种20余种，其中主要产品民族娃娃以出口为主。1966年，改名为上海玩具七厂。由于生产不断发展，原庙宇房屋不能适应需要，经报请市文物保管委员会批准，于1971年和1976年先后拆除藏经楼(藏经收归市文管会)、大殿，分别兴建五层厂房、七层大楼。1979年因对外贸易需要，七层大楼中约60%的面积划归上海玩具进出口公司和上海玩具公司使用。1984年，厂外民房被拆迁，原五层工厂大楼得到扩建。

随着外贸出口的增长，该厂不断改革工艺，改进设备，玩具品种也由低档逐步向高级品种发展。例如娃娃产品，从胶木发展到搪塑、吹塑，以后又生产出会动、会哭笑的吃奶娃娃等高档产品；长毛绒动物玩具也向更高级方向发展。该厂1000余种产品盛销国内，外销50多个国家和地区。民族娃娃、软体娃娃、时装娃娃曾在全国玩具质量评比中荣获第一名；50厘米哭笑吃奶娃娃曾被轻工业部评为中国工艺美术品百花奖优秀设计创作一等奖。1994～2003年，卢湾区原市(部)属工业企业在行业结构、资本结构和布局结构上逐步调整，进行大规模关停并转，上海玩具七厂在此期间关停。2004年，此处建造起高档住宅楼——淮海晶华。

(2)邑庙市场

邑庙市场位于吕宋路(今连云路)，临近八仙桥区片西侧。1941年秋开始建造，1942年2月14日(农历除夕)开业。因紧邻新邑庙(俗称新城隍庙)，故称“邑庙市场”。市场内有简陋木屋约210间，设店面和摊位120多个，经营小百货、花炮、小玩具、化妆品等，还有年画、饮食、照相、算命等摊点分布其间。商场中门内建有百花厅，日作茶馆，夜作书场。邑庙大门附近还有花鸟、金鱼出售。1945年抗战胜利后，这里成了美军剩余物资倾销市场。大量罐头食品、奶粉、巧克力、药品、服装、毛毯、胶鞋、雨衣、望远镜、餐具等充斥店

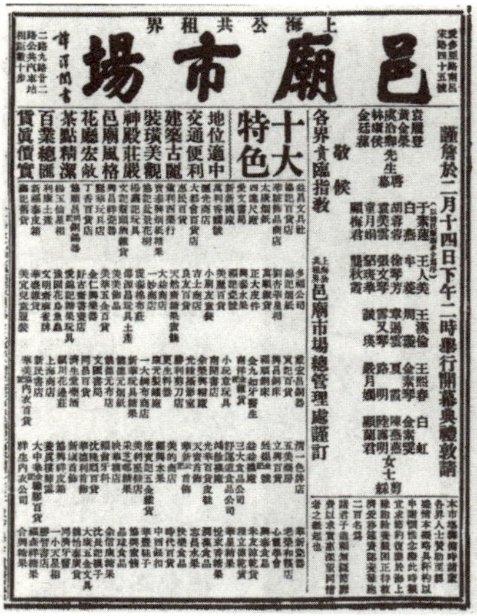

邑庙市场开业广告

新年邑庙市场拥挤场面

铺，一时人满为患。

1956年，邑庙市场进行店摊调整，共有商铺113户，其中玩具业40户，百货业、饰品业、文具业各10户，牙骨塑胶业、竹器业、照相业、剪刀业各3户，还有蚕丝业、宽紧带棉纱线业、料器业、橡皮筋业、热带鱼业等商户。1966年上半年，这里依然是小商品、旧货和花鸟虫鱼较为集中的市场。“文化大革命”爆发后，花鸟鱼虫被斥为“资产阶级生活方式”，旧货也被驱逐出市场，这里仅剩几家文具、百货小店，市面极为清冷。1972年，邑庙和邑庙市场均被拆除，新建了四排五层的新居民住宅楼，住宅楼底层开设了南苑饭店、连云食品商店、革新皮革商店等。临近的延安东路口有著名的洪长兴羊肉馆和新庙花圃店，近金陵西路口开设了新城隍庙点心店。1982年起，连云路上沿街设摊，供应鸟食、鸣禽、肉鸽等，后又开设了小商品综合商场。21世纪初，这里成为延中绿地。

(3)王洪文“借”红布

1966年10月中央工作会议后，在北京南下红卫兵和少数上海红卫兵鼓动下，上海的一些工人开始串联。11月6日，上海第十七棉纺织厂保卫科干事王洪文、玻璃机械厂工人潘国平、良工阀门厂工人陈阿大、上海第三十一棉纺织厂工人黄金海等30余人，在“上海

王洪文

工总司红袖章

工人串联交流会”上决定于9日召开批判控诉上海市委执行“资产阶级反动路线”大会，并成立全市性的工人造反组织——“上海市工人革命造反总司令部”(简称“工总司”)。为筹集制作袖章的红布，7日凌晨，王洪文、陈阿大等10余名造反派来到西藏南路25号协大祥绸布店，敲开店门。面对值班店员，造反派声称：上海工人要成立自己的组织，缺少红布做袖章，要“借”一些。店员见来者气势汹汹，不敢违抗。造反派留下借条，拿了红布扬长而去。随后，王洪文一行又到金陵东路上海市纺织品公司第一批发部“借”了几匹红布。几年后，王洪文见到毛泽东，谈起造反时遇到的种种困难，提到强借红布做袖章的旧事。毛泽东笑着说：“有什么办法呢，人家不承认你呀！”

2．文化娱乐

解放初，八仙桥区片文化娱乐业中良莠并存。为使文化事业成为社会主义的宣传阵地，政府对文化娱乐场所逐步进行社会主义改造，取缔赌博、色情活动，对专业文艺团体、院场等进行整风和整顿，撤并一批，改建、新建一批，特色剧场得以建立。如1951年3月，黄金大戏院由华东文化部租营，更名为华东大众剧院，成为华东实验京剧团演出基地，1954年划归市文化局管理，次年更名为大众剧场，后又归卢湾区文化局管理；恩派亚大戏院自1956年后专映电影，并更名为嵩山电影院；1959年，由南京大戏院更

三口之家在大世界哈哈镜前(1951)

名的北京电影院被改建为上海音乐厅，历届“上海之春”音乐会都在此演出。在文艺整风中，政府整顿剧目，不少剧团上演新戏。同时，一些外来的娱乐形式逐渐被民族、民间的娱乐形式所代替。歌厅自1951年后逐渐消失，舞厅营业急剧下降，部分舞厅改为书场，至1954

上海音乐学院藏族学员才旦卓玛在第一届上海之春大型音乐会初显才华(1960.5.10)

1957年1月末，邑庙、卢湾两区在“大世界”举行春节军民联欢大会

“大世界”招牌拆除(1966.8)

“大世界”换上了“东方红”的牌子(1966.8)

20世纪70年代末青年宫联欢会

年底舞厅全部消失。区片的大众剧场成为推动戏剧改革的主要演出场所，1954年9～11月华东戏曲观摩大会开幕式、报告会、主要演出及1965年1～2月华东六省一市地方戏现代剧目调演的主要演出，均在此举行。1963年，大世界游乐场开展“歌唱新人、新事、新风尚”宣传月活动，市文艺界著名演员和指挥大多参加演出。但“文化大革命”开始后，只允许唱“革命样板戏”和“革命歌曲”，群众戏剧曲艺活动均被禁止。大世界游乐场受冲击被迫停业，曾被改名为“东方红剧场”，做外贸仓库之用，1974年改为市青年宫；嵩山电影院易名为红光新闻科技电影院，只放映新闻记录片和科教电影。文化艺术事业的发展遭受严重破坏。

(1)新华京剧团

新华京剧团前身为共舞台的京剧班。1950年，上海军管会文艺处帮助成立了职工临时委员会，由演职员自行管理。创作排演了23本《水泊梁山》和2本《开天辟地》，其中第三本《水泊梁山》参加1950年上海市第一届春节戏曲演唱竞赛获演出一等奖，编导李瑞来获个人荣誉奖。抗美援朝期间，义演支援国家。1954年5月8日，市文化局接管共舞台。同年9月，后台组建共舞台京剧团。1956年正式改名为新华京剧团，脱离了剧场，团长王少楼、副团长李瑞来。主要演员有王少楼、李瑞来、陈剑佩、新桂秋及鼓师王玉璞等。编演了《西游记》3本、《忠王李秀成》、《张汶祥刺马》、《黄飞虎反五关》等戏。1957年春节，上演头本《封神榜》，该剧在同年下半年北上南京、济南直至北京，扩大了连台本戏在北方的影响。该剧演至第7本。1958年，剧团划归邑庙区(后划入南市区，今为黄浦区)文化局领导，增派毛国强为副团长，王泰顺为指导员，演员张世杰、韩锡麟、赵健贞、施正泉、王佩尘等陆续参加剧团。又创演了《黎明的河边》、《双枪节振国》等现代戏。1959年元旦，演出了别具特色的反映周信芳、田汉、欧阳予倩等进步戏剧人士反对国民党统治的现代戏《唱戏的人》，在同年全市新剧目创作汇演时获得好评。1964年冬，开始改编京剧《龙江颂》。1965年6月，参加华东区京剧现代戏会演，获得好评。1966年3月，江青审查该剧，下令新华京剧团结束这项任务。“文化大革命”初，部分人员调入上海京剧院或上海市戏曲学校，剧团被迫解散。

(2)京剧界抗美援朝义演

1950年朝鲜战争爆发后，中国人民志愿军跨过鸭绿江，赴朝参战。1951年，文艺界发起了捐献飞机大炮的义演活动。京剧改进协会在上海举行了3次义演，第一次就在八仙桥区片的共舞台，演出中汇集了众多名家。梅兰芳、周信芳、马连良、李多奎、盖叫天等合作上演了全部《龙凤呈祥》。盖叫天从杭州来沪前提了两个条件：一不收报酬、二不谢幕。不收报酬体现了老艺术家的大家风范，不谢幕可难坏了演出组织者，老先生性格耿直，一向说一不二。最后组织者们商量一个办法：末场结束时，灯稍稍提前暗，接着关上大幕，最后在幕前竖一牌子，上写“谨此谢幕”，以此来做表示。这也算是这位老先生的一段趣事。刘奎官是来自云南的一位饶有特色的花脸名家，曾在上海走红多年的老艺术家在义演中表演了他的拿手绝活《通天犀》，饰演青面虎，与青年武生李仲林合作，颇有分量。

3. 社会生活

八仙桥区片曾是全市帮会活动的主要地区之一，帮会多年经营的老巢，由此带来烟、赌、娼也极度泛滥。格洛克路、爱来格路、麦高包禄路是中低档妓院云集之地，利生赌台、荣生赌台等大小赌台林立。随着人民解放战争的胜利推进，帮会渐趋瓦解。上海解放前夕，黄金荣向中共地下组织交出一份国民党财产的报告和400余名青、洪帮头目的名单，还告诫门徒不要参与国民党逃跑前的大破坏和大屠杀，做出将功赎罪的表示。1949年5月上海解放，帮会团体于无形中解散。解放后，政府对烟、赌、娼进行严厉取缔。1950年2月24日，成立禁烟禁毒委员会。1952年8月13日至11月底，对制毒、贩毒、运毒、窝毒

20世纪50年代初，南阳医院在八仙桥青年会大楼、淮海电影院附近的游行队伍

1959年，庆祝建国10周年，游行队伍行进在淮海路上

者2877人进行集训，嵩山区集训对象2513人多分布于八仙桥、南阳桥和建国东路。对吸毒者则组织戒除，仅卢湾区戒毒人数就达599人。上海解放时，多数妓院已自动关闭，但解放初私娼活动严重。1952年9月，政府进行收容私娼的行动。被收容的妓女，经过学习、治疗，思想觉悟得到提高，并掌握了一定的劳动技能，大多成为自食其力的劳动者，建立了幸福的家庭。解放后，公开赌台被取缔，但陋习仍存。1957年10月，《中华人民共和国治安管理处罚条例》公布，政府开展禁赌宣传，并对赌博案件进行处理，直至赌博基本消除。以陈毅、潘汉年为代表的中国共产党人，运用强有力的、高效廉洁的国家机器，采取坚定灵活、标本兼治的一系列措施政策，在短期内便将扎根于上海长达一个世纪之久的社会陋习基本肃清，社会面貌焕然一新。与此同时，解放初国家财力虽然有限，但政府仍积极修

原妓院姐妹们载歌载舞庆祝开始新生活

改造后的妓女姐妹奔赴生产岗位

欢庆粉碎四人帮的胜利(1976)

淮海公园(1958)

上海爱乐乐团在淮海公园为社区居民演出

淮海公园音乐会(2014)

筑马路、增设路灯、建立给水站、扩大供电网、建立公厕等公共设施，开辟公园，建造新式小区，居民生活、社会秩序大为改善。

(1)淮海公园

淮海公园位于淮海中路177号，占地2.63公顷。公园呈“J”形，东为普安路，西邻嵩山路消防队，北临淮海中路，南至太仓路。前身为19世纪60年代开始英、法租界当局共辟的八仙桥公墓(外国坟山)。新中国成立后，1956年上海市第一届人大第四次会议决定改公墓为淮海公园，由国家投资27万元，在对公墓内坟茔进行迁葬后，改造工程于1958年3月动工，6月竣工，7月1日开放。公园原在淮海中路和太仓路设门，20世纪90年代后期，公园破门开放，其北部被改建为开放式街头绿地。公园内有大花坛、大假山、回形走廊，还有供游人休息的座椅散布于绿树间，人们在这里健身、歌咏、弈棋、读报、品茶，都市的悠闲得以充分的演绎。因为交通方便，适合演出，各种展览、大型庆祝活动也时常在这里举行。在延中绿地建成前，这里是该区片最大的绿肺，也因临近曙光医院，成为医院患者最好的室外康复场所。1999年5月，在近淮海中路处新增两尊青铜人物雕塑——“路遇”、“育苗”，成为公园的标志。2004年，淮海公园被评为上海市四星级公园。

(2)曙光医院

曙光医院位于普安路185号，前身为四明医院。四明医院于光绪三十二年(1906)由四明公所创设，初址位于八仙桥宁寿里。1922年，四明公所募款建屋于爱来格路，成立新的四明医院。1953年3月，市卫生局接办该院，改名市立四明医院，年底改名市立第十人民医院。1960年，与市立第十一人民医院合并为上海中医学院(今上海中医药大学)附属曙光医院，位列上海十大综合医院之一。医院被国家中医药管理局首批认定为三级甲等中医院、全国示范中医院。2001年，医院通过2000版ISO9001质量管理体系认证，成为全国首家通过ISO9001质量管理体系认证的中医医院。2005年4月，位于浦东张衡路528号的医院东部正式启用。

曙光医院今昔

(3)桃源新村

桃源新村位于云南南路、桃源路、淮海东路之间，建于1960年，以桃源路命名。该地块原为四明公所所有，其北部为寄柩处和义冢地，后来许多贫苦市民在周围空地搭建木板棚屋栖身。1960年，南市区人民政府决定拆除棚户、简屋，清除义冢，新建住宅，改善居民的居住条件。当地居民响应和服从政府的决定，自行借房过渡。改建工程由上海市民用建筑设计院负责设计，南市区建筑工程公司承建，1960年二季度开工，三季度竣工，总投资105.38万元，每平方米造价92.39元。占地1.24公顷，有混合结构六层房屋1幢，五层房屋3幢，配套公共建筑平房3座，建筑面积1.14万平方米。新村内道路和绿化配置较好，是原南市区境内首先建成的多层新工房新

桃源新村

20世纪80年代南市区体育馆举办残疾人乒乓球比赛

村。20世纪90年代初，沿淮海东路一排房屋被拆除，代之以高层建筑。

(4)南市区体育馆

位于嵩山路77号，1957年修建名“邑庙区体育场”。该处占地面积7 698平方米，设一条250米跑道、一个小型足球场及四个室外篮球场。1958年进行扩建，增设体育房、乒乓室、风雨棚球场(内设一个篮球场、三个排球场)，室外增建了三个排球场、一个手球场及一个溜冰场，成为初具规模的区级体育场所。1960年邑庙、蓬莱两区合并为南市区后，改名“南市区体育馆”。1981年风雨棚场改为玻璃钢结构。南市区体育馆承担了国家和市、区两级篮球、排球及武术等项目训练和比赛。每年10月至次年5月，开放溜冰场。20世纪70年代，柬埔寨国家元首诺罗敦·西哈努克亲王曾来馆打羽毛球。1983年，第五届全国运动会击剑比赛在此举行。1992年，这里被改建为皇宫保龄球馆。

第二节 改革开放后

1978年底，中共十一届三中全会召开。经过全面拨乱反正，解放思想，实事求是，遵循以经济建设为中心的基本路线，实行全面开放，八仙桥区片面貌呈现一片新气象。但随着城市的发展，曾见证了这个城市诞生与繁荣的“八仙桥”，作为地域名已逐渐湮没在人们的记忆长河中。

20世纪80年代，淮海中路近龙门路至柳林路段街市

1. 商业

改革开放以来，商业进入活跃繁荣期，商品流通渠道不断拓宽，大商业、大市场、大流通格局逐步建立。与此同时，20世纪70年代末、80年代初，一些老字号陆续复名，传统经营特色和名特品牌逐步恢复，还出现了一批新的公司、中心和市场，如宁海西路农副产品贸易市场、西藏南路的文化艺术服务公司、龙门路的上海妇女儿童服务中心、柳林路小商品市场等。宁海东路菜场在全市同业中首先实行承包责任制。八仙桥菜场经过改造，开辟了自选商场和二楼商场，扩大了市场面积，增设了电子信息屏幕。1982年起，黄浦区大力组织金陵路商业街的商业复苏工作，经过两年努力，共调整商业网点80余户，新设网店30余户，一些名特商店纷纷在金陵路上开设分店，使金陵路商业街市容为之一新，销售逐年增长，日趋繁荣，被称为“第二条南京路”。西藏路除原饮食店集中外又有新兴的旅游业汇集，以“大世界”、市百一店、星火日夜商店为中心，向“美食、旅游、娱乐”业集合方向发展。云南路饮食店发展集中，1991年被命名为“大世界美食街”，1992年更名为“上海美食街”，1998年更名为“云南路美食街”，是上海首批命名的商业专业特色街之一。淮海中路商业街则经历了脱胎换骨的蜕变，20世纪80年代末开始，配合市政工程、旧房改造等城市建设项目，以土地使用权有偿限期出让形式，引进外资，使原来在住宅区基础上发展起来的商业经历了大规模重组。1992年淮海中路大修后，力宝广场、金钟广场、兰生大厦等现代化商务楼宇拔地而起，淮海中路东段原八仙桥区片范围内以高端商业商务为主的发展理念逐步形成，东联金陵路商业街，北经西藏路与南京路商业街相沟通，成为具有金融、商业、娱乐等多功能、现代化、综合性的商业区。

(1)八仙桥副食品商场

1992年，祝贺淮海路大修通车

八仙桥副食品商场

1958年八仙桥菜场实行统一核算，改名为八仙桥合作菜场，1969年又改名金陵中路菜场。80年代初，改革开放政策的实行使在沪外国人大为增多，菜场应时而动，相应增加外宾需要的花色品种。1990年初，为了配合“菜篮子工程”建设，菜场进行了全面整修，改善了经营设施，开辟二楼商场，扩大经营业务，同时改名为“八仙桥副食品商场”，面貌焕然一新，成为全市第一家一流综合型副食品商场。商场有两层楼面，一楼营业面积1 100平方米，从早晨6时到下午6时全日制对外营业，经营肉食品、水产品、家禽、蛋品、蔬菜、豆制品、干鲜果和饮料等；二楼营业面积800平方米，供应包装食品、速冻食品等中高档副食品以及糕点、糖果、南北货、炒货、酒类、调味品等，同时开辟了购买方便、环境舒适的自选商场，深受中外顾客欢迎。八仙桥副食品商场具有“自采货源足、储藏容量大、运输能力强、供应品种多、购物环境美”的现代菜场特点，拥有80吨位冷库和25台各类低温岛式柜、冷藏柜、冷幕柜等先进保温设备；与全国10个省市建立了25个采购基地，常年供应品种在1 500种左右；设有活鱼、净菜、腌腊、烤禽、特色蔬菜等专柜，并有加工出口各种副食品的能力。21世纪初辟建延中绿地时商场被拆除。

(2)柳林路市场

1979年，八仙桥区片周边出现小商品无证摊贩。1980年初，摊贩众多，严重影响交通。1980年10月，卢湾区人民政府决定在淮海路至桃源路段的柳林路上设立柳林路小商品市场，引导个体商贩进场经营。这是“文化大革命”后上海组建的首家小商品市场。10月19日，市场正式开市。当时摊位有80个，零售节约领、枕套、尼龙包、玩具等小商品约30

21世纪初，淮海中路东段商务楼宇

余种。1981年，南延至崇德路，摊位增至182个，增加了成人服装、童装童袜、工艺制品等商品，品种达70余种，经营方式从零售为主发展到批量销售。至1985年，该市场已发展成为上海市第一个具有活动摊房设施的专业服装市场。市场的形成与发展吸引了美国、日本、加拿大、印度等国记者纷至沓来，捕捉中国经济转轨的信息，预测中国社会的变化。1984年，日本共同社记者曾刊发《中国见闻：个体经营者意气风发》的报道。1987年11月30日，《解放日报》以“柳林市场形成服装产销网络”为题，刊登了由中共上海市委宣传部与《解放日报》记者联合撰写的长篇调查报告，将这个市场正式推向了全国、全世界。1991年，受淮海中路市政建设影响，柳林路服装市场业务下降，摊位减少。同年，区政府批准在此兴建柳林大厦，建设室内小商品市场，扶持和发展日用商品交易市场。1993年，在柳林大厦基地的沿街地段出现简易摊房，形成羊毛衫批发市场，带动服装业务，市场重新兴旺。1996年，柳林大厦建成，马路市场入楼，名为越海羊毛衫市场。2000年2月，该市场被迁往西藏中路凤阳路口。柳林路市场存续了21年，记录了中国由计划经济向市场经济转轨的历史，也间接记录了八仙桥区片提档

柳林路市场

亚龙国际广场

柳林大厦

兰生大厦

升级的过程。

(3)淮海中路东段的商务楼宇

20世纪80年代末起，八仙桥区片开始开发商务楼宇，尤其是90年代的大规模改造后，柳林大厦、兰生大厦、上海广场、力宝广场等甲级商务楼宇陆续建成，呈现了面积大、设施全、出入便捷、智能化程度高等特点。由于坐落黄金地段，商务入驻率较高，多数成为区域亿元楼。

①亚龙国际广场　位于金陵东路500号，原址为鹤鸣鞋帽商店。由上海亚龙投资(集团)有限公司投资开发，2006年10月竣工。总建筑面积约26000平方米，地上十层，地下三层，其中：地下第三层为车库，地下第二层至地上第五层为商铺，地上第六层以上为办公楼。

②柳林大厦　位于淮海中路1号，淮海中路商业街东首南侧。由卢湾区国有资产经营公司经营开发，总投资3.6亿元，1996年竣工。总建筑面积40600平方米，大厦楼高131.9米，地下二层(大型停车库)，地上33层。

③兰生大厦　位于淮海中路2～8号，淮海中路商业街东首北侧，原址为黄金大戏院。由香港鸿维集团、上海兰生房产实业有限公司投资开发，总投资7亿元，1999年竣工。总建筑面积59414平方米，大厦楼高196米，主楼有三十九层。

④大上海时代广场　位于淮海中路93号，柳林路至普安路段，毗邻淮海公园，原址为恩派亚大戏院。由香港九龙仓中国有限公司投资开发，总投资13亿元，1999年竣工。总建

大上海时代广场

金钟广场

上海广场

力宝广场

筑面积114380平方米，地面三十层，地下三层，门前1600平方米的露天广场，适合举行各种展览、推广和宣传活动。

⑤金钟广场　位于淮海中路98号，淮海中路龙门路口，原址为金钟点心店。广场是甲级智能化商业商务大厦，由香港上海实业集团投资开发，总投资9.45亿元，1999年竣工。总建筑面积91800平方米，楼高200米，地上四十五层，地下二层均为车库，车位近200个。

⑥上海广场　位于淮海中路138号，是集办公、商业、餐饮、娱乐为一体的建筑群。由香港中国海外集团有限公司投资开发，总投资5.1亿元，1997年竣工。总建筑面积80000平方米，楼高145米，由38层甲级办公楼及六层商铺组成。

⑦力宝广场　位于淮海中路222号，正南朝淮海中路，北临延中绿地。由香港力宝华润有限公司投资开发，总投资10.34亿元，1999年竣工。总建筑面积63748平方米，由36层甲级办公楼及四层裙楼商场所组成。

2. 文化娱乐

解放后，上海文化事业的发展曾受“左”的思想影响，在“文化大革命”中，亦遭到严重摧残。中共十一届三中全会后，文化业得以健康发展，文化市场渐趋活跃。文化设施经过改建、扩建和新建，在设备、功能、档次上不断提高，以适应时代发展的需要。八仙桥区片内，上海音乐厅成为上海音乐演出活动的中心，形成以音乐为特色的演出场所，1993年10月上海歌舞剧院为普及高雅艺术，在上海音乐厅举办免费音乐会；1994年2月，

上海之春在上海音乐厅举办

大上海时代广场苹果倒计时(2003)

精彩纷呈的上海
旅游节开幕式

上海音乐厅推出“双周免费音乐会”，参与举办“星期广播音乐会”、“学生乐团音乐会”；美国费城交响乐团的室内乐团、香港管弦乐团以及其他众多世界级音乐表演团体和艺术家曾来上海音乐厅作精彩表演。共舞台自1995年起，因坚持组织演出，每年获得上海市文化局表彰，1997年配备了电影放映设备，兼具放映功能。近年来更发展成为上海广播电视台、上海文化广播影视集团有限公司旗下专属剧场，成为中国第一个电视主题概念剧场。群众文化工作从“小文化”向“大文化”发展的过程中走出新路，包括“社区文化”、“商业文化”、“校园文化”、“家庭文化”在内的文化网络逐渐形成并向纵深发展。改革开放带来了新思想、新浪潮，各类文化娱乐活动逐渐丰富，娱乐场所开始密集且种类纷繁。

(1)大世界游乐中心复业

1987年大世界游乐中心复业，定位为中低档文化娱乐场所，坚持以演艺及大众化文化娱乐活动为主的经营方针，在恢复传统娱乐项目的同时，开设激光舞厅、卡拉OK、碰碰车等现代娱乐项目，每天游客达1万余人次。1993年7月，大世界游乐中心改制为大世界股份有限公司。1995年5月，根据现代企业的要求，改制成立大世界(集团)公司。1993年以来，“大世界”举办了多台大型文艺演出和文化活动。1993年元旦举办的“上海大世界基尼斯首届全国绝技表演暨竞技擂台大赛”轰动一时，吸引了全国各地怀有绝技、绝活及藏有绝物的奇士能人前来参加。7月，“大世界”设基尼斯表演厅，举办名人绝技表演。此后，又成立“上海大世界基尼斯名人团”赴各地演出，发挥品牌效应，走市场化、产业化之路。1994年，举办殷承宗钢琴独奏音乐会、盛中国小提琴独奏音乐会，为

大世界游乐中心

2000年大世界基尼斯纪录颁证晚会

“大世界”今貌

游乐场倡导高雅艺术作尝试。此外，还先后成立了“上海大世界演出公司黄永生东灵演出团”和“大世界戏迷协会”。1998年全年演出4800多场，充分显示游乐场里多个剧场同时演出多种文艺节目供观众自由选择的特点。如今的“大世界”有望被改造成“上海市非物质文化遗产传承展示中心”，集“传、展、演、食、购、娱”等功能为一体，成为上海市民和国内外游客重要的文化消费场所。

(2)上海音乐厅平移

上海音乐厅前身是建于1930年的南京大戏院，1950年改称北京电影院，以放映电影为主。1959年定位为以音乐为特色的特色演出场所，改为现名。自1960年起历届“上海之春”音乐会在此举行，上海交响乐团、上海民族乐团、上海歌剧院、上海广播交响乐团以此为主要演出基地。随着城市的发展，周边环境与上海音乐厅越来越不协调。音乐厅南侧紧邻拥挤的居民小区，北侧则是上海市交通主干道之一的延安路高架桥，噪声、汽车尾气

上海音乐厅平移工程第一天

上海音乐厅工地

修缮后的上海音乐厅夜景

无不侵蚀着这座已届高龄的近代建筑，音乐厅内演奏效果也因此受到影响。同时，周边居民区还存在不同程度的违章搭建，对音乐厅建筑整体构成危害。2002年，地铁8号线、延中绿地三期建设为上海音乐厅及周边环境改造带来契机，市政府集中各方意见后，采取了对音乐厅进行平移修缮的建议。2002年8月31日，上海音乐厅在原址举行最后一场音乐会，并于次日开始暂时歇业，为平移工程作准备。2003年4月15日，平移工程第一阶段顶升正式启动，历时8天，上海音乐厅在原地被抬高1.68米。6月4日，音乐厅正式“起步”平移，至6月17日下午1点50分，成功向东南移动了66.46米。这一刻，不仅是上海音乐厅历史上，也是中国建筑平移工程史上重要的一刻。在随后的一周内，音乐厅又被升高至3.38米，完成了新老基础支柱的对接。之后经修缮扩建，舞台深度加大一倍，新建南厅和西厅，重建屋顶，座位增加到1 200座。2004年10月1日，平移后的上海音乐厅举行开幕首演，以崭新的面貌重新与广大市民见面。2014年10月，上海音乐厅举行了以“十年如一日”为主题的平移十周年纪念活动，音乐厅在平移后十年里开创的精品品牌项目如星期广播音乐会、音乐午茶、银杏音乐会、家庭音乐会、知音30分、经典室内乐轮番上演，呈现给观众十年来音乐的美好与感动。如今的上海音乐厅矗立于广场绿地中，东与“大世界”隔街相望，北隔上海博物馆，与人民广场、上海大剧院相距不远，形成了上海城市中心的高档文化区。

(3)马国强拉面技术

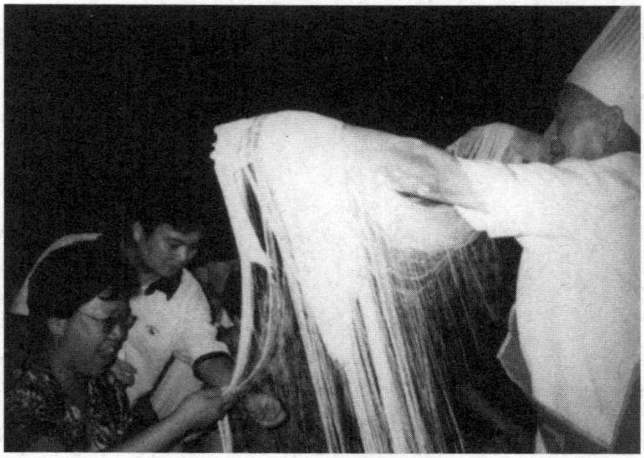
马国强拉面表演

马国强(1934～　)出生于河南省长垣县，1950年涉足烹饪，先后在上海梁园豫菜馆、上海锅炉厂、五芳斋、岳阳楼当点心师。1994年退休后，上海洪长兴清真店特邀他坐店献艺传技。马国强的拉面技术被誉为“上海一绝”，他拉出的面条丝每根都能穿过绣花针。起初只在上海电视台、东方电视台和上海新闻媒体上作表演和报道，后来应邀走出上海，巡回各地表演展示。马国强于1997年参加“上海大世界基尼斯名人团”，他用500克面粉，拉出65536根面条，获基尼斯世界纪录证书。1998年，他用1000克面粉拉出262144根面条，刷新了这一纪录。马国强曾在美国、日本、德国、新加坡等国巡回表演拉面神功，受到热烈欢迎和高度评价。

3. 社会生活

解放前，八仙桥区片住宅建筑以旧式里弄为主，这些房屋一般为砖木结构老式石库门房屋，建房年代早，设备简陋。解放后，政府采取了大修解危、原拆原建、拆平翻建等零星改建措施。1980年市住宅建设工作会议之后，开展了大规模的住宅建设，危旧房改造步上有计划、成片改造的新阶段。20世纪90年代起，以旧式里弄为主的“八仙桥”西片逐步被高层、绿地所取代，成为上海变化最突出的区域之一。在城市旧区改造的进程中，一些具有鲜明特色的优秀近代建筑得以保留，如大世界游乐场、南京大戏院(今上海音乐厅)、八仙桥基督教青年会(今青年会宾馆)等，城市记忆得以部分留存。2000年1月20日，延安中路大型公共绿地开始动工。建成后的绿地内大树成荫，植物种类繁多，在市中心“肺部”形成一块具有生态功能的绿色景观。在建造大型绿地优化城市环境的同时，针对旧式里弄较多的情况，里弄绿化自80年代中期开始兴起。与此同时，人们的精神生活也日渐丰富，广

旧房改造后崭新的卫浴设施

场文化、社区文化等兼具社会性、群众性、参与性的文化活动，受到人们的欢迎和支持，展现了现代上海人民积极向上的精神风貌。

弄堂运动会

(1)延中绿地

延安中路大型公共绿地位于延安高架道路中心结合点周围，从瑞金一路向东延伸至西藏南路，横跨黄浦、静安两区，原八仙桥区片位于绿地东端。总面积约23万平方米，采用加拿大蒙特利尔市Williams Asselin Askaoui 景观设计事务所提出的“蓝绿”概念设计方案，由14幅绿地组合而成，200多种植物编织出一幅锦绣地毯，成为“城市山林”，是上海中心城区建设面积最大、品位最高、树种最全的生态绿地。这里原来是上海危旧房密度最高的地区之一，也是上海热岛效应最严重的地区，营建延中绿地可谓世纪之交上海城市建设的大手笔。该绿地分三期建设，从2000年开始动工至2003年建设完成。在建设绿地的过程中，还拓宽了黄陂路、金陵路、普安路、连云路、宁海路5条马路的相关路段，大大改善了市容景观，缓解了市中心交通拥挤的状况。三期后改名为“广场公园”。2003年末，广场公园被市绿化管理局评定为五星级公园。

俯瞰延中绿地

(2)卢湾区职业教育中心

卢湾区职业教育中心位于嵩山路69号，近淮海中路。原上海市东风中学高中部，于1985年9月开始改办职业技术教育，1992年被定为省市级职业高中，是国家教委首批认定的全国省市级重点职业高中。1996年东风中学初中部迁出该校址，与长乐中学初中部合并在瑞金一路100号，称东风学校。同时，长乐职业中学、女子职业中学合并入卢湾区职业教育中心。学校在全市职校办学中起步较早，先后形成曾在全市有一定影响的空勤乘务、地铁驾驶、统计会计、计算机四大骨干专业，还有地铁检修、轨道交通运营与管理、文秘、现代物流、智能楼宇管理等专业。其中，计算机教学是学校的强项，曾在上海职业技术“未来建设者”比武计算机操作团体赛中，成为全市唯一蝉联五届冠军的学校。2001年经过专业调整，设有现代交通(包括地铁、空乘文秘)、计算机、商务金融等专业。2003年

上海市音乐幼儿园

以后停止招生，待最后一届学生毕业后于2006年3月，并入中华职业学校。2007年，卢湾区第三中心小学(今黄浦区卢湾三中心小学)由济南路迁入该址。

(3)上海市音乐幼儿园

上海市音乐幼儿园位于淮海东路6号，1980年创建，原为淮海东路幼儿园。1989年，香港爱国同胞刘浩清、孔爱菊夫妇捐赠港币100万元改建，后用现名。新园占地737平方米，建筑面积1014平方米，面向全市招收3～6岁幼儿，设钢琴、大提琴、小提琴、民乐等班，教学设备齐全。该园根据幼儿年龄特点，让音乐渗透于教学、游戏和日常生活中，教会幼儿粗浅的音乐知识和演奏技能。1990年被市教育局评为一级优质园；在上海市首届金钟百灵奖青少年与儿童小提琴比赛中，4人获幼童组优秀奖。

附 录：八仙桥区片大事记

清

道光二十八年(1848)

4月6日　上海道麟桂颁布告示，划定法国居留地，南至城河(今人民路)，北至洋泾浜(今延安东路)，西至关帝庙褚家桥(今西藏南路)，东至广东潮州会馆(今新永安路附近)，面积约986亩。

同治元年(1862)

4月29日　法国代理领事爱棠发出告示，宣布在法租界设立市政机构，名为“大法国筹防公局”，由施米特、皮少耐、梅纳、马尼凯和法雅5人任董事。

5月1日　筹防公局正式成立，改名为法租界公董局，设立市政总理处、公共工程处及巡捕房。隆德任巡捕房总巡。

6月4日　法租界公董局董事会议决：把烟馆、妓院、花船、赌场的捐税包给“出价最高的中国人”，对房租、地产收益采取统一标准，购地建造巡捕房、董事会大楼及华、洋两监狱，进行延长公馆马路等五条主要道路等市政工程。

同治二年(1863)

3月15日　英租界工部局在今龙门路至淮海公园一带建外侨公墓即八仙桥公墓(中国人称之为“外国坟山”)落成。1957年八仙桥公墓迁吉安公墓，1958年此处改建为淮海公园。

同治三年(1864)

5月17日　八仙桥东百余间草棚大火，2000余难民无栖身之地。

同治四年(1865)

是年　外商拉波尔德里和汉璧礼在老八仙桥南宁兴街(今宁海东路)开辟中央菜场，这是上海第一个公共菜市场。后来狭长的街道两侧鸡鸭行、肉店、菜摊鳞次栉比，被称为“菜市街”。

同治六年(1867)

3月6日　法租界公馆马路、洋泾浜沿岸道路均使用煤气路灯。

同治十年(1871)

是年　在今龙门路金陵中路形成菜场，后称华洋菜场，即八仙桥菜场，后改名为金陵菜场。

同治十二年(1873)

8月6日　八仙桥区片100余间养猪草棚起火，烧死500余头猪。9日，余烬复燃，殃及数十只牛羊。后法租界当局命拆除剩余的所有养猪草棚。

同治十三年(1874)

5月3日　第一次四明公所事件发生。法租界当局企图强行穿越四明公所筑路，与寓沪宁波人发生冲突。华民被法国巡捕击毙6人，受伤20人，其中重伤7人，法租界内烧毁房屋40余间。后经上海道台、两江总督直至总理衙门与法租界当局、法国公使反复交涉，至1878年8月达成处理意见。

光绪七年(1881)

12月1日　美国基督教监理公会传教士林乐知(Young John A11en)在八仙桥东首(今金陵东路云南南路附近)创办中西书院第一分院。寓“中学为体，西学为用”之意，为正统士大夫所推崇。后在虹口设分院，1911年并入苏州东吴大学。

是年　普陀山紫竹林僧智参与八仙桥南桂香庵旧址(今普安路175号)建福莲禅院。光绪二十五年得清政府赐《龙藏》经书，并奉敕改名国恩禅寺。后陆续兴建大殿、禅堂、念经堂、云水堂、藏经楼、转轮殿等，成为海上名刹。

光绪十二年(1886)

1月14日　法租界公董局董事会决定在法租界开办法文书馆。

2月11日　法租界公董局董事会决定添设监管学校(指法文书馆)委员会，推定莫里斯、萨坡赛两董事及杜纳德神父任委员。当月，租公馆马路63号为法文书馆校址。1911年，因原址建电站，学校迁至宝昌路尚贤堂。

光绪十四年(1888)

12月13日　法租界公董局决定选派法文书馆两名学生赴法国留学，至1890年12月返沪。

光绪十六年(1890)

8月23日　法租界公董局总董致函法国

驻沪代理总领事，请其要求中国当局严令将四明公所内棺柩扫除，对房屋和空地进行消毒。

9月26日　法租界公董局与大英自来火行订立合同，自1891年4月1日起，许可大英自来火行在法租界道路及公董局所有各房屋内，包办煤气灯5年。

光绪十七年(1891)

4月1日　大英自来火行正式接管法商自来火行，通过江西路干管供应法租界照明用煤气。法商自来火行因此结束。

光绪十八年(1892)

1月26日　法租界公董局董事会通过开筑宁兴街延长线议案。

光绪二十年(1894)

是年　法租界公董局新增自来水处、电灯处、电话处、医务处、天文台、慈善处等附属机关，慈善处内包括救火会、法文书馆。

光绪二十一年(1895)

2月4日　法租界公董局以有利市政卫生为由于褚家桥设立屠宰场，规定集中屠宰牛羊。18日，又设收容待宰牛羊的“牛行”，规定凡贩至法租界牛羊均由牛行收容，每头牛收寄费1元，羊猪寄费亦颇贵。八仙桥区片牛行业主与屠户同业联合会曾罢市抵制。

光绪二十二年(1896)

8月　法租界公董局向上海道台吕海寰提出扩界要求，其范围包括董家渡、八仙桥区片，要求承认徐家汇为法租界范围。

光绪二十三年(1897)

7月14日　法租界公董局创办的自营电厂举行落成典礼，这是上海设立的第二家电厂。由此使法租界内电灯取代大英自来火行的煤气路灯。

光绪二十四年(1898)

5月11日　法租界公董局董事会以改建医院和学校为借口，通过征用四明公所全部地产决议。

7月16日　法国驻沪总领事白藻泰亲率“爱格兰来”军舰水兵80余人携带武器，强行拆去四明公所三面围墙，激起冲突。17日，法国巡捕、水兵以枪炮射击抗议民众，死17人，伤20余人，另有10余人被捕，酿成第二次四明公所血案。上海各界愤起举行罢市罢工，以支持四明公所的斗争。

8月10日　上海道台蔡钧与法国总领事白藻泰就四明公所血案处理达成协议，规定四明公所归宁波同乡会所有，伤毙之人酌给抚恤，原则上同意法方提出的租界扩界要求。

9月2日　法国驻华公使比盛经法国外交部长德贾洒同意，和清政府就四明公所案达成四项谅解原则：(1)扩张租界原则的确定；(2)四明公所土地所有权的维持；(3)四明公所内不得掩埋新尸或停棺柩；(4)在四明公所地面上，得开筑交通上所需道路。

光绪二十六年(1900)

2月22日　法租界公董局借口清政府同意在八仙桥迤西至潮州义冢开辟租界，强行拆除民房，并派兵驻守。

3月1日　法租界公董局董事会、法国驻沪总领事与上海道台所派代表赴扩界地，勘明路线，划定地界，今西藏南路以西、延安路以南的大片土地划入法租界。即日起，法捕房巡捕在新界站岗。

5月1日　法租界公董局于新界开征捐税。

6月8日　八仙桥区片数百居民不堪重捐，至上海县署请求保护。

10月2日　法租界公董局自八仙桥区片向西拓辟租界，强拆民房。地区居民要求县署阻止。知县汪懋琨至现场调查后，延请美国教士福开森调停。

光绪二十七年(1901)

年底　西江路筑成通车。先后改名勃利纳路、宝昌路、霞飞路、泰山路、林森中路，1950年改淮海中路。

光绪二十八年(1902)

是年　法租界公董局填周泾，筑敏体尼荫路，于光绪三十四年(1908年)建成。

光绪三十二年(1906年)

夏秋间　中国同盟会江苏分会机关迁设于鼎吉里(淮海中路114弄)4号，标名“夏寓”。会长先后为高旭、陈陶遗，驻会者有柳亚子等。次年春撤。

11月14日　法租界道路设路牌。

是年　宁波旅沪移民团体四明公所在宁寿里开设小诊所(四明医院前身)。1922年，四明公所募款建屋于爱来格路，成立新的四明医院(中医院)。

光绪三十四年(1908)

5月1日　法租界公董局与法商电车电灯公司订立合约，由法商电车电灯公司承办法租界给水业务。

5月1日　法租界公董局成立救火会，任命萨坡为队长，麦地、何锡为队副，白赛仲为秘书，并于公馆马路大自鸣钟、嵩山路捕房等附近设立救火站。

5月4日　法电有轨电车正式通车。第一条线路为2路，从十六铺至善钟路(今常熟路)，设有八仙桥站。7月，由善钟路延线至徐家汇。

12月6日　巨籁达路邮电支局设立。后屡次因迁址改名，1961年定名为龙门路邮电支局。

宣统三年(1911)

7月19日　我国近代美术教育家周湘在八仙桥南首宝安里二弄口创办背景画传习所，为期三个月。

11月6日，光复会成员杨哲商等在嵩山路维昌洋行制造炸弹时不幸引爆，杨哲商被炸死，多人受伤。

中华民国

1912年

7月1日　中华国民共进会成立，发起人为陈其美等，总机关部设于维尔蒙路97号。

1913年

5月15日　法文书馆自宝昌路尚贤堂迁至敏体尼荫路，自建3层校舍，并改名为“中法学堂”。1923年，建造与原3层楼对称的东楼。1946年更名为“中法中学”。1951年再次更名为“私立光明中学”，1956年改为公立。

1914年

3月7日　法租界公董局警务处总巡率捕探至嵩山路搜查革命党人王金发住宅。

1915年

是年　洋泾浜和北长浜东段填浜工程完工，筑成爱多亚路。

1917年

7月14日　大世界游乐场在爱多亚路八里桥堍转角处创办。1928年改建后大门移至爱多亚路敏体尼荫路口。

1919年

5月12日　上海国民大会事务所在霞飞路220号成立，主席王兆荣。该会领导组织上海五四运动中的历次国民大会和罢课、罢市、罢工斗争。7月2日，因上海护军使卢永祥交涉，遭法租界巡捕房封闭。

1920年

5月20日　雅庐书场在格洛克路48号开业。1959年6月1日迁至顺昌路315号，与同乐剧场合并，仍名雅庐书场。

1921年

是年　西班牙人雷玛斯创设的恩派亚大戏院开幕，为上海早期戏院之一，30年代中期起以上演地方戏为主。1956年后专映电影，改名“嵩山电影院”。1994年拆除。

是年　汪怡记茶号在金陵中路28号开张，以经销全国各地优质名茶著称。

8月10日　由黄楚九创办的上海日夜银行开业，位于今西藏南路宁海东路转角处。1931年1月19日宣告倒闭。

1927年

1月　中国银行于麦高包禄路130～136号设八仙桥办事处。

1月12日　法租界纳税华人会组织成立，会址在华格臬路八仙坊。其前身是法租界商业联合会。经过2个多月的筹备，于

3月24日通过组织法。

3月底　青帮头目黄金荣、杜月笙、张啸林在杨虎、陈群授意下，以格洛克路紫阳里7号(今金钟广场)为筹备处，组建了中华共进会，充当了蒋介石发动四一二政变的打手。

10月4日　中共中央局书记陈独秀被法租界当局逮捕，拘押在霞飞路巡捕房。一同被捕的有高君曼、包惠僧、杨明斋、柯庆施等。后经共产国际马林等活动获释。

11月26日　蒋介石往麦高包禄路钧培里，拜访黄金荣，对其在四一二政变中的鼎力相助表示感谢。会晤时，杜月笙、张啸林在座。

1930年

1月30日　黄金大戏院开幕。该戏院于1951年改名为“华东大众剧院”。1955年，改名为“大众剧场”。1993年，大众剧场因市政建设需要而被拆除，原址建造兰生大厦。

3月　南京大戏院开幕，为首轮电影院。1950年更名为“北京大戏院”，1959年改建后又更名为“上海音乐厅”，是国内外音乐艺术表演团体来沪主要演出场所。

10月　位于爱多亚路433号的共舞台开幕。初名“齐天舞台”。1933年由黄金荣接办，改名“荣记共舞台”。后又转与张善琨经营，取消“荣记”二字，定名“共舞台”。

1931年

是年　上海基督教青年会在敏体尼荫路123号建立新会所。其中青年会图书馆藏书2万余册，以社科、文学类为主，对外开放时日均读者200余人次。1953年，青年会图书馆停止对外开放。

是年　恒雅戏院在敏体尼荫路58弄(恒茂里)2～3号建成，主要演出甬剧，间或也有越剧、话剧、滑稽戏、北方曲艺等戏班演出。

1932年

6月下旬　春地美术研究所在八仙桥青年会大楼举行美术展览会，展出木刻、国画、油画等作品和鲁迅收藏的德国版画。

1933年

3月8日　上海工人、学生和文化界等28个团体在八仙桥青年会大楼举行“国民御侮自救会”成立大会。宋庆龄在会上发表演说。

3月14日　为纪念马克思逝世50周年，中国学术界蔡元培、陈望道等在八仙桥青年会大楼作马克思学说报告。

3月28日　中国民权保障同盟在八仙桥青年会大楼九楼举行全体会员大会。

9月　为纪念九一八事变二周年，“上海戏剧协社”组织上海9个剧团在黄金大戏院联合大公演九场话剧《怒吼吧！中国》。连演3天，每天3场，引起了上海人民的强烈共鸣。

1935年

3月15日　董竹君在华格臬路31号开设“锦江小餐”川菜馆。

春　民众歌咏分会在八仙桥青年会大楼成立，冼星海、麦新等曾为歌咏队讲授音乐理论和指挥艺术。民众歌咏分会还曾到电台教唱抗日救亡歌曲，影响遍及江南一带。

1936年

3月1日　中苏文化协会上海分会在八仙桥青年会大楼举行成立大会。大会通过会章，公推黎照寰为会长，潘公展、李公朴、方焕如、杜月笙、王晓籁等11人为理事，黄任之、汪亚尘等6人为候补理事。

3月9日　喜剧大师卓别林携未婚妻宝莲·高黛环球旅行到上海。当天晚上，梅兰芳陪同卓别林前往共舞台看京剧连台本戏《火烧红莲寺》。

10月2～8日，第二回全国木刻流动展览会在八仙桥青年会举办，展出作品590幅。8日，鲁迅到会场参观，并与木刻青年交流木刻创作问题。

是年　鹤鸣鞋帽商店在公馆马路500号开业。

1937年

2月10日　评剧名角白玉霜与青年艺人李永起出走河北。“评剧皇后”私奔的新闻轰动上海。

3月　周恩来两次到八仙桥青年会大楼与东北抗日联军代表团一起研究工作。

4月下旬　阎宝航、高崇民、杜重远、车向忱、刘澜波、栗又文、李延禄等人在八仙桥青年会大楼举行会议，筹建东北救亡团体联合会。筹备会研究确定了主要任务：一是拥护国共合作，共同抗战，共同建国；二是营救张学良将军；三是声援东北抗日联军。200余人参加了会议。

7月8日　赴南京与国民党谈判的中国共产党代表周恩来、秦邦宪、林伯渠等在黄金大戏院后台会见了上海地下党统战干部及文化界上层人士。

8月　八一三战役爆发后，数十万难民涌入租界。上海慈善团体联合救灾会、上海市救济委员会、国际救济会在大世界游乐场、仁济善堂、各同乡会等处设难民收容所。黄金大戏院、国恩寺等处也设立了难民收容所。

8月14日　中国军机轰炸日舰未果，返航时在公共租界、法租界交界处坠落炸弹，造成2000余人伤亡。

9月3日　孩子剧团在恩派亚大戏院成立，该剧团是宣传抗日救亡的儿童演出团体。

10月　宝大祥新号在恺自尔路14～18号(今金陵中路16号)开业，其管理中心也随之迁于此处。

是年　因八一三战役爆发，童涵春堂国药号迁至大世界游乐场西首(爱多亚路493号)，后称童涵春堂北号；葆大参行迁至爱多亚路503号。

1939年

2月13日　为救济难民，黄金大戏院举行越剧大会串义演，参加演出的有袁雪芬等。

2月16日　沪光大戏院开幕，这是上海“孤岛”时期第一家建成开业的首轮影院。首映国产片《木兰从军》，主演陈云裳一举走红。1956年公私合营，改名为“沪光电影院”。

7月20～21日　八路军驻沪办事处组织业余话剧界于黄金大戏院举行联合义演，为救济难民同时支援江南抗战的新四军。

1940年

1月22日　黄金大戏院举办救济难民慈善义演，周信芳等演出传统京剧戏。

12月下旬　公董局在霞飞路等处交通要道口装置自动开关的红绿灯。

1943年

是年　绍兴人章元定父子在今云南路摆设小绍兴鸡粥摊。

7月29日　法租界公董局发布最后一号布告，宣告该局所属机关即日起停止办公。

7月30日　法租界交还接收仪式在原公董局礼堂举行，陈公博和马杰礼等出席。

1944年

6月7日　由现代体育馆、上海健身学院和上海基督教青年会体育部联合发起的“上海男子健美比赛”在八仙桥青年会礼堂举办，这是中国首次举办的健美比赛。

1945年

2月15日　上海基督教青年会、女青年会与《新闻报》、《申报》在八仙桥青年会大楼联合举办“救济失学义卖市场”。

9月12日　国民政府接管伪上海特别市政府。市区管理划分若干区，八仙桥区片位于第五区即泰山区范围。

11月　青帮头目黄金荣召集原忠信社门徒，于嵩山路振平里1号成立荣社，社长黄金荣。

1946年

6月23日　上海各界5万余人到北火车站为“上海人民呼吁和平晋京请愿代表团”送行。随后沿河南路、南京路、西藏路、中正东路示威游行。

9月2日　我国武术名家蔡龙云在八仙桥青年会大楼内举行的拳击挑战赛中击倒美国重量级拳击冠军鲁塞尔。

12月22日　九三、民建、民进、中国经济事业协进会、中国妇女联合会上海分会和中国国际人权保障会等11个团体在八仙桥青年会大楼举行茶会，欢迎民盟主席张澜。与会者一致表示抵制国民党召开“国民大会”通过的“宪法”。

1947年

1月1日　泰山区更名为嵩山区。

1月28日　上海各界3000余人在八仙桥青年会大楼举行一·二八事变15周年纪念大会。民进马叙伦、王绍鳌等被推选为主席团成员，马叙伦、许广平发表演讲。大会通过了《告国人书》。

3月　民主同盟主席张澜在八仙桥青年会大楼发表讲演，公开批评蒋介石的独裁统治。

5月4日　郭沫若等文艺界人士近千人在黄金大戏院集会纪念“五四”。会后由新中国剧社演出活报剧《万元大钞》。

5月19日　上海14所大学7000多学生在南京东路、西藏中路、中正东路、外滩举行反饥饿、反内战、反迫害示威游行。

8月19日　袁雪芬、尹桂芳、范瑞娟等上海越剧界“十姐妹”，为创设越剧学校和实验剧场，于黄金大戏院联合公演《山河恋》。28日，市社会局勒令停演，但引起了上海艺术界强烈抗议，后来恢复演出。

1948年

下半年，区片内俄侨大批离去，林森中路俄侨商店大部分盘予华商。

1949年

1月22日　胡适由南京到上海，住在八仙桥上海银行。胡适曾在此与国民党政要王世杰、雷震等商讨时局，并提出南北划江分治等不切实际的主张。

1月　国民党国防部陆军第十三编练司令部副司令兼参谋长陈尔晋，在八仙桥青年会大楼与中共上海局接上关系，在国民党军队中策动起义。此事为军统特务探悉，5月9日陈尔晋被捕，19日被杀害于宋公园(今闸北公园)。

2月上旬　中共上海市委组建沪南区委，下辖嵩山、芦家湾等分区委，统一领导地区党群工作，开展迎接解放的斗争。

5月25日　凌晨1时，中国人民解放军攻入苏州河以南的市区，上海解放。

6月3日　嵩山区接管委员会成立，宣布废除旧保甲制度。

6月5日　上海市市长陈毅在八仙桥青年会大楼召开上海文化界人士座谈会，阐明中国共产党对文化事业的政策，欢迎各界人士与人民政府合作，共同建设新上海、新中国。

8月6日　中共上海市嵩卢区委员会(习

称嵩卢区委)成立，分管卢家湾、嵩山两区党工作。

中华人民共和国

1949年

10月1日　中华人民共和国成立，八仙桥区片历史掀开了新的一页。

10月2日　八仙桥区片群众与全市人民一起参加“上海各界人民保卫和平、庆祝开国盛典大会”，并进行游行，庆祝新中国诞生。

冬　由100多名业余棋界高手组成的“沪青棋社”在八仙桥青年会大楼成立。屠景明被聘为顾问，后任社长。1950年沪青棋社会和《亦报》社举办全市象棋比赛，300余名棋手参加。

1950年

6月28日　嵩山区人民政府成立。

1951年

5月20日　《新闻报》、《文汇报》刊登了黄金荣的《自白书》。

1953年

3月　市卫生局接办四明医院，年底改称市立第十人民医院，院址设于普安路185号。1960年4月，市立第十人民医院与毗邻建于1954年的市立第十一人民医院合并为曙光医院，划归上海中医学院(今上海中医药大学)。

1954年

9月25日　华东区戏曲观摩演出在华东大众剧院开幕，华东行政委员会副主席谭震林致开幕词。

7月2日　市人民政府委托市文化局接管大世界游乐场。次年5月1日，游乐场更名为“上海人民游乐场”。1958年恢复“大世界”名称。1966年11月6日，更名为“东方红剧场”。1974年10月1日，更名为“上海市青年宫”。1987年1月25日，再次恢复“大世界”之名并复业。

1955年

12月14日　市长陈毅等领导人到八仙桥区片的宝大祥绸布店了解筹备公私合营的情况，并同该店职工和资方交谈。

1956年

3月　嵩山区建制撤销，其西部辖地划入卢湾区，东部划归邑庙区。八仙桥区片位于邑庙区。

1958年

7月1日　原八仙桥公墓改辟为淮海公园，是日开放。

是年　宁海东路合作菜场建成，隶属黄浦区副食品公司。

1959年

12月3日　市委决定调整市区行政区划，邑庙、蓬莱两区合并成立南市区，邑庙区的部分地区分别划归黄浦区和卢湾区。同时，原卢湾区金陵路以北辖地，划归黄浦区。至此，八仙桥区片地跨黄浦、卢湾、南市三区。

1960年

1月27日　上海人民沪剧团集体创作的《芦荡火种》在共舞台首演。主要演员有丁是娥、石筱英、解洪元、邵滨孙等。该剧后被北京京剧团改编为京剧《沙家浜》。

5月10～18日　上海市文化局和中国音乐家协会上海分会合作在上海音乐厅举办"上海之春"音乐舞蹈节。至"文化大革命"前，每年举办一届。

是年　桃源新村建造工程于二季度开工，三季度竣工。

1966年

8月23日　大批红卫兵上街"破四旧"，大世界、童涵春、宝大祥等招牌被摘下，大世界游乐场停业成为外贸仓库。

11月7日凌晨　上海工人造反派王洪文等人去西藏南路25号协大祥绸布店强行"借"红布，用于制作"工总司"袖章。

1971年

是年　位于普安路的上海玩具七厂拆除了国恩寺的藏经楼，1976年又拆除大殿，均用于建造厂房。

1980年

10月　柳林路小商品市场开业，后来发展成为上海三大服装专业市场之一。

1987年

4月13日　英国前首相爱德华·希思在上海音乐厅指挥上海交响乐团音乐会。

1990年

5月　金陵中路菜场经全面装修、改造后，改名为"八仙桥副食品商场"，成为一家多功能、综合性、全日制的大型副食品商场。

10月8日　柳林路小商品市场被国家工商行政管理局命名为1989–1990年度全国文明集贸单位。

1991年

9月20日　云南南路小吃街被命名为"大世界美食街"。1992年4月，更名为"上海美食街"。1998年，更名为"云南南路美食街"

1992年

是年　淮海中路大修后全路贯通。

1996年

10月7日　为配合延安路高架工程，有50多年历史的沪光电影院于清晨5时实施定点爆破。

是年　柳林大厦落成，柳林路服装市场进入室内。

1998年

12月2日　光明中学获全国体育传统项

目学校先进单位称号。

2000年

3月13日　淮海中路(西藏路至陕西路段)被公布为第三批全国“百城万店无假货”示范街。

7月　市区行政区划调整，撤销黄浦区、南市区，建立新的黄浦区，以原黄浦区和原南市区的行政区域为新的黄浦区的行政区域。至此，原八仙桥区片地跨黄浦、卢湾两区。

9月30日　卢湾区人民政府在上海广场举办“百年淮海路，欢庆国庆夜”文艺晚会。

10月15日　上海国际服装中心在淮海中路1号柳林大厦挂牌。

2001年

6月28日　延中绿地举行二期工程竣工仪式，正式向市民开放。延中绿地二期东起普安路，西至淡水路，南到金陵中路，北达延安东路，绿地总面积80 078平方米。该绿地民防地下车库于3月16日结构封顶，停车库建筑面积8 480平方米。

2002年

1月27日　桃源路145弄11号一户老式居民住宅发生火灾，1人死亡，5人受伤。

6月25日　延中绿地三期(广场公园)建设开始动迁，9月25日完成。该地块位于西藏南路以西，金陵中路以北，宁海西路以南，龙门路以东，占地面积5.2万平方米，原有居民3929户，单位253家。

9月14日　2002年上海旅游节于淮海中路开幕，举行彩车大巡游。

12月3日　“为世界添彩——卢湾区庆祝申办世博会成功文艺欢庆”活动在淮海中路大上海时代广场举行。

2003年

4月15日　上海音乐厅平移工程开始，先在原地顶升1.68米，然后向东南移动66.46米，再在新址升高至3.38米。

5月29日　“光明教育基金”捐赠仪式在光明中学举行。该基金由侨界企业家、龙翔电脑公司董事长王国龙捐赠200万元而设立。

6月20日　普安路(金陵中路－延安东路段)拓宽工程竣工。全长170米，新铺沥青砼道路面积4080平方米。

9月23日　《青年报》刊登《金陵路骑楼面临毁灭》文章，报道金陵东路临近西藏南路北侧骑楼被拆除50余米，呼吁要对骑楼这一特色建筑进行保护。

9月25日　延安东路(西藏南路－普安路段)拓宽工程竣工。全长383米，车行道宽度7～10.5米，人行道宽度3～6.5米。

12月31日　2004迎新倒计时活动在淮海

中路大上海时代广场、太平桥绿地人工湖畔举行，迎接2004年新年的到来。

2004年

3月　广场公园和淮海公园分别被评定为五星级、四星级公园。

6月30日　西藏路(北京路至淮海路段)改建工程竣工通车。该工程2003年4月动工。改建后，车行道宽度22～30米，双向6～8车道；两侧人行道6～18.5米。道路改建后架空线全部入地。

7月1日　宁海东路(浙江南路至西藏南路路段)大修工程开工，9月20日竣工。大修面积车行道3 205平方米，人行道1 035平方米。

9月19日　上海旅游节开幕大巡游活动在淮海中路举行。来自全世界10余个国家和全国部分省市的花车和表演队伍参加巡游，40余万中外游客和市民观赏巡游表演。

10月1日　平移后的上海音乐厅举行开幕首演，以崭新的面貌重新与广大市民见面。

2005年

3月　对普安路违建临时房进行动迁，至年底恢复绿化。

10月26日　全国精神文明建设工作表彰大会在北京人民大会堂召开。上海中医药大学附属曙光医院获全国精神文明建设工作先进单位称号。

11月13日　淮海中路海商社区首届楼宇运动会在大上海时代广场开幕。

12月31日　大上海时代广场举行“苹果倒计时”主题节庆活动。

2006年

1月4日　黄浦区政府批准小绍兴公司资产重组方案。杏花楼集团收购小绍兴全部股权，原小绍兴公司一分为三，建立小绍兴连锁、小绍兴管理、鲜得来三个子公司。

6月10日　首届中国“文化遗产日”卢湾专场宣传活动在淮海公园举行。

6月17日　第九届上海国际电影节在上海音乐厅开幕，170余名中外影视明星和嘉宾出席。

9月22日～10月2日　大上海时代广场举办第五届德国周活动，开放式展出了德国最先进的工业技术和家电商品，介绍了德国传统文化和风土人情。23日，为纪念汉堡——上海结为友好城市20周年，大上海时代广场与汉堡驻上海联络处举办“汉堡——上海20周年风光摄影图片展”。

10月　位于金陵东路500号的亚龙国际广场竣工，其原址为鹤鸣鞋帽商店。

2007年

6月20日　云南南路(金陵东路至延安东路段)积水改造和大修工程开工，7月10

日竣工。完成车行道面积2 421平方米，新排直径800毫米下水道197米。

9月4日　由匈牙利教育和文化部主办，中国文化部协办的李斯特作品音乐会在上海音乐厅举办，演出了李斯特的交响乐《前奏曲》、《第一钢琴协奏曲》以及柯达伊的《孔雀变奏曲》等。匈牙利总理久尔恰尼·费兰茨观看演出。

11月16日　亚龙国际广场正式投用。楼高十层，地下三层。大楼功能以商业和办公为主，集经销高档品牌、特色餐饮和时尚休闲会所及5A甲级写字楼为一体。

12月29日　地铁8号线(市光路——耀华路)通车，设大世界站。

2008年

12月19日　云南路美食街经过半年多调整改造后开街，洪长兴云南路店同时开业。

2009年

1月18日　“蓝天下的至爱——慈善大乐园开园仪式”在淮海公园举行。现场开展的各类慈善活动有医疗咨询、无偿献血、聚爱大礼包义卖等。

5月30日　纪念上海解放60周年“拂晓之光”交响音乐会在上海音乐厅举行。该场音乐会由上海市双拥办、上海警备区政治部等主办，上海歌剧院交响乐团演奏，上海歌剧院合唱团演唱。

9月5日　庆祝国庆60周年庆典音乐会在上海音乐厅举行。上海歌剧院交响乐团和合唱团演出。

12月　云南路美食街获“2009年度上海特色商业街”称号。年内，云南路美食街举办了元宵、端午、中秋三次灯会，丰富了节日文化生活，促进了消费的增长。

2010年

1月22日　上海音乐厅与维也纳音乐厅签署战略合作协议，双方将在剧场管理、演出交流等方面进行合作。这是上海音乐厅首次与外国音乐厅合作。

2011年

6月　市区行政区划调整，撤销黄浦区、卢湾区，建立新的黄浦区，以原黄浦区和原卢湾区的行政区域为新的黄浦区的行政区域。八仙桥区片位于新的黄浦区境内。

后 记

随着城区的变迁，昔日闻名沪上的八仙桥区片已逐渐湮没。但其鲜明的特性，曾联结三界(法租界、公共租界、华界)、地跨三区(原黄浦区、卢湾区、南市区)的特殊地理位置使它终将成为上海历史发展中不可或缺的一段记忆，难以被忘却。

2011年，原黄浦区、卢湾区被撤销，建立新的黄浦区，昔日的八仙桥区片完全归属新的黄浦区版图。为了记录这块特殊的区域曾有的生活状态与社会风貌，留存这段历史记忆，黄浦区档案局(馆)组织编写了这本《印象 · 八仙桥》。此书从八仙桥的源起、近代市政、特色建筑、商业发展、繁华娱乐、文教事业、市井生活及八仙桥的新生八个方面，以图文并茂的形式，对八仙桥区片最具特点的部分做了较为系统的介绍，并对曾发生在八仙桥区片的历史事件、与八仙桥区片有关联的历史人物、与八仙桥区片联结紧密的地点等作了链接介绍。

编写过程中，编委会成员查阅了大量档案、志书及其他书籍，抽丝剥茧，去伪存真，以求最大限度地准确展现这一区片独特的人文特色和地域魅力。局(馆)长华骏几番审读书稿，逐字推敲，严格把关，促成了书稿的完善。此外，我们要感谢许洪新、马长林、范洪涛三位老师对书稿提出的宝贵建议，感谢商志刚先生为初稿的形成做出的努力，感谢陶俊、王佩佩两位老师提供的资源线索，感谢李建华、李圣恺先生在相关照片收集过程中所提供的支持与帮助。由于八仙桥区片情况复杂，资源丰富但相关资料零散，且编委会人手及认知所限，此书错漏之处在所难免。还请知者识者不吝教正，以使对八仙桥区片的记录与研究更加深入、准确与完整。

编 者

二〇一五年七月